普通高校
体育与健康理论教程

高 谊　冯永丽　　主编

南开大学出版社

天　津

图书在版编目(CIP)数据

普通高校体育与健康理论教程/高谊，冯永丽主编.—天津：南开大学出版社，2012.8（2015.7重印）
ISBN 978-7-310-03978-4

Ⅰ.①普… Ⅱ.①高… ②冯… Ⅲ.①体育—高等学校—教材②健康教育—高等学校—教材 Ⅳ.①G807.4

中国版本图书馆 CIP 数据核字(2012)第173999号

南开大学出版社出版发行
出版人:孙克强
地址：天津市南开区卫津路 94 号　　邮政编码：300071
营销部电话:(022)23508339　23500755
营销部传真:(022)23508542　　邮购部电话:(022)23502200
*
天津市蓟县宏图印务有限公司印刷
全国各地新华书店经销
*
2012 年 8 月 第 1 版　　2015 年 7 月 第 4 次印刷
210×148 毫米　32 开本　10.375印张　272千字
定价:25.00 元
如遇图书印装质量问题,请与本社营销部联系调换,电话:(022)23507125

《普通高校体育与健康理论教程》编委会

主　编　高　谊　冯永丽

副主编　张永荣　张秀丽

编　委　孙士剑　穆怀路　高宝华　杨向东

杨　明　游江波　袁　晖　刘慧青

宁　津　杨　兰　张惠欣　曹红娟

商思源　朱家琪

序　言

公共体育课程作为南开大学实施“公能”素质教育的重要平台，在培养具有健康体魄和良好身心，具有健全人格和较强社会适应能力人才的过程中，起着其他学科无法替代的积极作用。为了提高体育教学的质量，我们根据《南开大学素质教育实施纲要（2011～2015）》要求，以提高人才培养质量为目标，树立南开特色的体育质量观，将体现德、智、体、美、心相互渗透的“公能”素质教育融入体育教学的全过程。根据《素质教育实施纲要》中有关体育工作的具体要求，在体育教学改革中进一步强调夯实基础、强化实践，突出培养学生的身体素质、心理素质和社会适应能力，强调锻炼学生的参与、组织与创新能力，使学生在参与和组织体育活动的过程中劳其筋骨、强其体魄，增强集体精神和顽强拼搏意识，强化高度的社会责任感，培养学生高尚完善的人格和自主创新的能力。

我们进行体育教学改革中最重要的环节之一，就是根据教学需要将体育教材分为体育实践和体育理论两部分。其中，实践教材以体育专项技术技能教学为主，理论教程则以健康健身、自我锻炼、理论考评以及有关体育法规知识为主，加强对学生自我健身锻炼的理论和法规指导，以满足课堂教学和课外锻炼的共同需要。

编委会

2012. 6. 18

目 录

健康理论篇

理论试题篇

体育法规篇

健康理论篇

第一章
健康

第一节　健康概述

健康是人类生存和发展的最基本条件，也是创造社会物质文明和精神文明的基础。历史上许多伟大的思想家都对“健康”做过精辟的论述。马克思把健康称为人的第一权利，是人类生存的第一前提；美国哲学家爱默生认为，健康是人生第一财富；英国教育学家洛克强调，若没有健康就没有什么幸福可言。的确，人没有健康，人生的一切就会黯然失色，更没有快乐和幸福可言。1978 年 9 月，国际初级卫生保健大会发表的《阿拉木图宣言》中强调指出：“健康是基本人权，达到极可能高的健康水平，是世界范围内一项最重要的社会性指标”，要求人们重视健康的价值，树立“人人为健康，健康为人人”的正确理念。

一、健康的含义

1948 年，世界卫生组织（World Health Organization）在宪章中

指出："健康不仅是免于疾病和虚弱，而且是保持身体上、精神上和社会适应方面的完美状态"。1989 年，世界卫生组织又进一步深化了健康的概念，认为健康包括身体健康、心理健康、社会适应良好和道德健康，从而把人们对健康的认识提高到一个崭新的水平。目前，世界各国学者公认这是一个全面的、明确的、广泛的、科学的健康概念。

现代健康的含义是多元的和广泛的，包括生理、心理和社会适应性三个方面，其中社会适应性归根结底取决于人生理和心理的综合素质状况。心理健康是身体健康的精神支柱，身体健康又是心理健康的物质基础。良好的情绪状态可以使生理功能处于最佳状态，反之则会降低或破坏某种功能而引起疾病。身体状况的改变可能带来相应的心理反应，生理上的缺陷和疾病，特别是痼疾，往往会使人产生烦恼、焦躁、忧虑、抑郁等不良情绪，导致各种不正常的心理状态产生。作为身心统一体的人，身体和心理是紧密依存的两个方面。

综上所述，所谓健康是指人体各器官系统发育良好、功能正常、体质健壮、精力充沛并具有良好劳动效能状态，与生活环境之间保持良好的协调与均衡，对自然环境和社会环境有较强的适应能力。

二、健康的标准

（一）健康分类及标准

1. 生理健康

身体健康不仅指无病，而且还包括体能（也叫体适能）良好。诸多学者对生理健康的标准提出了自己的看法，一致认为生理健康的标准应包括以下 15 个方面：

（1）不应该有幻视、幻听、多疑、妄想。

（2）不应该长期失眠、噩梦、耳鸣、眩晕。

（3）不应该突然视力减退、偏盲、复视或眼前异物感。

（4）不应该发烧、发冷、寒战、多汗。

（5）不应该持续进行性体重减轻、疲劳无力。

（6）不应该长期咳嗽、咳痰、喘息。

（7）不应该感觉到自己的心脏跳动、心慌气短。

（8）不应该在吞咽食物时在食道中有异物感。

（9）不应该有明显食欲减退、厌食、恶心呕吐、腹泻或多吃、多喝、多尿。

（10）不应该在任何部位出现违反客观规律的出血；如咳血、吐血、便血、牙龈或皮下出血，还有经期过长、经血过多等。

（11）不应该有任何部位的异常感觉，如病痛、麻木、灼烧或寒冷感。

（12）不应该有任何部位的触痛或指压性浮肿。

（13）不应该摸到任何部位的异常肿块。

（14）不应该出现皮肤红肿、青紫、黄染及各种斑丘疹。

（15）不应该过早大量脱发。

2. 心理健康

心理健康一般有三个方面的标志：第一，心理健康的人，人格是完整的，自我感觉是良好的，情绪是稳定的，积极情绪多于消极情绪，有较好的自控能力，能保持心理上的平衡，有自尊、自爱、自信心，而且有自知之明。第二，在自己所处的环境中，有充分的安全感，且能保持正常的人际关系，能受到别人的欢迎和信任。第三、健康的人对未来有明确的生活目标，切合实际地、不断地进取，有理想和事业上的追求。

为了教育和引导公众主动关注心理健康，美国心理学家马斯洛和米特尔曼提出了十条心理健康的评价标准：

（1）有足够的安全感和有充分的适应能力。

（2）能充分地了解自己，并能对自己的能力作出恰当的评价。

（3）生活目标、理想切合实际。

（4）不脱离周围现实环境。

（5）能保持人格的完整与和谐。

（6）善于从经验中学习。

（7）能保持良好的人际关系。

（8）能适度地发泄和控制情绪。

（9）在符合集体要求的前提下，能有限度地发挥个性。

（10）在不违背社会规范的前提下，能恰当地满足个体需求。

3. 社会健康

也称社会适应性，指个体与他人及社会环境相互作用并具有良好的人际关系和实现社会角色的能力。社会健康不像生理健康那样有客观的评价标准，但有主观的评价方法。综合国内外的一些研究结果，可以从以下几个方面对一个人的社会健康状况作出评价。

（1）能接受与他人的差异。

（2）与家庭成员和睦相处。

（3）有一到两个亲密的朋友。

（4）共同工作时，能接受他人的思想和建议。

（5）能与同性、异性交朋友。

（6）当自己的意见与多数人的意见不同时，能保留意见，继续工作。

（7）主动与人交往，有稳定而广泛的人际关系。

（8）交往中客观评价他人，取人之长，补己之短。

4. 道德健康

道德健康是人的一种“本质力量”，由思想品德和人格完善两部分构成。通常认为，思想道德是一种社会意识形态，它以善与恶、荣与辱、正义与邪恶等概念来评价人的各种行为，调节人与人之间以及个人与社会之间的关系。人格反映人的基本的稳定的心理结构特质和过程，它融合着个体的经验，并形成个体特有的行为与对周围环境的反应。严格地讲，思想品德作为完善人格的基础，是决定精神健康的重要内容；而人格自我完善本身，就是不断提高自身的文化修养水平，使个体思想、品质与行为趋于理想化。

5. 亚健康

亚健康是指人身体机能虽然没有明确的病态反应，但缺乏活力，对外界的适应能力呈现出不同程度减退的一种不健康的生理状况。这种介于健康和疾病之间的边缘状态又被称为第三状态或灰色状态，在心理上表现为精神不振、情绪低沉、反应迟钝、注意力不集中、记忆力减退、烦躁、焦虑、容易受惊等；在身体上表现为疲劳、乏力、困倦，稍微活动即气短、出汗、骨关节和肌肉酸痛等。导致亚健康的原因多与不科学的生活方式以及环境污染有关，且持续时间长、比例广。通过合理膳食、心理调节和心理环境的改变，就能够获得健康。

（二）广义健康标准

1. 原世界卫生组织（WHO）健康标准

（1）精力充沛，能从容不迫地应付日常生活和工作的压力而不感到过分紧张。

（2）处事乐观，态度积极，乐于承担责任，不挑剔事情的巨细。

（3）善于休息，睡眠良好。

（4）应变能力强，能适应环境的各种变化。

（5）能够抵挡一般性感冒和传染病。

（6）体重适当，身材均匀，站立时头、肩、臂位置协调。

（7）眼睛明亮，反应敏锐，眼睑不发炎。

（8）牙齿清洁，无空洞，无痛感，牙龈颜色正常，不出血。

（9）头发有光泽，无头屑。

（10）肌肉丰满，皮肤富有弹性，走路轻松有力。

2. 现"五快三良好"检查标准

吃得快：是指胃口好、不挑食、吃得迅速，表明你的内脏功能正常。

便得快：是指上厕所时很快排通大小便，表明你肠胃功能良好。

睡得快：是指上床即能熟睡、深睡，醒来时精神饱满、头脑清晰，表明你中枢神经系统的兴奋、抑制功能协调，且内脏不受任何病理信息的干扰。

说得快：是指语言的表达准确、清晰流利，表明你思维清楚而敏锐，反应良好，心肺功能正常。

走得快：是指行动自如，且转动敏捷，因为人的疾病和衰老往往从下肢开始。

良好的个性：是指性格温和，意志坚强，感情丰富，胸怀坦荡，心境达观，不为烦恼、痛苦、伤感所左右。

良好的处事能力：是指沉浮自如，客观观察问题，具有自我控制能力而能适应复杂的社会环境，对事情的变迁保持良好的情绪，常有知足感。

良好的人际关系：是指待人接物宽和，不过分计较小事，能助人为乐、与人为善。

第二节　现代社会与人的健康

一、中国学生体质健康现状

中国改革开放 30 多年来，随着社会和经济的不断进步与迅速发展，国民生活水平明显提高，使青少年学生体质健康水平得到改善，许多疾病得到了有效的控制和治疗，但是我国学生体质健康状况仍存在许多令人担忧的隐患和问题。2000 年全国学生体质健康调研结果表明，学生体能呈下降趋势，各项身体素质连续多年出现较大幅度滑坡。在我国青少年人群中，心理健康和肥胖已成为广大学生中日益突出的重要健康问题。中国学生近视率居高不下。社会高度文明和繁荣发展所面临的不良生活方式、行为及环境因素引起的现代文明病呈现出年轻化的趋势，正逐渐侵扰着我国青少年学生的身心健康。

二、影响健康的三大类疾病

（一）生活方式疾病

生活方式病指由不良饮食习惯、体力活动过少、吸烟、酗酒、吸毒与精神紧张等不健康的生活方式引起的疾病。世界上的一些国家将这种生活方式所造成的病亦称为文明病和富裕病，诸如肥胖症、高血压、高血糖、高血脂、骨质疏松等，也可以理解为是一组疾病群，医学上称为X症候群。有的研究者称之为“内脏脂肪症候群”，也有研究者称之为“死亡四重奏”。面对日趋光怪陆离的大千世界，尤其是对青少年来说，任何放纵自身行为和对不良生活方式的仿效，都将可能为生活方式疾病的侵入敞开方便之门。为了警惕来自这方面的威胁，要求青少年从现在开始就要高度重视养成健康的生活方式和习惯。

（二）心理障碍疾病

心理障碍是指有的人由于存在心理弱点和思想问题不能有效解开而导致其精神处于不良状态的心理症状。有心理障碍的人如果不及时调整，郁积过久的不良情绪，就极易形成心理障碍性疾病（亦称精神障碍性疾病）。心理障碍性疾病是指在外界环境和自身心理弱点的诱因作用下，导致人产生思维、情感、行为障碍的疾病，包括精神分裂症、抑郁症、过敏症、狂躁症、行为与情绪障碍症等。据专家调查统计，我国心理疾病的患病率呈现急剧上升趋势。难以适应新的生活环境、人际关系的处理不当、难以排除的情感危机、网络时代带来的信息和机会强迫危机等，成为引发当代大学生心理障碍的极大诱因。

（三）性传播疾病

随着我国社会的日益开放和经济的不断繁荣，人们受多种文化、心理和观念的负面影响，使已于20世纪60年代初基本消灭的性病，又开始死灰复燃。特别是艾滋病的流行趋势愈发明显，已不能不引起青少年的高度重视与警惕。目前，我国性病的传播率，已由1990年的第六位，上升到第二位。据2000年我国统计，在艾滋病感染人群中，15～28岁年轻人占到了受感染者的50%以上。

三、现代人的健康隐患

进入二十一世纪，人们为改善和享受物质文化生活，继续在发展高科技的道路上不断前进。与此同时，在社会高度文明与繁荣发展的背后，人类会因为这种不惜代价的努力，面临道德、情感及生态危机，面临新的生活方式带来的运动不足和现代文明疾病的侵扰，面临繁忙、紧张的工作和生活带来的精神重负，其中最令人担忧的健康隐患表现在以下方面。

（一）适应能力下降

根据进化论，“自然选择”与“适者生存”是促进生物进化的基本动力。但随着人类生活条件的不断改善，高科技手段在降低人体力活动强度的同时，也使人的身体适应能力越来越差。特别是先进的医疗手段大大减轻了“自然选择”的压力，使“适者生存”过程不再可能淘汰有害基因，结果是人类整个种族群体的体质在日积月累中日趋衰弱。

（二）免疫系统退化

现代物质条件的极大丰富，尽管为人类提供了卫生良好及舒适的生活环境，但由于其对自身的过度保护，反而使人机体接触病原体的机会相对减少，人的机体会因缺乏相应的刺激，而使免疫系统逐渐退化。此时，人一旦进入有病原微生物的环境，由于缺乏必要的抗菌能力，就极容易导致疾病的产生。

（三）生态环境失衡

自然界中的生态平衡，是人类生存和繁衍的重要保证。但是，在人类改造客观世界的过程中，由于高科技导致的过度开发、环境污染、水土流失和动物灭绝，使土地沙漠化进程加快，洪涝与旱灾频发，生物多样性不断缩小的现象也日趋严重。面对以上威胁，如果听任这种状况不断恶化，那么人类终有一天将会濒临种族灭绝的危险，甚至彻底毁灭人类自己。

（四）精神过度紧张

以传送带、自动化为代表的生产方式，不仅夺去了劳动者自身参与劳动生产而产生的情感体验，而且增加了人的厌倦感；另外，由于追随机器工作，人的精神紧张程度就越来越高，增加了人精神的疲劳。还有，在社会活动中，随着城市人口的高度集中、交通混杂、噪音增加，再加上以广告为代表的宣传泛滥等因素，均可使人容易疲劳而造成精神过度紧张。

（五）身体运动不足

生产过程中的效率化、管理科学化以及各种家庭电器的广泛普及，使人日常生活中身体活动的机会越来越少，长此以往很可能会形成运动不足病。运动不足病（hypokinetic disease）是指与运动不足为主要原因（危险因素）有关的一类疾患，这类疾病没有严格的规定，一般包括肥胖症、心肌梗塞、冠心病、高血压病、动脉硬化症、神经官能症及腰痛症等。

（六）公害问题严重

以空气污染、水质污染和噪音污染等为代表的公害已经成为一个很大的社会问题。事实表明，由于广泛应用化肥和农药，粮食、蔬菜以及果品等时有污染，特别是假冒伪劣食品严重危害人的健康，乃至生命。这类社会性公害日益泛滥，正在成为人类健康的头号杀手。

（七）营养过剩和肥胖

近 20 年来，“肥胖”成为社会普遍存在的问题。今天的肥胖原因不仅是因为营养摄取量过多，也是因为随着城市化和机械化的发展，造成人们日常生活中运动量减少、运动不足的结果。肥胖很容易引起心血管系统疾病而危及健康与生命。

（八）新病毒威胁人类健康

随着交通工具和通信传媒的发展与便利，促使不同地区的人际交往日趋频繁，也为各种疾病的远程传播创造了有利条件。特别当人类通过改变生活方式，进一步缩短了与动物的距离之后，致使一些原来只存在于动物身上的疾病，开始有了向人类扩散的可能。尤其是许多病原体，在与人类医学的殊死对抗中，为了保存自身，也在设法进行基因突变，并以更难对付的病毒导致人类患病。以 SARS 为代表的新病毒的不断涌现，对人类健康构成了巨大的威胁，也给人类生存敲响了警钟。

第二章

体育与健康

第一节　体育锻炼与人体体能

一、体育锻炼对人身心健康的影响

（一）体育锻炼对新陈代谢的影响

体育锻炼消耗热量，可以提高体脂的代谢过程，消耗脂肪并避免失去肌肉组织，使血液中胆固醇含量降低，帮助人保持理想的体重和脂肪百分比，有利于人保持更健美、更健康的体态。健身训练活动能够增强机体消耗脂肪的能力，并将脂肪转化为能量的能力提高，与防止动脉粥样硬化和冠状动脉疾病及心脏病紧密相关。

（二）体育锻炼对运动系统的影响

体育锻炼时骨的血液供给得到改善，骨的形态结构和性能能够发生良好的改变，使骨变得更加粗壮和坚固，从而提高了骨的抗折、抗弯、抗压缩和抗扭转等方面的能力。

体育锻炼既可以增强关节的稳固性，又可提高关节的灵活性；

可使肌纤维变粗，肌肉体积增大，因而肌肉显得发达、结实、健壮、匀称有力；使肌肉组织的化学成分发生变化，如肌肉中的肌糖元、肌球蛋白、肌动蛋白和肌红蛋白等含量都有所增加，从而促进了肌肉内氧储备量的增加。体育锻炼有助于增强肌肉的耐力，使肌纤维内的线粒体的大小和数量成倍增加，还使肌肉中的毛细血管大量开放，增加了肌肉的血液供应量。

（三）体育锻炼对心血管系统的影响

体育锻炼对心血管的形态结构和机能都会产生不同程度的积极影响。

长期体育锻炼改善心脏肌肉的收缩能力，可使心肌纤维增粗、心壁增厚、心脏增大，并以左心室增大为主见，从而增加了血输出量，使心脏能以较低心率来满足锻炼的需要。体育锻炼还可以使人安静时脉搏徐缓和血压降低，使心脏收缩后有较长的休息时间，为心脏功能提供力量储备；影响血管的结构，改变血管在器官内的分布；可增强血液中抗凝血系统的功能，降低血中尿酸含量，预防血小板的聚集，以免发生血管栓塞。适量的体育锻炼可以增加血液的容氧量和机体碱储备，增加血液的缓冲性。

（四）体育锻炼对呼吸系统的影响

体育锻炼能提高人的呼吸机能，主要表现为呼吸肌发达，收缩力增强，最大通气量和肺活量增大，呼吸差较大。长期坚持锻炼，人的负氧债增大，对缺氧耐受力强，氧的吸收利用率也较高，调节呼吸的节奏和形式的能力也较强。

（五）体育锻炼对消化系统的影响

体育锻炼能使胃肠的蠕动增强，消化液的分泌增多，改善肝脏、胰腺的功能，因而使消化和吸收的能力提高，为人的健康和长寿提供良好的物质保证。

（六）体育锻炼对人体中枢神经系统的影响

体育锻炼可以改善和提高中枢神经系统的工作能力，使中枢神经及其主导部分大脑皮质的兴奋性增强，抑制加深，使得兴奋和抑制更加集中，从而改善神经系统的均衡性和灵活性，提高大脑分析和综合的能力，增强机体适应变化能力和工作能力。

（七）体育锻炼对提高人体免疫能力的影响

适度运动能对人机体免疫功能产生良好的作用，这是因为运动可作为引起免疫系统应答性反应的刺激源，直接刺激人机体的免疫系统，免疫系统通过其复杂的识别系统感受运动时体内环境的变化，从而激发一系列免疫反应，维持机体内环境新的稳定。经常参加体育活动，能够对人的免疫系统产生持久的作用，从而增强人机体免疫功能。

（八）体育锻炼对心理健康的影响

体育锻炼有助于非认知因素的发展，即可增强人的自信心、责任感、荣誉感和集体主义精神，培养坚持性、果断性、自制力、独立性等个性品质，树立悦纳自己的态度。体育锻炼还可以健全人的情绪生活，减轻心理压力，有助于建立良好的人际关系，能陶冶美好情操，使人产生充实感、美感和满足感。

二、体能的分类

体能也叫体适能，主要通过体育锻炼而获得。保持良好的体能，可以使我们的身体更健康、精力更旺盛、生活更美好，可以延长人的寿命，使生命更有价值。

体能分为两类，即与人体健康有关的体能和与动作机能有关的体能。前者包括心肺耐力、肌肉耐力、肌肉力量、身体成分等，后者是指从事运动所需的速度、力量、柔韧性、灵敏性、协调性、平衡能力和反应能力等。

（一）与健康有关的体能

1. 心肺耐力

心肺耐力指一个人进行持续身体活动时心肺功能表现出来的能

力。心肺和血管的功能对于氧和营养物的分配、清除体内垃圾等具有极其重要的作用，尤其是人在进行有一定强度的持续活动时，良好的心肺功能则显得更加重要。

2. 肌肉力量

肌肉力量是指一块肌肉或肌肉群，在一次竭尽全力从事抵抗阻力活动时表现出的能力，也叫做肌肉绝对力量或爆发力。人的所有的身体活动均需要肌肉运动产生力量，肌肉强壮有助于预防关节扭伤、肌肉疼痛和身体疲劳等问题。

3. 肌肉耐力

肌肉耐力指一块肌肉或肌肉群在一段时间内进行重复肌肉收缩的能力，持续重复收缩的时间越长，说明肌肉耐力越好。肌肉耐力与肌肉力量密切相关。

4. 身体成分

身体成分是指组成人体的各种组织，包括肌肉、骨骼、脂肪等。

（二）与动作技能有关的体能

1. 速度

速度指快速移动的能力，即在最短的时间内移动一定的距离。在许多竞技运动项目中，速度对于个体取得优异成绩至关重要。

2. 力量

力量指肌肉短时间内克服阻力的能力。举重、投铅球、掷标枪等项目均能显示一个人的力量大小。

3. 柔韧性

柔韧性是指身体各关节的活动幅度，以及跨过关节的肌肉、肌腱、韧带、皮肤和其他组织的弹性和伸展能力。柔韧性可以通过经常性的身体练习而得到提高。

4. 灵敏性

灵敏性是指在活动过程中，既快速又准确地变化身体移动方向的能力。灵敏性在很大程度上依赖于神经肌肉的协调性和反应时间，因此可以通过提高这两方面的能力来改善人的灵敏性。

5. 协调性

协调性反映一个人的视觉、听觉和平衡感觉与熟练的动作技能相结合的能力。在球类运动中，这种体能成分显得尤为重要。

6. 平衡能力

平衡能力指一个人在运动时或静止时保持身体稳定性的能力。滑冰、滑雪、体操、舞蹈等项目对于提高人的平衡能力有很大的帮助，闭目单足站立练习也有相当好的锻炼效果。

7. 反应能力

反应能力是指人对外界刺激产生反应的能力，由反应时和反应速度两方面组成。反应时是指人对外部刺激做出生理反应的时间，反应速度则是人对外界刺激产生反应的快慢。反应能力良好是许多项目优秀运动员的主要特征。

三、体能的自我评价

（一）心肺功能评价

1. 12 分钟跑测试

12 分钟跑测试是目前国内外最常用的评价心肺功能的方法之一。

12 分钟跑测试最好是在 400 米的跑道上进行。测试前要充分做好准备活动，在跑的过程中尽量快跑，如感到呼吸困难，应减慢速度，及时调整呼吸。在开始和结束时，应避免全速跑和冲刺跑，最好以比较均匀的速度跑完全程。

2. 台阶实验

台阶实验是利用台阶做上、下踏台阶的运动进行心肺功能测试的方法。测试时男生用高 40 厘米的台阶（或凳子），女生用高 35 厘米的台阶（或凳子），进行连续 3 分钟的上下台阶试验，通过测量踏台阶前后脉搏变化的情况，判定人的心肺功能。

（二）肌肉力量评价

一次重复最大量（1RM）测试，旨在测验选定肌肉群的力量。测试方法如下：先做5～10分钟有关肌肉群的准备活动，然后选择毫不费力举起的重量进行练习，并逐步增加重量直到只能举起一次。真正的1RM测试是测一次能够举起的最大重量。

计算测试成绩的方法是：你的1RM重量除以体重再乘以100，即为你的肌肉力量。

（三）肌肉耐力评价

1. 一分钟俯卧撑测试

这是男学生测量肌肉耐力的简单方法。

测试方法：身体呈俯卧姿势，两手撑地，双臂伸直，手指向前，两手间距与肩同宽，两腿向后伸直，用脚尖撑地；然后，屈臂使身体平直下降至肩与肘接近同一平面，躯干、臂部与下肢要挺直，当胸部离地2.5～5cm时双臂撑起伸直，恢复到预备姿势为完成一次。

2. 仰卧起身测试

仰卧起身主要测试腹部肌肉力量。

测试方法：仰卧于垫上，两腿稍分开，屈膝成90度，两臂伸直，在指尖处贴第一条胶带，然后向下在靠近脚跟的方向再贴一条平行于第一条的胶带，两条胶带的间距为8厘米。仰卧起身就是抬起上体，使两指尖触到第二条胶带，再返回到原来的仰卧位置为完成一次。

仰卧起身没有时间限制，但要按照每分钟20次的节奏完成动作，这个节奏由每分钟40次敲击的节拍器引导（身体起身时一次敲击，下落时紧接着一次敲击）。请尽量达到75次目标。

3. 1分钟仰卧起坐

1分钟仰卧起坐主要是测试女生的腹肌力量。

测试方法：仰卧于垫上，双手抱头，两腿并拢屈膝成90度支撑；起坐时抬起上体，双手抱紧头部，上体抬至与地面垂直，然后身体放松，上体向后仰卧于垫上为完成一次。测试者在 1 分钟内完成仰卧起坐的数量越多，说明腹肌力量越好。

（四）柔韧性评价

1. 肩部柔韧性测试

肩部柔韧性测试评价的是肩关节的活动范围。

测试方法：身体直立，举起右手，右前臂向体后下方弯曲，并尽量向下伸展；同时，用你的左手从体后去触及右手，尽可能地使两手手指接触交叉。完成右手在上的测试后，可以进行左手在上的测试。两手接触交叉的越充分，说明你的肩部柔韧性越好。

2. 坐位体前屈

坐位体前屈是测试腿部及腰背部柔韧性的方法。

测试方法：利用测试仪器，两腿并拢伸直坐在垫子上，两脚抵紧脚板，上体前屈且两臂伸直，用双手的中指向前推动测试板，仪器中显示的数据即为测试结果。前推的距离越远，说明你的腿部及腰背部柔韧性越好。

（五）身体成分评价

1. 腰围—臀围比例测试

测量腰围—臀围比例的步骤如下：

（1）测量工具为无弹性的卷尺。站立，不要穿宽大的衣服，否则会使测量结果产生偏差。测量时，卷尺紧紧地贴在皮肤上，但不能陷入皮肤，测量数值应精确到毫米。

（2）测量腰围时，把卷尺放置在肚脐水平处，并在呼气结束时测量。

（3）测量臀围时，把卷尺放在臀部的最大周长处。

（4）完成测量后，用腰围除以臀围，得出腰围—臀围比例，查表评定腰围—臀围比例的等级。

2. 体重指数（BMI）测试

这是一种近年来国际流行的标准体重测定法。体重指数也叫凯特莱指数，不受性别和身材的影响，可作为衡量人体肥胖的标准。

计算公式如下：体重指数=实际体重（公斤）/身高（米）^{2}。

评定标准：世界卫生组织发布的亚太地区BMI评价标准是：18.5以下为偏瘦；18.5～22.9为正常体重；23～24.9属于超重；25～29.9为一度肥胖；大于或等于30为二度肥胖。

第二节 锻炼计划的制定与锻炼方法的选择

一、锻炼计划的制定

锻炼计划应适合个人的实际情况和健身需要。锻炼计划一般应包括：了解健康和体能现状、确定锻炼目标、选择锻炼模式、明确措施与要求等四部分。

（一）健康和体能现状

通过测试，确定你锻炼之前的健康状况和体能水平，作为你开始锻炼以后进行比较的基础数据。

（二）确定锻炼目标

制定锻炼目标时，要遵循以下建议：设置目标要有针对性，必须是现实的，包括短期目标和长期目标；制定总体锻炼目标，还要有起始阶段目标、渐进阶段目标和维持阶段目标等。

（三）选择锻炼模式

锻炼模式包括锻炼方式、频率、强度和持续时间等。

锻炼方式指个体从事某种专门性的身体练习活动，每一位参加体育锻炼的人要选择适合于自己的运动项目作为锻炼的方式。如为了提高心肺功能，你可以选择健身跑、健身操、游泳等。

锻炼频率指每周锻炼次数，为提高健康和体能水平，每周应保持一定的锻炼次数，一般来讲每周应锻炼 3～5 次。

运动强度是指锻炼时人体承受的生理负荷量。运动强度应根据锻炼者自身健康和体能状况以及所进行的不同运动类型来确定，同时随着锻炼水平的提高运动强度应当有所变化。

锻炼持续时间是指每次锻炼用在主要锻炼内容的总时间。锻炼持续时间不包括准备活动和整理活动时间。研究表明，如果要有效地提高健康与体能水平，每次锻炼的时间至少需要 20～30 分钟以上，且每周至少锻炼 3 次。

一般将锻炼过程划分 3 个阶段，即起始阶段、渐进阶段、保持阶段。各个阶段应根据阶段目标合理安排锻炼强度和频率，持续足够的时间。

(四) 明确措施和要求

措施和要求主要是指，为保证锻炼计划顺利实施而采取的方法措施以及安全注意事项等。

二、提高心肺功能适应水平的方法

心血管循环系统的机能可以说是身体健康素质中最重要的组成要素，直接影响到人们的工作成绩、学习效率、生活质量及健康寿命。有氧运动能够有效提高人的心血管功能适应水平，降低人们患心血管疾病的危险性。

(一) 有氧运动的有效方法

1. 综合练习

综合练习是指由几种不同的锻炼内容组合而成的锻炼方法，如第一天跑步，第二天骑自行车，第三天游泳等。其优点就是，能够避免日复一日进行单一练习而产生枯燥感。

2. 持续练习

持续练习是指长时间、长距离、中等强度（约 70%最大心率）

的锻炼方法，这是一种最受欢迎的有氧运动锻炼方法。锻炼者一次锻炼时间可持续 30～60 分钟，且能够轻松地完成锻炼内容。

3. 间歇练习

间歇练习是指重复进行强度、时间、距离和间隔时间等都较固定的锻炼方法。练习持续时间各不相同，但一般为 3～5 分钟，每组练习之间有一定的休息时间，休息时间一般稍长于练习时间。

（二）有氧运动锻炼模式

1. 锻炼方式

常见的有氧运动锻炼方式有步行、慢跑、游泳、骑自行、跳绳、太极拳、有氧健身操等，凡是有大肌群参与的运动都可以作为有氧运动的锻炼方式。

2. 锻炼频率

一周进行 3 次有氧锻炼就可增加心肺功能适应能力，一周有氧锻炼 4～5 次，可使心肺功能取得最佳效果。

3. 运动强度

有氧运动强度接近 50%的最大吸氧量时即可增强心肺功能适应能力。目前推荐的有氧运动强度范围为 50%～80%最大吸氧量，50%～80%最大吸氧量对应的心率值分别为 60%～85%最大心率。因此，有氧运动目标心率是 60%～85%最大心率。

学生目标心率计算方式如下：

最大心率：220－年龄

目标心率：最大心率×60%－最大心率×85%。

4. 持续时间

持续时间是指一次有氧锻炼的时间，一般应为 20～60 分钟（不包括准备活动和整理活动）。对水平较低的锻炼者而言，开始锻炼时 30 分钟的锻炼就可以提高心肺功能水平，水平较高者可能需要 40～60 分钟。低强度的锻炼时间要长于大强度锻炼时间，如以 50%的最大吸氧量强度进行锻炼，需要 40～50 分钟才能有效提高心肺功能适应水平；而以 70%最大吸氧量强度进行锻炼，则需要 20～30 分钟锻炼时间。

5. 有氧运动锻炼过程安排

（1）起始阶段：起始阶段最重要的是让机体慢慢适应运动，锻炼强度不应超过 70%最大心率，根据不同适应水平，起始阶段可持续 2～6 周的时间。

（2）渐进阶段：渐进阶段时间较长，约持续 10～20 周。在这一阶段，锻炼强度、频率和持续时间应逐渐增加；锻炼频率应达到每周 3～4 次，每次锻炼持续时间不短于 30 分钟，锻炼强度应达到 70%～90%最大心率。

（3）维持阶段：锻炼者经过 16～28 周的锻炼即进入维持阶段。如果锻炼者已达到自己的锻炼目标，没有必要增加运动量。但怎样才能维持已获得的锻炼效果呢？一般来说，若运动强度和锻炼持续时间都维持在渐进阶段最后一周水平时，锻炼频率即使降至每周 2 次，心肺功能适应水平也无明显降低；若保持渐进阶段的锻炼频率和强度，锻炼持续时间可减至 20～25 分钟。相反，在锻炼频率和持续锻炼时间不变的情况下，强度减少 1/3 就可使心肺适应水平明显降低。

（三）安全提示

1. 每次锻炼前应做好准备活动。

2. 每次锻炼后应做好整理活动，整理活动至少应包括 5 分钟的小强度练习（如步行、放松、柔韧性练习等）。

3. 在运动中感觉不适或有疼痛感时应停止运动或减小运动量。

4. 每次运动时都要注意监控心率。

（四）有氧运动锻炼计划

有氧锻炼计划是指导大学生有目的、有计划地进行科学锻炼的一种方法。这里，我们列举了健身走、健身跑、游泳等有氧运动锻炼计划，供同学们在制定运动锻炼计划时参考。对于肥胖、超重和体质健康水平较差的同学，可以选择从健身走开始锻炼；体质健康水平较好的同学则应从健身跑开始锻炼；在有条件的学校还可以选择从游泳开始锻炼。另外，我们还列举了不同体能的大学生运动处方表，有利于大学生根据个人体能状况安排有氧运动锻炼。

锻炼指导：（1）每次锻炼前做准备活动。（2）感觉不适时不要增加运动量。（3）每次锻炼都监控心率。（4）锻炼后要做整理活动。（5）为预防受伤，开始锻炼时最好选择冲击力小的锻炼方式，每次锻炼时间为 20～30 分钟，以后可适当延长。

三、肌肉力量与耐力练习的方法

增强肌肉力量和耐力不仅可以增加肌肉体积和提高运动成绩，而且对人的身体健康有相当重要的作用。不仅可以减少脂肪、改善身体成分及塑造强壮健美的身材，有利于心血管机能的发展和提高，改善骨骼状况和推迟骨质疏松症的发生，加强关节周围肌肉的力量，防止肌肉、肌腱和韧带损伤，提高工作效率和生活质量，同时还可以很好地应付日常生活中不可预测的突发事件。

（一）发展肌肉力量与耐力的原则

1. 渐增阻力原则

渐增阻力是指进行肌肉力量与耐力练习的负荷，应随着肌肉力量与耐力的增长而逐渐增加。

2. 专门性原则

提高肌肉的力量和耐力应采用不同的运动强度。大强度、重复次数少的练习（举起重物时仅能重复 4～6 次）能增加肌肉力量和体积，但不能增加肌肉耐力。采用低强度、重复次数多的练习（举起重物时能重复 15 次或者更多）可提高肌肉耐力，但肌肉力量增加不明显。

3. 系统性原则

根据用进废退的原理，力量练习应全年系统进行。每周进行 3～

4 次的力量练习，可使肌肉力量、耐力明显增长。对于大学生来讲力量练习隔天为好，这样可以使疲劳的肌肉在 48 小时内得到完全的恢复，力量练习才能获得最佳效果。

（二）发展肌肉力量与耐力锻炼模式

1. 最高重复次数（RM）组数（SET）

在力量练习中常用 RM 来表示运动强度。RM 是表示能重复某一重量的最高次数，如果练习者对某一重量只能连续举起 6 次，则该重量对练习者来说是 6RM。

SET 是表示练习的组数。不同的 RM 和 SET 对发展肌肉力量与耐力的效果是不同的，不同 RM 和 SET 的力量练习对肌肉的影响也不同。经过一段时间的训练后力量增加，原重量的重复次数已超过规定的次数，可考虑增加练习重量，一般按原练习重量的 10%左右增加，但也要考虑练习者的具体情况。

2. 每组练习的间隔时间

力量练习各组间的间隔时间，一般以肌肉能完全恢复为准。肌肉在练习后 3～5 秒时已恢复 50%，2 分钟时完全恢复。如果练习是为了增强肌肉力量，练习的间隔时间不太重要，一般在 1～2 分钟左右，如果是为了增加肌肉耐力，则练习间隔时间应从 2 分钟逐渐减少到 30 秒钟。

3. 每次练习间隔时间

如果进行全身肌肉力量练习，每隔一天进行练习会获得最佳锻炼效果，这样可以使疲劳的肌肉在 48 小时内得到充分的恢复。如果每天都坚持力量练习，每天应训练不同的肌群。

4. 合理安排不同肌群的练习顺序

为了保证大肌群承受适当的超量负荷及练习的安全，大肌群必须在小肌群疲劳前进行练习。

典型的力量练习顺序模式：大腿肌肉（股四头肌）—肩部和胸部肌肉（三角肌、胸大肌）—背肌和大腿后肌群—小腿肌—肱三头肌—腹肌—肱二头肌。

5. 注意控制力量练习时的动作速度

在进行力量练习时，动作还原阶段的速度应为主动用力阶段的动作速度的一半，这样做可以通过一次负重练习使肌肉得到二次的锻炼。

6. 力量练习过程安排

一般来说，力量练习的过程分三个阶段：开始阶段、慢速增长阶段和保持阶段。下面介绍的力量练习过程安排仅供参考。

在力量练习开始阶段应避免举最大重量，应采用较轻的重量，如最高重复次数为12～15次的负荷，如果选定的重量能轻松自如完成确定的重复次数，则可以增加重量。经过开始阶段的力量练习，如果肌肉已经适应练习动作，就可以增加重量。当肌肉力量得到增强时，可再增加重量，直到达到练习者制定的目标为止。达到目标后，每周1～2次练习即可保持原增长水平。若不训练，30周后原增长水平完全消退。

（三）安全提示

1. 当用杠铃练习时，必须有同伴帮助，保护你完成练习。

2. 进行负重练习时，应仔细检查设备。

3. 在进行负重练习前应充分做好准备活动，练习后应做好放松活动。

4. 在进行负重练习时，如感到不适，应立即停止练习。

5. 目前在采取快速还是慢速举起重量问题上仍存在着争议，但建议学生在练习时不宜采用快速举起重量的方式。研究表明，慢速举起重量也可增加力量和肌肉体积。

6. 锻炼结束后，肌肉有酸痛僵硬感，直到下次锻炼前这种感觉仍未消失，就应停止练习，让肌肉充分恢复。

四、柔韧性练习方法

柔韧性是身体健康素质的重要组成部分，它是指身体各个关节的活动幅度以及跨过关节的韧带、肌腱、肌肉、皮肤和其他组织的弹性伸展能力。经常做伸展练习，可以保持肌腱、肌肉及韧带等软组织的弹性。柔韧性得到充分发展后，人体关节的活动范围将明显加大，关节灵活性也将增强。这样做动作更加协调、准确、优美，同时在体育活动和日常生活中可以减少由于动作幅度加大、扭转过猛而产生的关节、肌肉等软组织的损伤。

（一）发展柔韧性的练习方法

1. 主动或被动的静力性伸展法

主动或被动的静力性伸展练习是一种行之有效且比较流行的伸展方法，它是缓慢地将肌肉、肌腱、韧带拉伸到有一定酸、胀和痛的感觉位置，并维持此姿势一段时间，一般认为停留 10～30 秒应该是理想时间，每种练习应连续重复 4～6 次为最好。这种方法可以比较好地控制使用力量，由于拉伸缓慢可避免拉伤，比较安全，尤其适合于活动少和未经训练的人。

2. 主动或被动的动力性伸展法

主动或被动的弹性伸展练习是指有节奏、速度较快、幅度逐渐加大、多次重复一个动作的拉伸方法。主动的弹性伸展是靠自己的力量拉伸，被动的弹性伸展是靠同伴的帮助或负重借助外力的拉伸。利用主动或被动的动力性伸展法进行练习时，所用的力量应与被拉伸的关节的可能伸展力相适应，如果大于肌肉组织的可伸展能力，肌肉或韧带就会被拉伤。在运用该方法时用力不宜过猛，幅度一定要由小到大，先做几次小幅度的预备拉伸，再逐渐加大幅度，从而避免拉伤。

（二）发展柔韧性锻炼模式

1. 柔韧性练习强度

柔韧性练习应采用缓慢、放松、有节制和无疼痛的练习，做到“酸加”、“痛减”、“麻停”。只有通过适当的努力柔韧性才会提高。随着柔韧性在锻炼过程中的提高，练习强度应逐渐加大。

2. 柔韧性练习的时间和次数

柔韧性每种姿势练习的时间和次数是逐渐增加，应从最初的10秒练习时间，逐渐增加至30秒，每种姿势应重复次数在3次以上。如果是平时体育锻炼时的柔韧性练习，5～10分钟的时间就足够了，如果是专门为了提高柔韧性练习或运动员的训练，则练习时间必须要达到15～30分钟。

3. 循序渐进、持之以恒

初次练习易产生不适感，甚至酸痛感，经过一个时期的练习，疼痛感和不适应感才能消除。如果柔韧性练习停止一段时期，已获得的效果就会有所消退。因此，柔韧性练习要持之以恒才能见效。

4. 柔韧性练习要全面

不论是准备活动中的伸展练习，还是专门发展某些关节柔韧性的练习，都要兼顾到身体各关节柔韧性全面发展。因为在身体活动中，完成动作要涉及几个相互关联的部位甚至全身。

5. 柔韧性练习之后应结合放松练习

每次伸展练习之后，应做些相反方向的练习，使供血供能机能加强，这有助于伸展肌群的放松和恢复。如压腿后做几次屈膝下蹲动作。

（三）安全提示

1. 在进行较大强度肌肉伸展练习前，必须做热身活动，使身体微微出汗。

2. 肌肉伸展产生了紧绷感或感到疼痛时就应该停止练习，防止拉伤。

第三章
体育运动与健康营养

第一节　营养素及其功能

生命的存在，有机体的生长发育，各种生理活动及体力活动的进行，都有赖于人体内的物质代谢过程。人体内的物质代谢必须不断地从外界获得新的营养物质，这些营养物质主要是从食物中摄取的。营养素是指人在消化吸收、供给热能、构成机体组织和调节生理机能时，为身体进行正常物质代谢所必需的营养物质。人体所必需的营养素有碳水化合物、脂肪、蛋白质、维生素、无机盐、食物纤维和水七类。

一、蛋白质的生理功能及食物来源

（一）蛋白质的生理功能

1. 构成人体组织与修补人体组织，促进生长发育。
2. 构成机能物质。
3. 增强机体抵抗力，构成抗体。

4. 调解渗透压。

5. 供给热能。

6. 增强神经系统功能。

（二）蛋白质的食物来源

人体所需蛋白质一般来源于动物性食物蛋白和植物性食物蛋白。动物性食物常指瘦肉、鱼类、奶类和蛋类等，属于优质蛋白质，其营养价值高于植物性食物，所以一般认为动物性食物营养好。植物性食物常指米、面、大豆、蔬菜等，除大豆、芝麻、葵花籽等是优质蛋白质外，其余均不属于优质蛋白质。植物性食物中，谷类虽然蛋白质含量不算高，但它是我国人民的主食，一日三餐 70%的蛋白质来自谷类，不可忽视。

二、脂类的生理功能及食物来源

（一）脂类的生理功能

1. 供给热能并维持体温。

2. 构成组织细胞。

3. 促进脂溶性维生素的吸收。

4. 供给必需脂肪酸。

5. 促进食欲，增加香味。

6. 增加饱腹感。

7. 防护作用。

（二）脂类的食物来源

脂肪按其食物来源可分为动物性脂肪和植物性脂肪。动物性脂肪是指由动物组织和动物资源离析出来的脂肪，主要含有饱和脂肪酸，饱和脂肪酸的熔点较高，一般呈固态，容易凝固、沉淀在血管壁上，可导致动脉硬化。动物脂肪中有较多的胆固醇，它在人体内有重要的生理作用，但中老年人血液中胆固醇过高时，容易患动脉硬化、高血压等疾病，因此中老年人应少吃动物性脂肪。供给机体脂肪的动物性食物主要有猪油、牛油、鱼油、奶油、蛋黄油等。

三、碳水化合物的生理功能及食物来源

（一）碳水化合物的生理功能

1. 供给热能。
2. 保护肝脏。
3. 构成组织。
4. 抗生酮作用。
5. 维持中枢神经的机能。
6. 节省蛋白质的作用。

（二）碳水化合物的食物来源

碳水化合物的食物来源很广，各种粮食、根茎类食物等都含有大量的淀粉和少量的单糖和双糖，蔬菜和水果除含有少量单糖外，还含纤维素和果胶。此外，食糖中的蔗糖是最普遍的食用糖，近年来，研究成果表明，肥胖、糖尿病、心血管疾病等都与蔗糖摄入过多有关。因此，蔗糖的摄入不应超过总热量的10%。

四、维生素的生理功能及食物来源

名称	生理功能	食物来源
维生素 A	合成视紫红质，维持视力、维持上皮组织完整、促进生长发育	鱼肝油、肝、蛋黄、乳汁、绿色植物
维生素 D	促进磷、钙吸收，促进骨骼正常生长	鱼肝油、肝、蛋黄、牛奶、晒干菜
维生素 E	维持生殖机能、抗氧化作用、防止肌肉萎缩	植物油、蛋类、谷类
维生素 K	促进凝血酶原合成，与肝脏合成凝血因子 I、VI、IX、X 有关	肝、绿色蔬菜
维生素 B1	促进糖的氧化、增进食欲	谷物外皮及胚芽，酵母、豆、瘦肉
维生素 B2	参与生物氧化	肝、蛋黄、黄豆、绿色植物
维生素 B6	参与蛋白质氨基酸代谢	谷类，酵母、豆类、肝、蛋黄

五、膳食纤维的生理功能及食物来源

（一）膳食纤维的生理功能

1. 产生饱腹感。

2. 降低血脂的作用。

3. 降糖作用。

4. 有清除场内“垃圾”和毒素的作用。

5. 降低牙和牙周病的发病率。

6. 利于消化，防止便秘。

（二）膳食纤维的食物来源

食物纤维的来源是植物性食物，包括谷类、豆类、蔬菜、水果、薯类、菌类和藻类。

六、水的生理功能及食物来源

（一）水的生理功能

1. 机体的重要成分。

2. 参与物质代谢过程。

3. 调节体温。

4. 体内物质的运输。

5. 保持腺体的正常分泌，起到润滑的作用。

（二）水的食物来源

正常成年人，一天通过排尿、体表蒸发等途径排出水分约2000～2500 毫升，因此需摄入同样的水量 2000～2500 毫升（包括饮水 1300 毫升，食物水 900 毫升，代谢中产生的水 300 毫升）。

第二节　膳食指南

膳食指南又称膳食指导方案或膳食目标，是各国营养机构针对本国国民在膳食营养方面存在的问题，而提出的一个通俗易懂、简明扼要的合理膳食基本要求。

膳食指南的制定是以调查研究和科学实验为基础，所以具有针对性、现实性、预见性和科学性。通过膳食指南，可以正确引导人们的食物消费，养成良好的饮食习惯，从而达到提高营养和增进人体健康的目的。

一、中国居民的膳食指南

我国营养学会于 1988 年 10 月修订了“每日膳食中营养素供给量”，作为我国人民食谱设计和膳食评价的推荐标准，并以此为依据来设计各类人群的平衡膳食。1997 年 4 月 10 日在原膳食指南的基础上，又发表了新的中国居民膳食指南。

（一）食物多样，谷类为主

人类的食物是多种多样的，各种食物所含的营养成分不完全相同。除母乳外，任何一种天然食物都不能提供人体所需的全部营养素，平衡膳食必须由多种食物组成，才能满足人体各种营养需要，达到合理营养、促进健康的目的。因此，提倡人们广泛食用多种食物。

多种食物应包括以下五大类：

第一类为谷类及薯类。谷类包括米、面、杂粮，薯类包括马铃薯、甘薯、木薯等，主要提供碳水化合物、蛋白质、膳食纤维及 B

族维生素。

第二类为动物性食物，包括肉、禽、鱼、奶、蛋等，主要提供蛋白质、脂肪、矿物质、维生素 A 和 B 族维生素。

第三类为豆类及其制品，包括大豆及其他干豆类，主要提供蛋白质、脂肪、膳食纤维、矿物质和 B 族维生素。

第四类为蔬菜水果类，包括鲜豆、根茎、叶菜、茄果等，主要提供膳食纤维、矿物质、维生素 C 和胡萝卜素。

第五类为纯热能食物，包括植物油、淀粉、食用糖和酒类，主要提供能量。植物油还可提供维生素 E 和必需脂肪酸。

提出谷类为主是为了提醒人们保持我国膳食的良好传统，避免发达国家膳食的弊端。另外要粗细搭配，经常吃一些粗粮、杂粮等。稻米、小麦不要碾磨太精，否则谷粒表层所含的维生素、矿物质等营养素和膳食纤维大部分流失到糠麸之中。

（二）多吃蔬菜、水果和薯类

蔬菜和水果含有丰富的维生素、矿物质和膳食纤维。蔬菜的种类繁多，不同品种所含营养成分不同，甚至悬殊很大。红、黄、绿等深色蔬菜中维生素含量超过浅色蔬菜和水果。蔬菜、水果是胡萝卜素、维生素 B2、维生素 C、叶酸、矿物质（钙、磷、钾、镁、铁）、膳食纤维和天然抗氧化物的主要或重要来源。

有些水果的维生素及一些微量元素的含量不如新鲜蔬菜，但水果含有的葡萄糖、果糖、柠檬酸、苹果酸、果胶等物质又比蔬菜丰富。我国近年来开发的野果如猕猴桃、刺梨、沙棘、黑加仑等也是维生素 C 和胡萝卜素的丰富来源。

薯类含有丰富的淀粉、膳食纤维以及多种维生素和矿物质。我国居民近 10 年来吃薯类较少，应当鼓励多吃些薯类。

含丰富蔬菜、水果和薯类的膳食，在保护心血管健康、增强抗病能力、减少儿童发生干眼病的危险以及预防某些癌症等方面，起着十分重要的作用。

（三）每天吃奶类、豆类及其制品

奶类除含丰富的优质蛋白质和维生素外，含钙量较高，且利用率也很高，是天然钙质的极好来源。我国居民膳食提供的钙普遍偏低，平均只达到推荐量的一半左右。

我国婴幼儿佝偻病的患者也较多，这和膳食钙不足可能有一定的联系。大量的研究工作表明，给儿童、青少年补钙可以提高其骨密度，从而延缓其骨质疏松的年龄；给老年人补钙也能减缓其骨质丢失的速度。因此，应大力发展奶类的生产和消费。豆类是我国的传统食品，含丰富的优质蛋白质、不饱和脂肪酸、钙及维生素 B1、维生素 B2、烟酸等。为提高农村居民的蛋白质摄入量及防止城市中过多消费肉类带来的不利影响，应大力提倡豆类，特别是大豆及其制品的生产和消费。

（四）经常吃适量的鱼、禽、瘦肉

鱼、禽、蛋、瘦肉等动物性食物是优质蛋白质、脂溶性维生素和矿物质的良好来源。动物性蛋白质的氨基酸组成更适合人体需要，且赖氨酸含量较高，有利于补充植物性蛋白质中赖氨酸的不足。肉类中的铁利用较好，鱼类特别是海产鱼所含不饱和脂肪酸有降低血脂和防止血栓形成的作用。动物肝脏含维生素 A 极为丰富，还含有维生素 B12、叶酸等。但有些脏器如脑、肾等所含胆固醇相当高，对预防心血管系统疾病不利。

肥肉和荤油是高热量和高脂肪食物，摄入过多往往会引起肥胖，并且是某些慢性病的危险因素，应当少吃。目前猪肉仍为我国人民的主要肉食，猪肉脂肪含量高，应发展瘦肉型猪。鸡、鱼、兔、牛肉等动物性食物含蛋白质较高，脂肪较低，产生的能量远低于猪肉，应大力提倡吃这些食物，适当减少猪肉的消费比例。

（五）食量与体力活动要平衡

人的进食量与体力活动是控制体重的两个主要因素。食物提供人体能量，体力活动消耗能量。如果进食量过大而活动量不足，多余的能量会在体内以脂肪的形式积存，即增加体重，久之发胖；相反若食量不足，劳动或运动量过大，可由于能量不足引起消瘦，造成劳动能力下降。所以，人们需要保持食量与能量消耗之间的平衡。脑力劳动者和活动量较少的人应加强锻炼，开展适宜的运动，如快走、慢跑、游泳等活动。消瘦的儿童应增加食量和油脂的摄入，以维持正常的生长发育和适宜体重。体重过高或过低者都是不健康的表现。三餐分配要合理，一般早、中、晚餐的能量分别占总能量的30%、40%、30%为宜。

（六）吃清淡少盐的食物

吃清淡膳食有利于健康，即不要太油腻，不要太咸，不要吃过多的动物性食物和油炸、烟熏食物。目前，我国居民食盐摄入量过多，平均值是世界卫生组织建议的两倍以上。流行病学调查表明，钠的摄入量与高血压发病呈正相关，因而食盐不宜过多。世界卫生组织建议每人每日食盐用量不超过6克为宜。膳食钠的来源除食盐外，还包括酱油、咸菜、味精等高钠食品及含钠的加工食品等。应从幼年就养成少吃盐的膳食习惯。

（七）饮酒应限量

高度酒含能量高，不含其他营养素。无节制地饮酒，会使食欲下降，使食物摄入减少，以致发生多种营养素缺乏，严重时还会造成酒精性肝硬化。过量饮酒会增加患高血压、中风等疾病的危险，并可导致事故及暴力的增加，对个人健康和社会安定都是有害的，应严禁酗酒。若饮酒可少量饮用低度酒，青少年不应饮酒。

（八）吃清洁卫生、不变质的食物

在选购食物时应选择外观好，没有污泥、杂质，没有变色、变味，并符合卫生标准的食物，严把病从口入关。进餐要注意卫生条件，包括进餐环境、餐具和供餐者的健康卫生状况等。集体用餐要提倡分餐制，减少疾病传染的机会。

二、中国居民平衡膳食宝塔

平衡膳食宝塔提出一个营养上比较理想的膳食模式，它所建议的食物量，特别是奶类和豆类食物的量可能与大多数人当前的实际膳食还有一定距离，对某些贫困地区来讲可能距离还很远。但是，为了改善中国居民的膳食营养状况，这是不可缺少的。应把它看作是一个奋斗目标，努力方向，逐步达到。

（一）平衡膳食宝塔的组成

平衡膳食宝塔包含我们每天应吃的主要食物种类，包含五个层次。宝塔各层面积不同，这在一定程度上反映出各类食物在膳食中的地位和应占比例。谷类食物位居底层，每人每天应吃 300～500 克；蔬菜和水果占据第二层，每天应吃 400～500 克和 100～200 克；鱼、禽、肉、蛋等动性食物位于第三层，每天应吃 125～200 克（鱼虾类 50 克，畜、禽肉 50～100 克，蛋类 25～50 克）；奶类和豆类食物合占第四层，每天应吃奶类及奶制品 100 克，豆类及豆制品 50 克；第五层塔尖是油脂类，每天不超过 25 克。

宝塔没有建议食糖的摄入量，因为我国居民现在平均吃食糖的量还不多，少吃些或适当多吃些可能对建康的影响不大。但多吃糖有增加龋齿的危险，尤其是儿童、青少年不应吃太多的糖和含糖食品。食盐和饮酒的问题在中国居民膳食指南中已有说明。

（二）宝塔建议的各类食物摄入量

各类食物的组成是根据全国营养调查中居民膳食的实际情况计算得出的，所以每一类食物的质量不是指某一种具体食物的质量，而是同一类食物的总摄入量。

三、体育运动与营养补充

人在进行体育锻炼时，机体的能量消耗比静止时要大大增加。根据不同体育项目特点安排锻炼期间的饮食营养，对加速运动后的体力恢复、防止过度疲劳和伤病发生十分重要。

（一）速度性运动

速度性运动是典型的大强度运动，如短跑等项目。快速跑时对人的神经过程的灵活性和协调性要求很高，同时体内高度缺氧，故能量的来源主要是靠糖的无氧分解供应。短时间内将有大量的代谢产物在体内堆积，使人体内环境向酸性偏移，容易产生疲劳。在锻炼后的膳食中，应含有丰富的蛋白质和糖类，还必须有足够的磷、维生素B1、维生素C、铁等，此外还应多吃蔬菜、水果等碱性食物，进一步调节体内酸碱平衡。

（二）耐力性运动

耐力性运动如长跑、超长跑、骑自行车等项目，运动强度较低，但持续时间长，运动所需总热能大，能量代谢以有氧供能为主。为了保证热能的来源充足，增强机体的摄氧能力，膳食中应含有较高的糖、维生素B1、维生素C以及铁、钾、钠、钙、镁等元素，并适量补充脂肪和蛋白质。

（三）力量性运动

力量性运动如举重、器械体操、投掷等项目，由于练习时消耗的能量较多，饮食的产热量也必须较高，故膳食中应有足够的糖、蛋白质和脂肪。特别是力量练习有利于肌肉质量与力量的增长，对蛋白质的需要量大于其他项目，供给量可达到每公斤体重2克。另外，为了保证神经肌肉的正常功能，还要注意补充钠、钾、镁、钙等元素。

（四）灵巧性运动

灵巧性运动如体操、艺术体操、技巧等项目，由于这些运动动作复杂且多样化，需要有良好的协调性及灵巧性，故对人神经系统的要求较高。参与这类项目运动，需要增加含有丰富的磷及各种维生素的食物。

（五）球类运动

球类运动对人体的要求比较全面，对力量、速度、耐力、灵敏等素质均有较高的要求，所以对营养的要求也要全面。因此，膳食中的糖、蛋白质、维生素B1、维生素C、磷等一定要充足。

（六）游泳运动

游泳运动在水中进行，机体散热较多，膳食中除供给必需的糖和蛋白质外，还要求足够的脂肪和维生素B、维生素C及磷等。

（七）体育锻炼与水的补充

体育锻炼中水的代谢特别旺盛，如踢足球1小时，出汗量高达2～7升。在高温环境下运动，出汗量更大。运动时，体温升高，排汗使机体一部分热量散发，降低了体温，这对运动是有利的。但是，人在排汗的同时，也失去了体内很多的盐类（如钠盐、镁盐等），如不及时补充，不但降低运动效果，而且对健康也有一定的不良影响（脱水严重可导致休克）。因此，在锻炼中要及时补充水分，同时注意钠、钾盐的补充。一次饮水量不能太多，以150～200毫升为宜。

第三节　大学生的营养特点及饮食调配

一、大学生的营养特点

在校大学生脑力劳动紧张，体力活动较多，能量消耗大，这些都需要由食物营养来补充。若此阶段营养摄取不均衡，机体会出现疲劳、精力不足、学习不能持久、学习效率低现象，甚至出现神经衰弱、视力减退、注意力不集中和容易患病等问题。

大学生的营养特点主要体现在两个方面：一是大学生时期主要

以用脑力学习知识为主，大脑的思维、记忆、理解等活动十分活跃，脑力消耗大，故大脑对各种营养素的需求量也随之大幅度增加；二是大学生时期正处于青春发育期的顶峰，人体的生长发育需要大量的、全面的营养素进行补充，以促进青春发育的顺利完成。

因此，从营养学角度讲，大学生的膳食除保证足够的糖以外，还要特别注意蛋白质、磷脂和维生素 B1、B2、尼克酸的充分供给，以营养脑细胞，保持记忆力，提高注意力和理解能力，促使大脑机能活跃、思维敏捷，提高学习效果。

二、大学生的饮食调配

大学生正处于青春年盛、向成年过渡时期，不仅身体发育需要足够的营养，而且繁重的脑力劳动和较大量的体育锻炼也要消耗大量的能源物质。因此，合理的伙食和营养有助于提高大学生的身体素质和学习效率。

大学生饮食，除应保证足够的粮食以补充热能需要外，还应补充足够的、多样的副食品，一般每人每天平均需供给肉类 75～100 克，豆类 50～100 克，鸡蛋 1～2 个，牛奶 250 毫升，蔬菜 500 克及水果 1～2 个，基本能满足一天营养素的需要。膳食中的蛋白质最好以动物蛋白为主，优质蛋白质占总蛋白量的 60%，并应平均分配在一日三餐中。

近年来一些文献报道显示，人们在精神紧张时水溶性维生素 B1、B2、C、烟酸等的消耗会增加。大学生紧张的学习和考试，使体内维生素的需要量增加，应从食物中给予补充，以免引起缺乏。我国膳食中比较容易缺乏和不足的营养素还有钙、铁、维生素 A、核黄素等，特别是在集体食堂就餐的大学生更应注意预防上述营养的缺乏。

缺铁问题在女大学生中更为多见，因为女大学生每月都有月经血液的丢失，使身体对铁的需要量增多，很容易出现缺铁性贫血。

因此，女大学生更应注意补充铁，应选食含铁丰富且吸收利用率高的猪肝、瘦肉、木耳、红枣、海带等食物。

维生素 A 和核黄素是我们膳食难以满足需要量的两种维生素，而这两种维生素又与视力有关。大学生使用眼睛的时间较长，更须特别注意这两种维生素的补充。含维生素 A 和核黄素丰富的食物除猪肝、鸡蛋、牛奶外，黄绿色蔬菜中含量也较丰富。如每天能进食 250 克以上的黄绿色蔬菜，就能提高这两种维生素的摄入量，从而满足营养要求。

钙和碘元素对大学生的身体发育和适应繁重的学习任务具有重要意义。每天膳食中应注意选用牛奶、鸡蛋、大豆、虾皮、海带、紫菜、各种海鱼等含钙和碘丰富的食物。卵磷脂是构成神经细胞和脑细胞代谢的重要物质。试验证明，用大豆磷脂给正常人服用，精力比服用前充沛，学习和工作的精力也大大增加。富含磷脂的食物有鸡蛋、豆类、瘦肉、肝、牛奶等。

第四章
体育卫生与运动安全

第一节　体育锻炼中的安全卫生

大学生参加体育锻炼必须要注意安全，同时还要讲究卫生，这是进行体育锻炼必须遵循的重要原则。下面介绍体育锻炼中的个人卫生（含心理卫生）、环境卫生以及体育场地器材的安全卫生知识。

一、个人卫生

人体健康首先要从个人生活卫生做起，体育锻炼中更应重视个人卫生。个人卫生主要包括生活有序、合理饮食、睡眠充足、戒除不良嗜好等。

（一）生活有序

锻炼者应建立合理的作息制度，每天要按时睡觉、按时起床，养成有规律的生活习惯，从而有助于学习，也有助于体育活动的进行。相反，起居无常、劳作无度，不仅会影响学习效率，在体育活动中还将容易发生伤害事故。

（二）饮食卫生

一定要注意日常生活中的饮食卫生，尤其是体育锻炼期间的饮食卫生，不食用被污染、不干净、变质的食物饮品，保证食品安全和充足的运动营养。

（三）睡眠卫生

睡眠是人维持正常生命活动的自然需要和必要条件，良好充足的睡眠能消除疲劳，使人的体力和精力得到休息和恢复。大学生每天一般应保证 7～8 小时的睡眠，而且寝室内要保持清洁干净、温度适宜、空气新鲜、光线适宜、被褥松软且经常晒洗，睡觉前一定要洗脸、洗脚和刷牙，不要喝咖啡、浓茶和吸烟，以免影响睡眠。睡眠时间长不等于休息好，关键要有良好的睡眠质量。宋代蔡季通在《睡诀》中说："睡则而屈，觉正而伸，早晚宜时，先睡心，后睡眠"，意思是睡眠时要侧向弯屈身体，觉醒时伸直，睡眠时首先安定情绪，心静使人很快入睡。

（四）衣着卫生

运动时服装大小要适宜，符合运动要求，衣料透气性强，容易吸汗液。夏季室外锻炼时，应穿着浅色运动服，头戴遮阳帽；冬季锻炼时注意保暖，锻炼时要穿运动鞋。

（五）避免不良嗜好

吸烟、酗酒等不良嗜好，严重影响身体健康，更影响体育锻炼活动的进行，如果已沾染了这些不良嗜好，要坚决戒除。

（六）心理卫生

人的心理活动与人的生理功能之间存在着内在联系，良好的心理状态，能提高人体的运动能力，反之人的运动能力会下降。俗话说："心不爽，气不顺"，容易发生伤害事故。

二、环境卫生

体育锻炼过程中的环境卫生，主要指气温、空气和噪音等。

（一）体育锻炼与气温

体育锻炼要持之以恒，春、夏、秋、冬四季都不应间断。因此，锻炼时要顺应春温、夏热、秋凉、冬寒的气候特点，特别要避免在恶劣的气温环境下进行锻炼。

（二）体育锻炼与空气

空气是人类赖以生存的物质条件，一名成年人每天的呼吸量大约为 1000 升左右的空气，其重量约为 13.6 千克。人在生命活动过程中需要吸入足够的氧气、新鲜空气，以振奋精种、消除疲劳、提高学习和工作效率；足够的氧气也能改善睡眠，改善呼吸功能，提高基础代谢。在体育锻炼时，由于人体内气体交换充分，特别要摄取更多的氧分，以供给运动中的能量消耗。因此，一定要注意在空气新鲜的环境中进行锻炼。

通常情况下，在大城市中交通拥挤、人群密集地方的二氧化碳和臭氧的含量较高，特别是在炎热夏季的中午臭氧的含量更高，而且阳光中的紫外线辐射最为强烈，因此一定要避免在这样的环境中进行体育锻炼。

（三）体育锻炼与音响

音响也是影响体育锻炼的一种环境因素。清晰明朗的音调、理想的音响强度能使人情绪安定或催人奋进，而无规律的噪音则使人心烦意乱。强烈持久的噪音，会引起人的神经衰弱，甚至高血压、心脏病的复发。因此，体育锻炼一定要避免在噪音高的地方进行，理想的体育锻炼环境，其音响强度不应超过 35 分贝。

三、体育场地器材安全卫生

（一）室外体育场地器材安全卫生

室外体育场地周围应合理栽种花草树木，既可美化运动环境，也可改善空气质量。室外的篮球、排球、网球等场地，以合理比例的土质为宜，场地平坦结实无浮土；足球场地最好是草皮，田径场的跑道要平整、结实而富有弹性，并保持一定的干湿度，最好铺有塑胶；跳远沙坑里应垫有干净、松软、平整的细沙子。

（二）室内体育场地器材安全卫生

室内体育场地应有完整的通风和照明设备，并经常开窗通风换气，保持室内清洁卫生。

体育器材的安装要结实牢固、美观合理，体育场地周围应保持一定的空余、无障碍物区域。

（三）游泳馆（池）的安全卫生

游泳馆（池）的结构顺序应该是：更衣室→存衣室→厕所→准备活动室→淋浴室→涉水池→游泳池。为了安全起见，游泳池边应标明深、浅水区域或者深度。游泳池水质是游泳卫生的最重要的环节，一定要达到国家规定的游泳池水质标准；池水要保持高度透明，水静止时在任何地方都可看到池底，以便救生员或教练员能看到练习者在水中的情景。

第二节　运动伤病的预防与处理

随着人类物质文明和精神文明的不断发展，人们越来越认识到体育锻炼对增进健康、防治疾病、延年益寿的重要作用，参与体育锻炼的人越来越多，体育锻炼的形式和内容也越来越丰富。但是，由于大多数人缺乏一定的体育技术和安全方面的知识，容易造成运动不当引发运动损伤，或引起运动性疾病甚至运动性猝死。因此，大学生参与体育锻炼一定要认真学习和掌握科学的体育锻炼方法与知识，预防运动损伤和运动性疾病的发生。下面着重讲述运动损伤的起因和预防，介绍运动康复训练的有关问题，用以指导大学生进行科学而有效的体育锻炼。

一、运动损伤的预防与处置

（一）造成运动损伤的主要原因

在体育锻炼过程中，不管是直接还是间接原因造成的身体损伤，统称为运动损伤。造成运动损伤的原因是复杂多样的，根据国内外大量的相关研究发现，主要表现在以下几各方面。

1. 思想麻痹大意

这是造成运动损伤最主要的因素之一。特别是一些青少年由于缺乏运动经验，而且好胜好奇，常常盲目或冒失地进行锻炼而造成伤害，或由于急于求成造成身体某一部位的损伤。

2. 准备活动不当

体育活动前缺乏必要的准备活动或者准备活动量过小，人的机体尚未达到较好的运动状态就开始运动；或者准备活动量过大、时间过长，机体已经处在疲劳状态再去锻炼；或者由于准备活动的针对性不准确，使需要强烈运动的部位没有得到必要的活动等，都属于准备活动不当。

3. 技术上存在缺点和错误

由于锻炼者对体育项目技术掌握不准确，即动作不对而造成运动损伤。例如传接篮球、排球时不正确的手形引起手指挫、扭伤，举重时上体不直立而过于后仰，跳水时两腿过于后摆造成腰部受伤等等。

4. 运动量过大或过于剧烈

运动时间过长，锻炼内容过多，特别是身体局部重复练习次数过多，超过了人体生理负荷承受能力时，非常容易发生运动损伤。

5. 身体机能状态和心理状态低下

人的身体机能状态低下时容易发生运动损伤，心理状态低下时同样容易造成伤害事故的发生，甚至是更加严重的运动损伤。如果一个人精神上受某种刺激或者受到慢性病的困扰，又缺乏自我保护能力，此时参加体育锻炼最容易造成运动损伤。

6. 教学组织不当

体育锻炼的开展必须按照一定运动规律进行，违背了运动规律就容易造成运动损伤。练习者人多过于拥挤，缺乏科学和严密的组织，以及运动场地设施布局不合理等情况，都有可能发生运动损伤。另外，气温过高时大强度锻炼容易发生中暑现象，而气温过低时锻炼人的肌肉僵硬，容易引起拉伤，造成运动损伤。

（二）运动损伤的预防

预防运动损伤的方法是多方面的，主要应做到以下几点。

1. 克服麻痹思想

锻炼者要重视提高预防运动损伤的意识，遵守体育锻炼的规律和原则，切不可随心所欲、急于求成，在思想上麻痹大意。同时，锻炼过程中要有团结互助精神，发扬良好的体育道德作风。

2. 做好准备活动

要根据个人的身体情况和运动特点，有针对性地做好准备活动；既要做好身体方面的准备，更要做好心理方面的准备，在身心准备充分的前提下再开始运动。

3. 加强保护与自我保护的能力和意识

在体育锻炼的过程中，不可避免地要出现一些危险状况，因此一定要具有良好的保护与自我保护的能力和意识。例如快要摔倒时，要顺势做好屈膝、弯腰、低头、含胸、团身滚动，切不可用直臂或肘部撑地。平时要加强跳跃、滚翻等动作练习，以提高身体的灵敏度和应变能力。

4. 合理组织锻炼过程

在体育教学、训练和比赛中，要根据学生的年龄、性别、健康状况以及运动技术水平等条件，组织好锻炼的全过程，对各环节中有可能出现问题的地方，做好严格的预防措施。

5. 重视科学锻炼

体育运动具有非常强的技术性和规律性，违背时容易造成运动损伤。科学锻炼包括五个要素，即全面性、个别性、渐进性、量力性以及医务监督。当参与者的身体出现不良反应时，要找出原因并采取必要的保护措施。必要时需根据医生的建议，确定是否参加锻炼或者施行多大的运动量。

6. 具有安全适宜的锻炼环境

运动场地平坦舒适，运动器材设备坚固安全，个人衣着适宜锻炼，周边环境良好安全。

（三）常见的运动损伤与处置方法

1. 肌肉拉伤

（1）发生的机制与症状：肌肉拉伤通常是由于肌肉猛烈收缩或用力牵伸时超过肌肉本身承受的能力而造成的，分为主动拉伤和被动拉伤两种情况。造成肌肉拉伤的主要原因与准备活动不足、动作不协调有关，或者是由于肌肉的韧性和弹性较差而被拉伤。

损伤后伤处肿胀，有压痛，肌肉痉挛，严重时可出现肌肉撕裂，产生剧烈疼痛。

（2）处置和预防：处置：轻者可即刻冷敷，局部加压包扎，抬高患肢，48 小时后可施行按摩或理疗措施。如果肌肉已大部分或完全撕裂时，在加压包扎后应立即送往医院手术治疗。

预防：主要针对发生的原因进行预防，特别是要做好运动前的准备活动，防止运动量过大和过度疲劳，注意提高身体的协调性和动作技巧锻炼。

2. 肌肉挫伤

（1）发生机制与症状：练习者与器械发生碰撞，或练习者之间发生冲撞而造成肌肉挫伤。

轻度挫伤时在损伤处出现红肿、皮下出血现象，并有疼痛感觉。严重时会造成内脏器官损伤，并可出现头晕、脸色苍白、心慌气短、出虚汗、四肢发凉、烦躁不安等症状，严重时会出现休克现象。

（2）处置与预防：处置：立即实行冷敷后加压包扎，抬高患肢，以防止继续出血。48 小时后可施行按摩或理疗措施，也可用热敷活血消肿。如果怀疑内脏损伤，则送医院作进一步诊治。

预防：练习者要控制好适当的运动量，避免在过于疲劳状况下继续进行锻炼。锻炼时要注意身体的协调性和机灵性，避免不必要的冲撞，特别要提高自我保护能力。

3. 肌肉痉挛

（1）发生机制与症状：肌肉痉挛俗称抽筋，这是一种常见的运动损伤，是肌肉痉挛使肌肉不自主地强直收缩所致。在运动中常发生痉挛的肌肉是小腿腓肠肌、足屈拇肌和屈趾肌。在运动时，由于肌肉的快速连续收缩和放松，导致收缩与放松协调关系被破坏，从而发生肌肉痉挛。也会由于局部肌肉疲劳，特别是受到寒冷刺激容易发生肌肉痉挛。现代运动科学发现，因情绪过分紧张引起肌肉痉挛者，占有非常高的比率。

肌肉发生痉挛时，局部肌肉紧缩、坚硬或隆起，疼痛难忍且暂时不易缓解。

（2）处置与预防：处置：对痉挛部位的肌肉实行牵引，使之伸长和松弛。例如腓肠肌痉挛时，即强制性伸直膝关节，并将脚掌和脚趾缓慢地向上扳起。若屈拇肌或屈指肌痉挛，同样将脚趾上扳，但切忌施引暴力。

预防：锻炼前要做好准备活动，对容易发生痉挛的肌肉可事先做好按摩和拉伸。冬季在室外锻炼时要注意保暖，夏季锻炼时要适当补充淡盐水及维生素 B1；游泳前要先用冷水淋浴，游泳时在水中停留时间不要太长；疲劳时不要进行剧烈运动等。

4. 韧带扭伤

（1）发生机制和症状：韧带有较强的抗伤能力，以保护关节的正常活动，防止关节出现异常。但是，如果外力过大使关节活动超越韧带所能承受的范围时，就会发生韧带损伤。

韧带轻度损伤，只是产生轻微的疼痛或局部水肿，关节功能也不会有明显的影响。严重时，会造成韧带撕裂，并丧失其功能；其主要症状表现为伤处疼痛、肿胀和皮下淤血。

（2）处置与预防：处置：受伤后应立即冷敷，加压包扎并抬高伤肢。48 小时后对伤部热敷或按摩，重度损伤导致韧带撕裂时，可用绷带固定伤肢后立即送医院治疗。

预防：韧带扭伤易发部位是踝关节、腕关节和膝关节，所以平时要加强这些易伤关节周围韧带、肌肉的练习，以提高其抗伤能力。对容易发生扭伤的部位，锻炼时可采用护踝、护膝、护腕等保护措施。

5. 腰扭伤

（1）发生的机制与症状：人体的腰椎是由 5 个脊椎骨连接起来的，连接脊椎骨的是很多条韧带和细小肌肉群，腰部活动就是靠这些韧带、肌肉收缩牵动进行的。但是，如果人体腰部的运动超越了肌肉韧带的伸展限度，或收缩不协调，就会造成腰部扭伤。例如举重时上体过于后仰，跳水时两腿过于后摆，做体操桥形时准备活动不充分等，均可使腰部直接致伤。

腰部扭伤后，当场疼痛，有时会听到瞬间“格格”响声，有时出现肌肉痉挛，活动受阻。

（2）处置与预防：处置：发生腰扭伤后，立即停止运动，让患者平卧，一般不应扶动。如果疼痛剧烈，则应送医院诊治。处理后，应卧硬板床，腰下可垫个薄软枕头，以放松腰部肌肉，减轻疼痛。腰扭伤 48 小时后，可采用热敷和外敷伤药，也可施行按摩或针灸。

预防：运动前要做好全身性的准备活动，特别是腰部的准备活动。如前后弯腰，左右转身，身体绕环，上伸下蹲等。运动时注意姿势的正确性和动作的协调性，用力要得当，平时要加强腰部肌力的锻炼，以提高腰部肌力。

6. 骨折

（1）发生的机制与症状：造成骨折的原因有两种，一种是受直接暴力撞击所致，如足球练习或比赛时，小腿直接被踢，造成胫骨骨折；从高处跳下或奔跑时跪倒，引起髌骨骨折等。第二种是间接暴力，如从单杠上摔下时用手撑地，发生肱骨骨折或尺骨、桡骨骨折，足球守门员扑球时摔倒造成锁骨骨折等。

骨折可分为完全性骨折和不完全断裂（如裂缝骨折、折肢骨折等），骨折后的症状一般都比较严重，主要表现为疼痛、肿胀、皮下瘀血、功能丧失、肌肉发生痉挛等，有时在骨折部位出现畸形，移动时可听到摩擦声。严重时，伴有出血、神经损伤、发烧、口渴等现象，直至休克症状。

（2）处置与预防：处置：骨折发生后，立即停止运动，并进行急救。如果患者有休克症状，应先点按其人中穴，必要时进行人工呼吸或心脏胸外挤压急救；如伴有伤口出血时，应同时实施止血和包扎。骨折后切忌移动患肢，应用夹板或其他代用品固定伤肢，随后护送医院诊治。

预防：运动前要做好充分的准备活动，运动时要提高动作的协调性和机体的灵敏性，并尽量减少冲撞性动作的发生。

7. 脑震荡

（1）发生的机制与症状：脑震荡是脑部损伤中最轻而又多见的一种，系指头部受到外力打击时神经细胞和神经纤维受到强烈震荡所引起的意识和机能的暂时性障碍。例如在体育运动中，头部直接被足球、棒垒球打击，或者从高处摔下头部撞地等，都可发生脑震荡。

其症状主要有以下几种。

①意识障碍。一般有轻度意识障碍，严重者可发生暂时性意识丧失，直至昏迷；时间短则几秒钟，长则几分钟至20～30分钟不等。在意识丧失时，呼吸表浅，脉搏徐缓，肌肉松弛，瞳孔稍大但对称，

神经反射减弱或消失。

②逆行性健忘。意识恢复后，不能回忆起受伤时情境。

③自觉症状有头痛、头晕、恶心、呕吐（轻重不一）等。

④出现情绪不稳定、易激动、不耐烦、注意力不集中、耳鸣、心悸、多汗、失眠等一系列植物性神经功能紊乱症状。

（2）处置与预防：处置：立即让患者安静平卧，头部冷敷，身上保暖。若有昏迷，可指压人中、内关穴；若呼吸发生障碍，立即施行人工呼吸。若昏迷时间较长，两瞳孔放大且不对称，或耳鼻口内出血，表明情况严重，进行一般处理后，应立即送医院诊治。在运送途中，要让患者半卧，头部固定，避免颠簸。

脑震荡一般都可自愈，无须住院治疗。但要注意休息和必要的药物治疗，保持情绪安定，减少脑力劳动。

（四）运动损伤的急救

1. 急救的意义和原则

急救是指在运动中对突然发生的损伤进行紧急和合理处理，并为转送医院进一步诊治创造条件。正确和有效的处置，对减轻患者的痛苦、预防并发症和感染乃至挽救生命，都具有十分重要的意义。

急救是一项时间紧、技术性和判断性强、分秒必争的紧急措施，因此必须遵循以下原则：

（1）抓住主要矛盾进行急救。现场急救比较复杂，有时会同时出现多种损伤，此时急救者必须抓住主要矛盾进行急救。如发现休克，应先进行抗休克措施（如针刺人中、内关穴，做人工呼吸）；如伴有出血时，应同时施行止血，然后再做其他损伤处理。

（2）准确判断。急救者要正确地判断损伤的性质、部位和程度，并施行正确的抢救技术。

（3）分工明确，临危不惧。急救人员既要有高度的责任感和救死扶伤的崇高品德，又要能临危不惧、分工明确、有条不紊地进行抢救，并具有熟练的技术和丰富的临场经验。

（4）快抢、快救、快运送。急救必须分秒必争，当机立断，切勿延误时机。在得到初步处理后，尽快转送医院做进一步治疗。在运送途中，要确保患者的平稳安静，消除紧张情绪，并随时观察病情变化，必要时继续进行人工呼吸。

2. 急救方法

（1）止血法

①冷敷法：这种止血法常用于急性闭合性软组织损伤。最简便的方法是用冷水冲洗或冷毛巾敷于伤处，有条件的可使用氯化烷喷射。冷敷可以使血管收缩，减少局部充血，降低组织温度，抑制神经感觉，从而有止血、止痛和减轻局部肿胀的作用。

②抬高伤肢法：即将出血的肢体抬高超过心脏水平。抬高伤肢可以降低出血部位的血压，以减少出血。如果已采用加压包扎后，仍应抬高伤肢。

③压迫法：可以分为指压法、止血带法、包扎法等。

指压法：常用于动脉出血。方法是在出血部位盖上消毒纱布后，用手指腹压迫出血部位，也可指压出血部位的上端动脉管，以切断血流渠道。

止血带法：常用止血带有布条、皮带、皮管、毛巾等。进行时先将伤肢抬高，然后在患处上方缚扎止血，缚扎时最好在伤处加垫，其宽紧适中，以防肢体组织坏死。

包扎法：主要用绷带包扎，并根据不同部位和伤势进行不同方法的包扎，如环形包扎、螺丝形包扎、反折螺旋形包扎等。

（2）搬运法

伤员经过现场急救后，应迅速和安全地转运到安全地处休息或直接送医院治疗，其中包括扶持法、托抱法、椅抬法和 3 人托抱法等。

①扶持法：此法适用于神志清醒、伤势较轻、自己基本能步行的伤员。施救时挽住伤员的腰部，并让伤员一臂搭扶在自己肩上。

②托抱法：急救者托抱住伤员，并让伤员一臂挽住自己的肩颈部位。此法适合于身体虚弱的伤员。

③椅抬法：两名急救者两手搭成椅子状，让患者像坐椅子一样进行运送。

④3 人托抱法：3 人站在同一侧，将伤员托抱起来，并协调地行走。此法适用于体力严重衰弱和神志不清的伤员。

（3）人工呼吸法

人工呼吸法有举臂压胸法、仰卧心脏胸外挤压法、俯卧压背法、口对口呼吸法等。其中以仰卧心脏胸外挤压法和口对口呼吸法效果最好。

①心脏胸外挤压法：将患者仰卧，急救者两手上下重叠，用掌根置于患者的胸骨下半段处，借助于体重和肩臂力量，均匀而有节奏地向下施加压力，将胸骨下压 3～4 厘米为度，然后迅速将手轻轻提起，胸骨也自然地弹回，如此反复进行。每分钟以 60 至 80 次的节律进行，直至恢复心脏跳动为止。

②口对口人工呼吸法：将患者仰卧，头部后仰，托住下颌，捏住鼻孔，压住环状软骨（即食道管），防止空气吹入胃里，急救者深吸气，两口相对，将大口气吹入患者口中，吹气后将捏鼻子的手松开，如此反复进行。吹气频率每分钟约 16～18 次，直至患者恢复自主呼吸为止。如患者牙关叩紧，一时撬不开，则采取口对鼻吹气法，进行时其他操作方法同上。

（4）溺水及其急救

①发病机制与症状：因技术错误或发生肌肉抽筋等各种原因，使人体坠入水下，随后水经口鼻进入肺内而造成呼吸道阻塞，同时又因冷水或吸水的刺激引起咽喉痉挛而导致窒息；由于患者的不断挣扎，反使窒息加重，最终导致缺氧和昏迷。如果时间稍长，即会危及生命。

窒息昏迷后，患者脸色苍白而肿胀，双眼充血，口鼻充满泡沫，肢体冰冷，又因胃内充水，而上腹部胀大，甚至出现呼吸、心跳停止现象。

②处置：第一步，立即就地抢救，清除口腔中分泌物和其他异物，并迅速进行倒水。第二步，若心跳已停止，应同时施行心脏胸外挤压法（以 1∶4 频率进行）或口对口人工呼吸法。急救者之间应相互协调配合，积极、耐心，直至恢复自主呼吸为止。第三步，苏醒后，立即护送医院，作进一步检查和治疗。在运送途中，必要时继续进行人工呼吸。

③溺水预防：入水前应做好充分的准备活动，对最易发生痉挛的小腿加强预防练习，入水后运动量要循序渐进，在水中时间不要过长，切忌莽撞和冒险，初学者应在同伴看护下进行学练。

二、常见的运动性疾病与处置

（一）运动中腹痛

1. 发病机制与症状

运动中腹痛常在中长跑和剧烈运动时发生。据发病的大量资料表明，主要是在运动前准备活动不充分，或者因运动前吃得过饱、饮水过多，或者腹部受凉致使脏腑功能失调，引起腹痛。也有的因运动时间过长或过于剧烈，使下腔静脉压力上升，引起血液回流受阻造成。也有的因呼吸节奏紊乱，引起膈肌运动异常，或者肝脾积气郁血，导致两肋部胀痛等。

2. 处置与预防

处置：如果没有器质性疾病，一般采用减慢运动速度，进行腹式呼吸，按压疼痛部位等方法，短时间内即可减轻疼痛，直至消失。数分钟后，如果疼痛仍不减轻甚至加重，就应停止运动。必要时可服十滴水或普鲁苯辛，或揉按内关、大肠俞等穴位。如仍不见效，应送医院诊治。

预防：运动前避免饮食或饮水过多，并做好准备活动（特别是腹部按摩），坚持循序渐进，注意呼吸节奏，夏季运动要适当补充盐分。

（二）运动性贫血

1. 发病机制与症状

人体血液中红细胞数与血红蛋白量低于正常值称为贫血。运动性贫血是由于运动引起血红蛋白量减小，并低于正常值即称之为运动性贫血。运动性贫血，男性的血红蛋白低于 12 克 / 100 毫升，女性低于 10.5 克 / 100 毫升。在通常情况下，女性发病率高于男性。

导致运动性贫血的主要原因是：①运动时肌肉对蛋白质和铁的需求量增多，若摄入量不能满足需求时，即可引起贫血；②红细胞抗震力较弱，运动时造成红细胞破坏增加，致使红细胞的新生与衰亡之间的平衡遭到破坏，导致红细胞低于正常值。运动性贫血发病后，主要表现为头晕、呕吐、心率加快、脸色苍白、体力下降。

2. 处置与预防

处置：出现上述症状时应适当减轻运动量，必要时进行休息。即刻饮服糖水或口服硫酸亚铁，并同时服用维生素 C 和胃蛋白酶合剂，有利于铁的吸收。

预防：运动前作好准备活动，并注意循序渐进规律；调整膳食结构，平时增加富含蛋白质和铁的食物。

（三）运动性昏厥

1. 发病机制与症状

由于脑部突然供血不足或者因脑血管发生痉挛，而出现暂时性知觉丧失的现象称为运动性昏厥。

导致运动性昏厥的原因，主要是由于长时间运动或剧烈运动，大量血液聚集在下肢，回心血流量减少，因而心血输出量也减少，致使脑部缺血而引起昏厥。在日常生活中，因长时间站立，过久下蹲后骤然起立，或者情绪过分紧张激动，或病后体弱参加剧烈性运动等情况，都可能发生类似昏厥的现象。昏厥前，患者感到全身软弱，头昏眼花，面色发白。昏倒后，面色苍白，手足发凉，出冷汗，脉搏减弱，血压下降，呼吸缓慢。

2. 处置与预防

处置：发病后，立即让病员平卧，松解衣领，抬高下肢，按压人中、合谷穴，并从小腿向心作推摩和揉捏。如果有昏迷现象，可嗅氨水或静脉注射 25%～50%葡萄糖 40～60 毫升。在知觉未恢复前，禁止喝饮料或其他药物。如有呕吐，应将患者的头偏向一侧。如停止呼吸，应立即进行人工呼吸。

预防：坚持经常性锻炼，以增强体质；剧烈运动后不要立即停下来或坐下，而应继续慢跑，并深呼吸；在饥饿情况下不要参加剧烈运动。

（四）运动中暑

1. 发病机制与症状

“中暑”是长时间受高温或热辐射引起的一种高温疾病。特别是在湿度高、通风不良或头部缺乏保护被烈日直接照射等情况下，引起体温调节功能发生障碍而导致中暑。

症状：中暑早期可有头晕、头痛、呕吐，严重时体温升高，皮肤灼热干燥，甚至出现精神失常、虚脱、抽搐、心率失常、血压下降，直至昏迷危及生命。

2. 处置与预防

处置：首先将患者安静护送至阴凉、通风处平卧休息，并采取降温措施，如解开衣领，服饮清凉饮料或人丹、十滴水等，也可补充葡萄糖盐水。严重患者，经临时性处理后，即护送医院诊治。

预防：在高温炎热环境下锻炼时，应适当减少运动量和锻炼时间，要尽量避免在烈日下锻炼。夏天在室内锻炼时，注意良好的通风，并备有低糖含盐的饮料。室外锻炼时，应戴白色凉帽，穿宽松浅色运动服。

第五章
运动处方及其制定方法

第一节 运动处方概述

运动处方这一概念，自 20 世纪 50 年代被提出、60 年代被世界卫生组织（WHO）采用至今，已得到世界各国的广泛认可。运动处方可以理解为由体育教师、健身教练、社会体育指导员或者康复医师、康复治疗师等，根据体育健身者或运动康复者的一般医学检查、康复医学检查、运动试验、身体素质、体适能测试结果，结合其年龄、性别、健康状况、身体素质及其心血管和运动器官的功能状况等主客观条件，用处方的形式制定适合体育健身者或运动康复者自身的运动内容、运动强度、运动时间及频率等，并强调指出运动中的有关注意事项，以达到科学、有计划地进行体育健身或康复治疗的目的。从某种意义上来说，制定运动处方其实也就是制定个人的体育锻炼计划。

运动处方与药物处方的形式对比

运动处方	临床医学药物处方
运动项目	药物名称
运动量：持续的时间/运动强度	剂量/次
锻炼频率	次/日
锻炼注意事项	用药方法及注意事项

运动处方分类

分类	内容
根据**对象**分类：	FITT
❖ 健身、健美运动处方	❖ 锻炼目标
❖ 治疗性运动处方	❖ 锻炼的内容
❖ 预防性运动处方	❖ 运动量：
❖ 竞技训练运动处方	运动强度；
根据**锻炼作用**分类：	持续时间；
❖ 全身耐力运动处方	重复次数、完成组数、间隔时间；
❖ 力量运动处方	运动频率。
❖ 柔韧性运动处方	❖ 注意事项

一、运动处方制定资格

在美国、欧洲、日本等发达国家和地区，运动处方是由受过专门培训的康复医生、心脏康复治疗师、运动疗法治疗师、运动队的随队治疗师、社区的健康志愿者、私人健身指导员等人负责制定。在我国，目前真正受过这方面培训的人员实在太少，能够制定运动处方的人员，主要是某些康复部门的康复医生和治疗师，以及体育院校体育保健康复专业人员和部分体育健身专业人员。随着我国康复事业和全民健身运动的发展，今后将由经过专业培训的运动疗法治疗师、社区医疗机构的全科医生、体育教师、全民健身指导员等负责制定运动处方。

二、运动处方制定流程

首先为受试者进行一般的身体健康指标，如身高、体重、心率、血压、心电图、体脂百分数、血尿化验等的检查，再通过填表调查及询问确定受试者心脏发病危险性的高低，对其个性进行评定，并按照受试者自己登记的饮食情况，计算其饮食结构是否合理。然后，在心脏专家的直接参与下，进行专门的“递增负荷运动试验”。这是利用自行车记功器或固定跑台检查心脏“功能能力”的一种试验方法，实验时每 2～3 分钟增加一次蹬车或跑步的负荷，同时测定和观察受试者的心率、血压、心电图等的变化，直到测出其所能达到的最大强度。最后，专家就可以像医生给病人开处方一样，告诉其最适合的锻炼项目是什么、运动的强度应当多大、运动时心率维持在多少、每日锻炼多长时间、每周最好锻炼几次等，形成完整的运动处方。经过 1～2 个月锻炼之后，请受试者回来进行复查，按照心脏功能能力提高的情况，为其修改运动处方。

三、运动处方制定依据

运动处方的制定依据，首先是根据我国当前评价健康体适能的标准，按照国民体质测定标准和学生体质健康标准以及普通人群体育锻炼标准，确定不同人群的健康标准和锻炼标准；再针对不同个体的具体情况，确定不同的、具有针对性的运动处方，以解决不同人的健康和康复问题。制定运动处方时通常主要参考的身体素质包括：身体成分、心肺耐力、柔韧性、肌肉力量等。

（一）身体成分测定与评价

体重是构成身体成分各要素的总量。身体成分主要指骨骼、肌肉、脂肪、血液、皮肤和内脏六个部分，因此身体成分常划分为脂肪部分和非脂肪部分。在应用现代医学技术中，身体成分组成又可细分为由原子、分子、细胞及组织所构成的有机体。身体成分的测定，可以准确地评价人体的胖瘦程度。同样体重的人，由于身体内肌肉、脂肪的含量不同，肥胖程度是不同的。体重的大小并不能真正反映一个人是否肥胖。身体脂肪所占的百分比是评价一个人是否真正肥胖的主要依据，身体成分的测定结果，将成为确定是否需要减肥的依据。

人的身体成分测定有多种方法，同时受相关因素的影响使得测定方法有多种选择性。下面介绍几种常用的测定方法，供选择使用。

1. 皮脂厚度法

皮脂厚度测量（卡钳式）压强应保持在 10 克/平方毫米，面积为 20～40 平方毫米。测量前应先校验卡钳，将砝码挂于钳口，调整指针至红色标记刻度的 15～25 毫米范围内。每次测试前将指针调至零点。受试者自然站立，暴露测试部位。测试者选准测量点，用左手拇指和食指、中指将皮脂捏起，右手持皮脂厚度计，将卡钳张开，卡在捏起部位下方约 1 厘米处，待指针停稳，立即读数并作记录。

测量部位主要有两个，一个部位是肱三头肌，另一个部位是肩胛下角。

计算公式为：

D（身体密度）＝1.0913－0.00116X（男）

D＝1.0897－0.00133X（女）

体脂百分比＝（4.57÷D－4.142）×100%

2. 生物电阻抗法

人体的电阻阻抗是由体内的水分含量的多少来决定的。脂肪组织因水分含量低而不导电，而肌肉组织等细胞因水分含量高，导电性能好，其电阻率低，因此可根据人体的电阻阻抗来推定脂肪和其他组织的比例。

评定	女	男
体脂很低	14.0～16.9	7.0～9.9
低体脂	17.0～19.9	10.0～12.9
一般正常	20.0～23.9	13.0～16.9
高正常	24.0～26.9	17.0～19.9
体脂很高	27.0～29.9	20.0～24.9
肥胖病	>30	>25

3. 身体质量指数（BMI）

身体质量指数（BMI）=体重（公斤）/身高^2（米）。

BMI 在亚洲与欧美标准并不相同，欧美 BMI 在 25～30 为超重，超过 30 为肥胖；亚洲地区 BMI 在 23～25 视为超重，BMI 超过 25 为肥胖。

BMI	评价
30～70	严重肥胖
25～30	肥胖
23～25	超重
18.5～23	健康
10～18.5	体重不足

4. 肥胖程度

肥胖程度是指一个人的实际体重占其同性别、同年龄组标准体重的百分比。

肥胖程度（%）=实际体重/标准体重×100%

标准体重参看《2000 年国民体质监测报告》。

一般认为，实际体重与标准体重相差在±10%以内为正常。故按照上述公式计算，肥胖程度在 90%～110%之间为体重正常；若在 110%～120%之间，属于超重；大于 120%，则诊断为肥胖。

（二）心肺耐力素质及其测定方法

1. 心肺耐力素质

心脏耐力是指个人的肺脏与心脏，从空气中携带氧气，并将氧气输送到组织细胞加以使用的能力。因此，心肺适能力是一个人的心脏、肺脏、血管与组织细胞有氧能力的指标，是健康体适能各要素中最重要的一项，也被称为“全身耐力”。从机能上讲，心肺耐力素质主要与人体的心血管系统、呼吸系统的机能有关。根据 Mazzeo 等人研究的结果（1998），成年人自 25 岁开始，在随后的每 10 年，心脏泵血及身体摄取氧气的能力便会下降 5%至 15%。

有氧运动最有利于提高心肺的功能。有氧运动是指人运动时有充足的氧气供应，以有氧代谢为主要能量来源的运动。有氧代谢是人体内最彻底的代谢形式，只产生二氧化碳和水，几乎不生成对身体有害的物质。进行有氧运动能够改善锻炼者的心肺功能，使心室容积增大，心肌变得强壮，搏动更加有力，提高心脏泵血功能。有氧运动能够提高血液胆固醇中的高密度脂蛋白，减少冠心病和血管硬化的可能性，并能促进锻炼者呼吸加深、加快，直接提高肺活量和吸入氧气的能力。有氧运动可以分为以下两类。

（1）周期性运动：有固定的动作周期、在运动时不断重复固定动作的运动。如走、跑、骑车、游泳、爬楼梯、划船等运动。

（2）非周期性运动：没有固定的动作周期、在运动时动作不断变化的运动。如球类运动、体操、健身操、舞蹈等。

2. 心肺耐力素质的测定方法

台阶试验是评定心肺耐力的主要测定方法。其他测定心肺耐力的方法，还有适合不同人群的不同距离的走或跑、定时的上下楼梯以及跳绳等。在国民体质测定标准、学生体质健康标准以及普通人群体育锻炼标准中，测定心肺耐力的办法和标准也是不尽相同的。

（1）《国民体质测定标准》中的心肺耐力测定

台阶试验：通过观察定量负荷所能持续运动的时间以及运动后心率恢复的速度来评定心肺耐力。

测试方法：台阶高度为男子30厘米，女子25厘米。上下台阶频率为30次/分钟，连续重复3分钟。完成后，受试者立刻静坐在椅子上，测量并记录运动后1分钟～1分30秒、2分钟～2分30秒、3分钟～3分30秒的3次脉搏数。如果受试者不能坚持3分钟，应立即停止运动，记录运动持续时间，并以同样方法记录3次脉搏数。

台阶试验指数=[运动持续时间（秒）/（3次测量脉搏数之和×2）]×100

（2）《国家学生体质健康标准》中的心肺耐力测定

主要方法包括：台阶试验、50m×8往返跑、1000m跑（男）和800m跑（女）。

台阶试验：台阶高度为男子30厘米，女子25厘米。上下台阶频率为30次/分钟，连续重复3分钟。完成后，受试者立刻静坐在椅子上，测量并记录运动后1分钟～1分30秒、2分钟～2分30秒、3分钟～3分30秒的3次脉搏数。如果受试者不能坚持3分钟，应立即停止运动，记录运动持续时间，并以同样方法记录3次脉搏数。

50米×8往返跑：50米跑道若干条，在起点前0.5米和49.5米处的跑道正中，各立一个1.2米以上的标杆。至少两人一组，往返4次，按逆时针方向绕杆，记录跑50米×8的时间。

1000米跑（男）和800米跑（女）：至少2人一组进行测试，站立式起跑。

（3）《普通人群体育锻炼标准》中的心肺耐力测定

主要方法包括：9分钟跑、5分钟上下楼梯、1500米跑（男）、3000米健身走、2分钟跳绳（女）。

9分钟跑：根据9分钟所跑的距离，判定心肺耐力。

5分钟上下楼梯：每阶楼梯14～15厘米，要求一步一阶地蹬楼梯，采用上几阶再下几阶的方式（9～14阶为宜）。记录5分钟内上下台阶总数。

1500 米跑（男）：根据测试者跑 1500 米距离所用时间的多少，判定心肺耐力。

3000 米健身走：根据测试者走 3000 米距离所用时间的多少，判定心肺耐力。

2 分钟跳绳（女）：根据测试者跳绳 2 分钟的总次数，判定心肺耐力。

（三）柔韧性素质及其测定方法

1. 柔韧性素质

柔韧性素质与人体关节活动幅度的大小，跨过关节的韧带、肌腱、肌肉等的延展性有关。目前对于柔韧性的评价，是通过各种仪器对关节活动范围进行测量。

2. 柔韧性素质的测定方法

测定方法主要包括坐为体前屈、持棍转肩、双手勾背试验、臂夹棍转体试验等。

（1）坐位体前屈：具体见《国家学生体质健康标准》测试实施办法。

（2）持棍转肩：受试对象为男或女，20～39 岁。测试方法：身体直立，双脚与肩同宽，两臂向前伸直双手虎口相对在体前握横杆；然后双臂直臂上抬至头顶，从头顶处开始向体后下方至体后，呈体后握杆姿势。在完成整个动作过程中，肘关节始终保持自然伸直状态。测量完成转肩后两手虎口间的最小握距，测试单位精确到 1/10 厘米。测试器材为长度 1.5 米左右、直径 2～2.5 厘米的圆柱形标杆，不短于 1.5 米的皮尺。注意测试前做好肩部的准备活动。

（3）臂夹棍转体试验：受试对象为男或女，20～59 岁。测试方法为自然站立，双脚分开与肩同宽，站在一圆圈中央，身体垂直轴位于圆圈的圆心上，双肘关节弯曲将棍夹于体后，使棍保持与地面平行且两端长短一致，身体沿垂直轴尽量做转体动作，脚不能转动，膝关节不能弯曲。测试场地在硬质平地上，画一直径 1.5 米标有角度刻度（最小刻度为 5 度）、圆心和直径的圆圈。测试时测量夹棍转过的角度，测试单位为度。测试器材为长约 1.5 米，直径 2～2.5 厘米的横杆、皮尺、量角器。

（4）双手勾背试验：受试对象为男或女，40～59 岁。测试方法为受试者自然直立，抬头挺胸，首先抬一侧臂至头顶，屈肘，手掌向下尽力伸展；同时另一侧臂向后夹肩屈肘，手背贴在背侧，尽力向上伸展，触及上方手指。测试时以正确动作规格完成动作，测试双手中指之间的最短距离。测试时要求手掌相对，手指伸直，贴紧背部。重叠计正值，反之计负值。测试单位为厘米（精确到 1/10 厘米）。

（四）肌肉力量素质及其测定方法

1. 肌肉力量素质

肌肉力量素质是人完成一切日常生活活动、体力活动和体育活动的基础。肌力的测定方法，一种为测定肌肉一次用力收缩时所能产生的最大力量，以测定肌肉最大力量为主；另一种方法是测定肌肉在相当大的负荷下，能够重复收缩的次数或能够持续的时间，以测定肌肉的力量耐力。某一个测定方法只能用来评价某一块或一组肌群的力量，与身体其他肌群的力量大小没有绝对的关系。要想全面地对全身各主要肌群的力量进行评价，最好进行上肢、下肢、躯干肌力的多项测定，才能为确定运动处方锻炼目标提供更客观的依据。

2. 肌肉力量素质测定方法

用于测定肌力的指标归纳起来有握力、握力体重指数（前臂、手屈肌力量），俯卧撑、跪卧撑、双手前投实心球（上肢力量），仰卧起坐、仰卧举腿（腹肌力量），俯卧背伸（背肌力量），立定跳远、纵跳（下肢力量）等。《国民体质测定标准》、《学生体质健康标准》以及《普通人群体育锻炼标准》中，对肌肉力量的评价标准和办法不尽相同。

（1）国民体质测定标准：使用握力计测试握力；使用人体滞空事件计算高度式电子纵跳仪测试纵跳（20～39 岁）；俯卧撑（20～29 岁男性）、1 分钟仰卧起坐（20～29 岁女性）。

（2）学生体质健康标准：握力体重指数、立定跳远、仰卧起坐（女）。

（3）普通人群体育锻炼标准：双手前投实心球、仰卧起坐、原地纵跳摸高、俯卧背伸、跪卧撑、仰卧举腿等。

第二节　耐力运动处方的制定和实施

一、制定耐力运动处方应了解的基本概念

制定耐力运动处方必须了解一些基本概念，如梅脱（MET）、心肺功能能力（功能能力）、运动能力（EC）、靶心率（THR）、自觉用力程度分级（RPE）。

（一）评定运动强度的指标

常用指标包括：心率（HR）、吸氧量（VO_2）、梅脱（MET）、自觉用力程度分级（RPE）。

1. 心率（Heart Rate，HR）

测定方法：测量桡动脉、颈总动脉的脉搏来间接测定。或者用听诊器直接听心音，或者利用遥测心率计、心电图记录仪等仪器直接测定心率。用心率这个指标来评定运动强度在国内外被广泛采用。

有一定局限性。用同样强度做功时不同人的心率并不相同。反之，不同的人或同一个人在不同时期内，虽然心率相同，但是其做

功强度可能并不相同。不过对于同一受试者，在一定时期内，他的心率与运动强度成正比，所以还是可以用心率来表示运动强度的。

2. 吸氧量（Volume of Oxygen，VO_2）

测试方法：比较复杂，需要一定的设备（如固定跑台、自行车记功器、气体分析仪等）和较复杂的测定方法。我国目前制定运动处方时，一般不直接测定。

运动强度越大，吸氧量越大，二者之间有相对固定的关系。所以在制定心肺耐力处方时，可以用吸氧量来评定运动强度。人体的活动分两种类型：一种是参加者不需要负担自身的体重，可用每分钟吸氧量来衡量运动强度；另一类型是活动参加者必须克服自身的体重，运动强度用每千克体重每分钟吸氧量的毫升数来计算。

3. 梅脱（Metabolic Equivalent of Energy，MET）

能量代谢当量，音译为梅脱，是以安静、坐位时的能量消耗为基础，表达各种活动时相对能量代谢水平的常用指标。每千克体重，从事 1 分钟活动，消耗 3.5 毫升的氧气，其运动强度即为 1MET。1MET 的活动强度只比健康成年人的基础代谢稍高一些，相当于健康成年人安静坐着时的代谢水平。梅脱由吸氧量计算而来，但其使用较吸氧量更为方便，不论活动是否需要克服自身体重，均可用 MET 来表示其运动强度。

MET 可用来评定各种不同运动的强度，也可对不同强度的运动进行比较（不同年龄、不同性别、体重的人，从事同一强度的活动时，其 MET 值基本相同）。MET 可以用来评定心脏功能的好坏（任何人尽力活动时，所能达到的吸氧量水平也可用 MET 表示其大小）。MET 在心肺耐力运动处方中，是最主要的评定运动强度的指标。

4. 自觉用力程度分级（Rating of Perceived Exertion，RPE）

目前 RPE 的中文译文很不统一，有“自觉疲劳（尽力）分级表”、“主观感觉评估运动量表”、“主观劳累程度分级表”、“主观体力运动能力感觉”等。

心率、吸氧量、梅脱是反映运动负荷强度的客观指标。RPE则是用主观感觉来反映身体度和强度的一种方法。RPE不是对身体某一方面感觉的反映，而是运动中个体的适应能力水平、外界环境影响、身体疲劳情况等的整体自我感觉。它是检测个体对运动负荷的一个有价值的、可信赖的指标。目前在国外已经广泛用于心肺耐力的运动试验、制定运动处方和指导健身者进行锻炼。

（二）评定心脏功能和制定耐力运动处方的常用指标

1. 功能能力（Functional Capacity，功能能力）

也称心脏功能能力，是指机体在尽力活动时所能达到的最大MET值，或在有氧范围内，机体所能完成的最大强度活动的MET。FC的单位为MET。FC是直接反映心脏功能好坏的指标，用FC来评价心脏功能，消除了个体差异，更直观、更具有可比性。心脏的好坏是其他功能的基础，直接决定一个人的运动能力，只有拥有良好的心脏，才能充分地发挥其他功能的作用。

2. 运动能力（Exercise Capacity，EC）

是指进行身体锻炼时，应该达到并保持的运动强度，为锻炼提供有效且安全的运动强度范围。EC的单位为MET。EC是控制运动强度最准确的方法，需要通过计算才能得到，在实际应用中一般通过它计算出相应的靶心率等指标，用靶心率来控制运动强度。耐力运动处方中，根据对象和锻炼目的不同，确定EC占功能能力的百分比范围也各不相同，最低可取40%，而最高可取到90%。

3. 靶心率（Target Heart Rate，THR）

是指在进行身体锻炼时要达到并保持的心率范围。它是控制运动强度最为实用的方法，可以有效地帮助锻炼者掌握运动强度。此外，在进行心肺耐力素质测定时，会用到PTHR（Predicated Target Heart Rate），可以为预期心率。这是指进行功能能力评定之前，按受试者年龄预测心率可能达到的数值。常用方法为，用“220－年龄”，作为预期的最大心率。但实际最大心率与PTHR会有一些差异。

二、耐力运动处方的制定

（一）运动强度

指运动时单位时间内所做的功。周期性练习通常以运动中或运动后即刻的心率表示。非周期性练习则以负荷量或重复次数表示。

1995年，全美运动医学会（ACSM）提出“低强、长时间与较高强度、较短时间相比，在提高心肺功能方面，可以收到同样的效果，而后者运动损伤的发生率可能增加”。我国有关的试验结果也说明，以强度较低的次大强度心率为基点（195－年龄）制定的运动处方，锻炼效果并不比高强度（以最大心率，220－年龄为基点）的效果差。确定运动强度的常用指标有心率和吸氧量。

（二）活动内容

提高心肺耐力的主要手段方法是低强度、长时间、周期性、全身大肌肉群参加的有氧运动。某些球类游戏和我国传统的体育手段，也可用来提高心肺耐力素质。近年来，小负荷的力量练习被用于提高心肺耐力的训练。选择时还应当考虑处方对象的年龄、性别、过去锻炼经历及主、客观条件等。

1. 周期性运动

包括走、慢跑、跑、骑自行车（自行车记功器）、上下台阶等。周期性运动对技术要求不高，易于掌握运动强度，能量消耗的个体差异不大，为运动处方的首选内容，特别是心脏功能能力较低的锻炼者。

2. 技术复杂的周期性运动

项目	平均值	范围	项目	平均值	范围
射箭	3.9	3～4	跳舞		3.7～7.4
羽毛球	5.9	4～9+	有氧舞蹈		6～9
篮球　比赛	8.3	7～12+	击剑		6～10+

续表

项目	平均值	范围	项目	平均值	范围
非比赛		3～9	曲棍球	8.0	
台球	2.5		钓鱼		
保龄球		2～4	岸边钓	3.7	2～4
拳击　拳击台内	13.3		激流中		5～6
对练	8.3		触人美式足球	7.9	6～10
划船		3～8	高尔夫		
素质练习		3～8+	机动车		2～3
爬山	7.2	5～10+	背包走或推车	5.1	4～7
板球	5.2	4.6～7.4	手球		8～12+
槌球游戏	3.5		远足		3～7
自行车			骑马		
上班		3～8+	急驰	8.2	
16.1km/h	7.0		快步	6.6	
走	2.4		帆船		2～5
掷马蹄铁		2～3	潜泳		5～10
打猎　短枪		3～7	掷木盘游戏		2～3
长枪		3～14	滑冰、滑旱冰		5～8
柔道	13.5		滑雪		
乐器演奏		2～3	滑降		5～8
板拍式墙球	9	8～12	越野		6～12+
短网拍墙球	9	8～12	滑水		5～7
跳绳　60～80 次/分钟	9		雪车、雪橇		4～8
120～140 次/分钟		11～12	穿雪鞋走	9.9	7～14
跑 12 分钟/mile 134m/分钟	8.7		网拍式墙球		8～12
11 分钟/mile 146m/分钟	9.4		足球		5～12
10 分钟/mile 161m/分钟	10.2		上台阶		4～8
9 分钟/mile 179m/分钟	11.2		游泳		4～8+
8 分钟/mile 201m/分钟	12.5		乒乓球	4.1	3～5
7 分钟/mile 230m/分钟	14.1		网球	6.5	4～9+
6 分钟/mile 268m/分钟	16.3		排球		3～6

3. 非周期性有氧运动

球类运动是非周期性有氧运动的典型活动内容。由于技术多变，并且需要考虑竞赛因素对能量消耗的影响，只适用于功能能力。能力较高的锻炼者，同样可以按照已确定的功能能力，选择适当的项目。

4. 我国传统体育项目

项目		能量代谢
太极拳	简化	1.5～4
	杨式（108 式）	2～5.6
	吴式	4～5
	陈式	3～7
太极剑		6～7
少林拳		10～14

5. 力量练习

在开始阶段的心血管系统疾病的康复中，曾禁用力量练习，特别是静力性力量练习。近年来据国内外报道，冠心病康复已不禁用静力性力量练习，但力量练习主要用于心脏康复的后期，目的是使患者得到维持日常生活所必要的力量。目前力量练习已经被纳入耐力处方的范畴，特别是在慢性疾病的运动处方中，力量练习的重要性已经受到重视。

耐力处方中的力量练习，偏重采用小强度、重复多次的力量耐力训练。可用多种力量练习器械和方法，进行循环训练，负荷的强度保持在靶心率之间。

（三）持续时间

强度和持续时间共同决定一次训练的运动量和热量消耗。对同一锻炼者来说，持续时间长短与运动强度成反比，但以低强度、长时间为好，可以减少心血管系统和运动损伤的发生率。不同锻炼者持续时间又与心脏功能能力大小有关，一次锻炼所需持续时间的长短与锻炼目的（健身、提高心肺功能、减肥）也有关系。

锻炼强度在靶心率范围内，持续一定时间，才能保持和提高心肺耐力。一般健身锻炼，持续时间为每天 20～60 分钟。这个时间包括准备活动和整理活动在内，其中至少要有 20 分钟以上，心率保持在靶心率范围之间（原要求为 15 分钟以上）。功能能力水平不同的人，锻炼时间不完全相同。如果开始锻炼时不能一次完成，可分段进行，但每次活动时间，至少在 10 分钟以上，累计达到上述总时间。

（四）运动频率

全美运动医学会（ACSM）建议：一般人每周可活动 3～5 次（常采用隔日锻炼一次）。运动强度达到 60%～80%HRR 或 70%～85% HRR，最高重复次数 ax，3 次/周即可保持或提高心肺功能；采用低运动强度，每周需要活动 3 次以上。缺乏锻炼的人 2 次/周也可达到提高心肺功能的效果。

（五）热量消耗

运动强度、持续时间、运动频率共同决定每周运动消耗的总热量，而锻炼的效果与总的热量消耗相关。热量消耗的阈值随锻炼目标（提高心肺耐力、减肥、预防慢性病等）而异。在运动处方中，可以设定热量消耗的目标，再计算应当完成的运动量，特别是在减肥运动处方中，按照热量消耗确定运动量，成为主要方法。

ACSM 推荐运动的热量消耗目标是，每天 150～400kcal。脑力劳动者，按照低限值来计算，每周运动的热量消耗，应当至少为 1000kcal，通过一段时间锻炼后，心肺耐力素质提高后，每天运动热量消耗提高的推荐值的高限为 300～400kcal。

运动热量消耗：kcal/分钟=METs · 3.5 · 体重（kg）/200

（六）注意事项

进行提高心肺耐力锻炼时，如果功能能力<3METs，必须在心电图监护下进行锻炼；功能能力在 7METs 以下，可视情况决定是否需

要心电监测，但必须严格按照靶心率进行锻炼；功能能力在7METs以上，锻炼时不需要专门的监护，但锻炼者应当按照运动处方规定的靶心率进行锻炼。

视锻炼者的具体情况，提出相应的注意事项，如高血压患者，应当避免做静力性练习和憋气，参加竞赛应小心谨慎；糖尿病患者锻炼应当注意血糖水平的变化等。

三、耐力运动处方的实施

（一）提高全身耐力的训练方法

用于提高全身耐力的常用训练方法，主要有持续训练法、循环训练法、间歇训练法、法特莱克速度游戏等。

1. 持续训练法

这是一种长时间、慢速度、长距离的训练（LSD Training）。开始4～6分钟为准备活动，运动强度应低于运动处方的规定，目的是使心率逐渐提高至靶心率的低限。此后，至少有20分钟以上运动强度应保持在靶心率之内，以有氧训练为主。最后5分钟左右为整理活动，降低运动强度，使心率逐渐恢复。持续训练法由于运动强度易控制，适合于参加健身和康复锻炼的所有人群，特别是老年人、没有运动习惯者、体弱者及冠心病康复期等慢性疾病患者使用。

2. 循环训练法

是利用有氧练习、力量练习、体操练习等交替进行。各练习之间只有短暂的休息，或根本无间隔。各种练习的强度，事先调整在运动能力的范围之内，锻炼时心率也正好保持在靶心率范围之内，这样可以达到提高活动时心率，增强全身耐力的目的。利用循环训练法，可集体进行锻炼。将心脏功能能力相近的人编为一组，并按处方的运动能力调整好各种练习的负荷。集体锻炼可提高锻炼者的兴趣。

3. 间歇训练法

3 分钟的高强度活动（锻炼时心率可超过靶心率高限的 10%左右）与 3 分钟小强度活动交替进行。间歇训练法以无氧训练为主，是运动训练中的一种方法。由于运动强度较高，不适于一般健身人群和康复患者使用；功能能力接近或超过 16METs（运动员水平）的锻炼者，可以考虑使用。

4. 法特莱克速度游戏

是利用自然地形进行锻炼的一种方法。可走、跑交替，平地与上、下坡交替等，锻炼中允许心率在短时间内超过靶心率的 10%，锻炼时最好佩戴遥测心率计，事先设定靶心率的上、下限，听到报警信号时，及时调整运动强度。法特莱克速度游戏可提高锻炼者的兴趣，但运动强度不易掌握，适用于心脏功能能力较好的锻炼者（功能能力在 8～10METs 以上）。

（二）运动处方中各项内容的掌握

运动处方中应该掌握的内容包括：活动内容、运动强度持续时间、运动频率、热量消耗、运动中的监护等。

（三）锻炼时的监护标准

1. 功能能力大于 16METs

进行心率高于 THR 高限的大强度训练，一般没有危险，锻炼时可以不采取专门的监督措施。如果不是以提高运动成绩为锻炼目标，按照运动处方的规定的 THR 执行，足以达到提高全身耐力的目的。

2. 功能能力为 10～16METs

功能能力能超过 10METs 的人群，包括身体健康、经常参加体育活动的广大中青年人群。只要按照 THR 进行锻炼，一般不会出现意外，短时间内运动中心率超过 THR1～2 次/10s 是允许的，可以不采取专门的监护措施。锻炼过程中注意一下自己的心率、RPE 即可。按照运动处方规定的靶心率，进行强度较低、时间稍长的锻炼，可以收到与高强度锻炼同样效果并易于坚持。

3. 功能能力为 7～10METs

功能能力可达到 7METs 以上，多为身体基本健康，有或无运动习惯的中青年人，及部分保持一定活动的老年人。由于这部分人群的心脏功能水平相对较低，锻炼时虽然不用有专业人员给予监测，但本人应当关注自己运动中的心率，使其严格保持在靶心率范围之内，避免运动强度过大发生意外。

4. 功能能力为 3～7METs

一般为有症状的患者、病后恢复期、慢性病患者及老年人。按照要求，锻炼应当在专业人员监护下进行。冠心病患者及其他因心电图异常而终止试验的患者，必须在专业人员用包括心电图在内的监测下进行锻炼。无心脏合并症的高血压患者，也必须在监护下进行锻炼，但重点监测心率和血压，心电监测可用可不用。其他人群可以在自我监督下进行锻炼，但一定要随时注意自己心率的变化，严格控制在靶心率范围内。最好能佩戴遥测心率计，设定靶心率上、下限。每次锻炼后填写锻炼日记。根据医嘱，每周、每两周或每月在专业人员监督下锻炼一次，检查锻炼情况，及时调整处方。

5. 功能能力小于运动能力

不论是住院患者，还是已出院患者，必须在专业的康复机构中，在专业人严格监护下进行锻炼，除定时测定心率、血压外，一定要对心电图进行监测，并由心电示波器随时观察心电的变化。

（四）监护锻炼的方法

检查锻炼者近期活动情况和身体情况、监护指标、锻炼安排、指标测定等。

（五）调整运动处方的原则

随着心脏功能的提高，锻炼的实际运动强度不变时，运动中心率逐渐下降，说明心脏的泵血功能提高，心脏每搏输出量加大。经过一个阶段的锻炼，如按原处方所规定的功能能力进行锻炼，心率达不到靶心率的底限，应及时提高锻炼时的运动强度，增加蹬车功率，提高走、跑的速度，使心率保持在靶心率的范围之内，从而继续提高心肺功能。锻炼 1.5～2 个月后，可再进行 ETT 测定。根据功能能力提高的程度，重新制定运动处方。需要在监护下锻炼者的监护次数可逐渐减少，过渡到在自我监督下进行锻炼。

第三节 运动减肥处方的制定和实施

运动减肥是一种人们广泛采用并被普遍接受的减肥方法。由于运动破坏了人饮食的摄入量和消耗量之间的比例关系，此时如果辅之以饮食控制，其所需控制的量也比单纯饮食控制要少，因为适宜强度的运动使机体脑胰岛素水平升高，而脑胰岛素有抑制食欲、增加机体产热的作用，故而肥胖患者在运动后常出现食欲降低、摄食量下降的现象。运动对能量代谢的影响不仅体现在运动本身。研究结果显示：运动后人体内乳酸及脂肪酸氧化，运动消耗的糖元贮备的恢复也需要消耗能量；此外，运动引起的内分泌变化、体温增高均可使运动后的休息代谢率高于运动前，且至少持续 1～2 小时甚至更长的时间。

运动对人体成分的构成会产生一定影响，而影响的程度又受运动本身的限制。当人进行高强度、短时间的运动时脂肪一般不能被动用、释放和氧化，在进行中等运动强度时的开始阶段，脂肪也不会氧化供能，脂肪的动用和释放有延迟效应。仅在小强度、长时间的运动中，脂肪才被动用。现在流行的减肥运动多为动力型有氧运动，如快步走、慢跑、自行车和有音乐伴奏的健身操等。减肥运动的运动强度可以用心率来评定，即运动即刻的心率保持在每分钟 120～140 次的范围内为宜，每次运动的持续时间一般应在 30 分钟以上。

一、运动减肥处方的制定

（一）制定减肥处方的前提

首先设计减肥目标，可以根据肥胖者的体重或体脂百分率进行设计。运动减肥推崇稳健而理智的减肥方式，一般来说，每周降体重在 0.5 公斤左右不容易造成反弹。

根据减肥目标，设计一个科学的膳食配方，改善饮食结构，通过减少脂肪的摄入量来减少能量的摄入。在保证营养和基本必须能量摄入的基础上，计算出每日膳食热能摄入量及制定合理的膳食配方（可参考《一般食物营养成分表》和《成人日消耗热能表》）。这是实现减肥目标的重要工作。

在确定了减肥目标和进行了每日热能摄入后，要制定运动的频度，并计算每次训练所需消耗的热能，因为人体脂肪含有水分，一般认为消耗 1 克体脂肪需消耗 7kcal 热能。

制定运动处方时要确定合理的运动时间，青年人减肥的运动时间应在 1～2 小时，中年人应在 1 小时左右，儿童 45 分钟，幼儿 35 分钟。运动强度应选在中低强度，约为最大摄氧量的 40%～60%。

（二）运动减肥处方的构成

运动处方的构成主要包括以下内容：运动强度、运动项目、运动时间、运动频率以及运动注意事项等。

1. 运动强度

以减肥为目的运动，宜采用中小强度耐力运动，可有利于减少腹部脂肪。高强度运动虽对改善心、肺功能有良好的作用，但不利于改善脂质代谢运动强度。一般用脉搏数反映运动中要求达到个人的“最适运动心率”，具体计算公式如下：

最适运动心率=（220－年龄数－安静心率）60％～80％＋安静心率

2. 运动项目

根据肥胖者的体质和个人爱好选择合适减肥的运动项目。目前流行有节律的动力性有氧运动，主要有长距离步行、慢跑、自行车、游泳、健身操以及水中运动（如水中行走、水中跑、水中跳跃、踢水等）。研究结果表明，水中运动被称为最有效的减肥运动。力量性的运动主要是进行躯干和四肢大群肌的运动，主要活动方式有仰卧起坐、下蹲起立、俯卧撑等；也可以利用哑铃或拉力器进行力量练习。

力量练习虽然不能有效地改善心肺机能的最大摄取含量，但却可以明显增加体内瘦体重的含量。瘦体重的增加可以提高人体安静状态下的代谢率，就是说瘦体重多的人消耗的能量要多。因此，有氧运动配合力量练习是最有效的减肥方法。

有氧运动减肥处方中各种类型的运动，以有氧运动对人体内脂肪代谢的影响最为明显。有氧运动可以直接影响脂肪组织中脂肪细胞的体积和代谢，也可以影响血浆脂肪代谢，降低血浆中甘油三酯的浓度，还可以影响骨骼肌对脂肪酸的氧化利用。研究结果证明，以 70%最大摄氧量强度进行 30 分钟跑台运动，肌糖原动用速率下降 40%，脂肪酸氧化速率升高 32%。运动中可以更多地摄取与利用血浆游离脂肪酸，从而提高脂肪的供能水平。

大量的研究表明，在进行长距离中等强度的运动时，血浆游离脂肪酸是重要的化学能源，尤其在运动强度低于 50%～60%最大摄氧量水平的时候。哈维等人的研究证明，运动时人体骨骼肌氧化脂肪酸 40%来自骨骼肌细胞内脂肪水解，60%来自脂肪组织和血浆甘油三酯水解后释放的游离脂肪酸。在进行运动时，各种供能物质的利用比例主要决定于运动强度及运动持续时间。一般来说，运动强度越小，持续时间越长，依靠脂肪氧化供能占人体总能量代谢的百分率越高。有氧运动的方法可因人而异，最好是快走、慢跑、游泳、骑自行车、滑雪和跳舞等运动项目。

有氧、无氧及混合运动项目示例

有氧运动	无氧运动	混合运动
步行	短距离全力跑	足球
慢跑	举重	篮球
自行车	拔河	间歇性练习
爬山	跳跃	冰球
爬楼梯	肌力练习	橄榄球
高尔夫球	潜泳	羽毛球
慢速游泳		网球
太极拳		摔跤
跳绳		

3. 运动时间

减肥运动比一般的健身活动时间要长些，以消耗更多的能量，运动持续时间与运动强度相影响，强度增加则运动时间会减短，反之强度减小时则持续运动可长。一般初始锻炼者运动时间控制在30分钟右，经常锻炼者运动时间在40～60分钟以上。此外，选择运动时机也很重要，晚餐前2小时锻炼比其他时间进行运动锻炼更能有效地减少脂肪。

4. 运动频率

运动持续时间与运动强度不同，每周的运动频率也不同，通常运动频率为3～6次/周为宜。

5. 注意事项

运动减肥应注意如下事项：①运动处方的制定要考虑个人的锻炼目的、身体状况、兴趣爱好等因素，并在处方实施过程中根据具体情况随时进行调整；②要遵循循序渐进的原则，少数肥胖者因不经常运动，肌肉关节比较僵硬，心肺负荷较大，因此初始运动量要小，以后逐步增加；③要持之以恒，运动减肥不是短时间就能达到目的的，而是一项长期任务。为了避免单调，可以变换运动种类；④运动结合饮食控制和生活方式的改变，是减体重的最佳方法。

二、运动减肥处方的要点

（一）运动减肥与科学节食相结合

减肥的关键在于科学合理的运动，同时要和合理科学的膳食相结合。运动应是在改善体脂/瘦体重比值的基础上减掉体重，同时防止肌肉张力下降及肌肉萎缩，恢复和保持全身各大关节的活动范围，增强心肺系统功能，使代谢正常化。科学节食也是非常必要的，为人体机能和运动需要提供必要的能量，是保障人体机能正常和减肥效果的主要条件。

（二）运动强度和运动时间要科学

运动减肥的关键是维持较长时间的运动。研究结果表明，肌肉运动时能源的选择与肌肉收缩持续的时间、强度、营养状况有直接的关系。健康人在安静时肌肉组织的能量来源于游离的脂肪酸为主（约占 96%）；较大强度的运动初期（5～10 分钟内），肌肉利用的主要能源是肌肉组织中的糖原，其次则利用血液中的葡萄糖；中等强度的长时间持续运动，消耗的总能量明显上升，并以脂肪氧化供能为主。研究报道，在 40%最大摄氧量强度运动时，脂肪氧化供能约占肌肉能量来源的 60%。

（三）选择合适的运动项目

减肥处方应以锻炼全身耐力的有氧运动为主，锻炼肌肉力量和耐力也应是减肥处方的主要内容，同时要注意选择运用改善各大关节的活动范围和锻炼伸展性、灵活性的运动项目。

三、运动减肥的认识误区

由于相关理论知识的不足，导致当前在众多进行运动减肥的人员中，对运动减肥存在一些认识上的误区，对运动减肥的效果产生了一定的影响。这些误区主要表现在以下方面：

只要多运动，便可达到减肥目的。

饭前运动有损健康。

每天坚持 30 分钟慢跑即可减肥。

运动减肥有全身或局部的选择。

运动强度越大，运动越剧烈，减肥效果越好。

第四节 肌肉力量运动处方的制定和实施

一、肌肉力量的测定

(一) 测定肌肉力量的意义

通过体适能的测定，确定需要加强肌肉力量训练之后，在制定运动处方前，以及锻炼一个阶段后，都需要进一步对身体主要部位的肌肉力量进行测定。当前健康体适能中力量素质的监测项目包括：握力，测定的是前臂屈肌群的力量；纵跳、立定跳远，测定的是下肢肌群的力量；俯卧撑，测定的是上肢、肩带肌群的力量；仰卧起坐、仰卧举腿，测定的是腹肌的力量等。不同测试标准、不同性别、不同年龄组，选测其中的某些项目。在制定运动处方之前，都需要了解身体主要肌群的肌力水平，可以进行一些专门的测定，以确定需要增强肌力的重点部位。

测定肌力，可以确定肌肉力量素质锻炼的目标，是制定运动处方的重要依据，用以评定锻炼的效果，建立健康档案或病例，以便追踪观察参与者个体的处方执行情况和身体变化情况。

(二) 肌肉力量的测定方法

1. 传统测力计：握力计、背力计等。

2. 简易测定方法：立定跳远、纵跳、仰卧起坐、俯卧撑等。

3. 肢体围度。

4. 肌肉硬度。

5. 手法肌力试验。

6. 传感器测力装置。

7. 等速测力系统。

二、肌肉力量锻炼的手段方法

（一）力量练习的分类

1. 按肌肉收缩类型分类：静力性的等长练习和动力性的等张练习、等速练习。

2. 按照肌肉用力程度分类：可分为被动运动、助力运动、主动运动和阻力运动。

3. 按照是否使用器械分类：可分为器械练习和徒手练习两类。力量练习器械又分为大型器械，如健身房中的力量练习器、等速力量练习器等；小型器械又可统称为“自由重物”，常用的自由重物有哑铃、砂袋、铁鞋、弹簧、橡皮条等。

（二）需要进行力量练习的主要肌群

1. 躯干

包括腹肌（腹直肌、腹内斜肌、腹外斜肌）、腰背肌（竖脊肌、背阔肌等）、胸肌（胸大肌等）等。

2. 上肢

包括肩带肌（三角肌等）、屈肘肌（肱二头肌等）、伸肘肌（肱三头肌等）、屈腕肌群、伸腕肌群等。

3. 下肢

包括屈髋伸膝肌群（股四头肌）、伸髋屈膝肌群（腘绳肌等）、髋关节外展（臀中肌等）、髋关节外收肌群（大收肌等），以及小腿后肌群（小腿三头肌）等。

三、肌肉力量运动处方的制定

（一）肌肉力量、耐力练习的原则

1. 渐增阻力原则

渐增阻力原则是超负荷原则在肌肉力量、耐力练习中的应用。尽管超负荷原则与渐增阻力原则可以相互替换，但在力量练习中更常用渐增阻力原则。渐增阻力原则指肌肉力量、耐力因超负荷训练而增加，但由于力量、耐力的增长，原来的超负荷则变成了非超负荷或低负荷，此时如果不增加负荷，则力量、耐力就不能增长，因此力量练习必须遵循渐增阻力原则。

2. 专门性原则

力量、耐力练习中要充分考虑不同的运动项目和专项力量、耐力的需求程度。首先，得到锻炼的肌肉应该是在耐力和力量方面需要改善的肌肉；如腰痛，就应该增强腰部肌肉力量，若锻炼上肢力量则对腰痛的缓解没有多少益处。其次，提高肌肉的力量和耐力应采用不同的运动强度。大强度运动（举重物时仅能重复 4～6 次）能增加肌肉的力量和体积，但不能增加肌肉的耐力。采用低强度重复次数多的练习（能举轻的负荷 15 次或者更多）可提高肌肉的耐力，而肌肉的力量增加不明显。

3. 系统性原则

根据用进废退的原理，力量练习应全年系统地安排。研究表明，练习频率高、肌肉力量增长很快者，停止练习后消退也快；而练习频率较低、训练时间较长、肌肉力量缓慢增长者，力量保持的时间则相对较长。

（二）负重练习的类型

1. 等张练习

肌肉以等张收缩的形式进行负重或不负重的动力性抗阻练习，称为等张性力量练习或动力性练习。等张练习是最常用的力量练习法。等张练习能有效地发展动力性力量，改善神经肌肉的协调性，但不足之处是在整个动作过程中不能保证肌肉每一次收缩的负荷都相等，容易造成在某些关节运动角度上肌肉负荷不足，因此只能按照力量最弱的关节运动角度来安排负荷，所以在整个练习中负荷往往偏小。

2. 等长练习

肌肉以等长收缩的形式使人体保持某一特定位置或对抗固定不动的阻力练习，称为等长性力量练习或静力性练习，它能有效地发展静力最大力量和静力耐力。等长力量练习与等张力量练习主要有两个方面的区别：第一是等长力量的发展是高度特异性的，如果采用等长练习来发展某一特定动作的力量，可能在动作的所有范围内的某几点上进行不同的等长性练习，而等张练习在整个动作的关节运动范围内肌肉力量都能得到发展。其次，大强度等长练习中，由于血液循环条件不良和憋气等影响，大脑血流量减少，容易引起头昏眼花等不良反应。

3. 等速练习

等速练习是借助于专门的等动训练器在动力状态下完成练习的方法。在整个练习中关节运动在各角度上均受到相同的较大负荷，从而使肌肉在整个练习中均能产生较大的张力。等速练习是相对比较新的力量练习方法，可以使肌肉在所有范围内得到训练，能在较短时间内明显提高肌肉力量，特别适合于游泳运动员在陆上进行力量训练。等速练习的不足之处是其速度会受到控制，因此限制了爆发力的发展和很难适应大多数专项技术的要求。

（三）影响肌肉力量、耐力练习效果的因素

1. 最高重复次数和组数

在力量练习中常用最高重复次数来表示运动强度，而不是用心率来加以推测。负重力量练习的持续过程不是用时间单位来表示，而是用组数来说明。

（1）最高重复次数是表示能重复的最高次数，即进行某一重量的练习时，用一次连续练习的最大重复次数来衡量负荷的大小。如果练习者对该重量只能连续举起 6 次，则该重量对练习者来说是 6 最高重复次数。如果重量轻，可以连续举起 15 次，则该负荷为 15 最高重复次数。可见，最高重复次数仅代表能最大重复多少次的重量，而不反映重量的绝对值。

（2）组数是指一次无间歇的最高重复次数的练习，称为一组。如练习者对某一重量只能连续举起 10 次，那么 10 次就算一组。组数的多少受多种因素的影响，练习目的不同，练习的组数可有差异，一般认为一次练习可在 3～6 组之间。根据渐增阻力原则，随着力量增大，对某一重量的重复次数也增加。例如，肌肉力量的运动处方为 3 组数，16 最高重复次数，经过一段时间的训练后力量增加，该重量的重复次数达到 18 次，就应增加练习重量。增加练习重量取决于练习者的情况，一般增加当前重量的 10%左右。研究表明，进行 3 组数，6 最高重复次数的负荷能有效地增加肌肉的力量。改善肌肉耐力一般采用 4～6 组数，18～20 最高重复次数。

2. 每组练习的间隔时间

力量练习各组间的间隔时间，一般以肌肉能完全恢复为准。肌肉在练习后的 3～5 秒时已恢复 50%，2 分钟时完全恢复。如果练习目的是为了增强肌肉的力量，练习的间隔时间不太重要，一般在 1 分钟左右；如果是为了增加肌肉的耐力，在 6～8 周训练中，练习的间隔时间应从 2 分钟逐渐减少到 30 秒钟。

3. 每次练习的间隔时间

如果是进行全身的肌肉练习，每隔一天进行练习会获得最佳的锻炼效果。倘若休息时间较短，身体不能完全恢复，锻炼效果也会较差。假如每天坚持力量练习，每天应训练不同的肌肉群。例如，星期一、三、五练习上肢力量，二、四、六练习下肢力量。但应注意恢复时间不能过长（4 天或 4 天以上），否则，练习获得的力量和耐力便会消退。

（四）发展肌肉力量、耐力的阶段处方

力量练习的运动处方分为三个阶段：开始阶段、慢速增长阶段和保持阶段。

1. 开始阶段

在计划的开始阶段应避免举最大重量，过大的重量会增加肌肉和关节损伤的危险性。采用较轻的重量（最高重复次数为 12～15 次的负荷），不会使肌肉产生过度疲劳。如果原来选定的重量能轻松自如地重复 12 次，则可以增加重量。如果练习者不能重复举起 12 次，则说明该重量过大。根据练习者最初时的力量水平来确定开始阶段持续的时间，一般持续 1～3 周。初练者的开始阶段可能需要 3 周，有训练的人只需 1～2 周。

2. 慢速增长阶段

经过开始阶段的力量练习，如果肌肉已经适应练习动作，就可以增加重量，并能重复举起 6～8 次（6～8 最高重复次数）。当肌肉力量进一步增强时，可再增加重量，直至达到练习者预定的目标为止。此阶段的练习一般为每周 3 次，每次练习为 3 组数，6～8 最高重复次数。

3. 保持阶段

根据用进废退的原理，如果停止练习，获得的力量会自然消退。保持阶段力量练习的强度应比获得阶段小。研究表明，力量增长后，每周 1 次的练习即可保持原增长水平。若不训练，30 周后原增长水平完全消退。

4. 力量练习的运动处方

周数	阶段	频率	组数	最高重复次数	负荷
1～3	开始	2 次/周	2	15	15 最高重复次数
4～20	慢速增长	2～3 次/周	3	6	6 最高重复次数
20 以上	保持	1～2 次/周	4	6	6 最高重复次数

注：开始和慢速增长阶段练习者应根据自己的初始力量水平在各个方面作适当调整。

（五）肌肉力量、耐力练习的生理适应

1. 力量练习的生理变化

力量练习可以增大骨骼肌体积和增加肌纤维募集数目。肌肉体积的增大主要是由于肌原纤维数量的增多、增粗而使肌纤维增粗的缘故。最近也有研究证实，通过大强度的力量练习，肌原纤维数目是可以增加的，有人将这种增加称为肌原纤维数量性肥大，但数量性肥大在骨骼肌体积增大中的作用仍存在争议。一些竞技运动员和健美运动员相信，蛋白质中所含的氨基酸可以使人体的肌肉更强健，因而他们额外服用蛋白质补剂。但是，人体能利用的蛋白质非常有限，因此这些努力可能是枉费心机。大多数含有种种氨基酸的补充剂并不能促进肌肉的生长和发育，只有精氨酸和鸟氨酸这两种氨基酸，确实能刺激生长激素，进而促使肌肉生长，但必须大剂量服用才有效，然而这对人体的健康有害无益。

多数人，甚至运动员和健美练习者，所吃的蛋白质都超过人体所能利用的量。过多的蛋白质会在肝脏中被分解，并随尿液排出体外，有些则变成脂肪储存在体内。研究表明，一般人每天饮食中摄取蛋白质的量足以确保获得最大的锻炼效果。因此，锻炼者无需额外补充蛋白质。

力量练习导致骨骼肌体积增大主要取决于饮食、肌纤维类型（快肌纤维的肥大比慢肌纤维明显）、血睾酮水平和力量练习的种类等因素。力量练习对心肺功能的改善不明显，但有规律的力量练习对身体的组成成分和柔韧性的改善有积极的作用。对大多数人来说，严格的力量练习可以增加骨骼肌的体积和减少身体的脂肪。如果在力量练习中，锻炼者尽可能加大关节的活动范围，关节的柔韧性也可以得到改善。

2. 负重练习后力量增加的快慢

力量增加的快慢取决于锻炼者开始力量练习时的水平，未经练习的人经负重练习后力量的增长比中等训练水平的人要快。

3. 力量练习反应的性别差异

肌肉的力量、耐力对男子和女子都同样重要，但许多女子由于担心力量练习会造成发达的肌肉块，而不敢进行肌肉力量、耐力的练习。其实，这种担心并没有科学依据。一般来说，女子通过负重练习是不会获得明显的肌肉块的。

男子、女子力量练习反应效果的基本差别在于肌肉的肥大程度。尽管力量的改善程度相同，但女子肌肉的围度增加远远小于男子。这是因为肌肉的功能性肥大取决于睾酮水平，尽管女子体内也含有睾酮，但其含量非常少（男子约是女子的20～30倍）。如果女子体内睾酮水平很高也就会表现出男性特征，如长胡须、体毛增多、声音低沉等，并具有发展肌肉块的潜力。睾酮对合成代谢和组织生长有很强的作用。

采取常规的负重练习12周，以力量增加的百分比为标准，女子力量增加明显大于男子，但不一定伴有明显的肌肉肥大，然后力量的增加达到高原期。若继续进行力量练习，力量增加则不明显。但在长期负重练习后，男子的肌肉体积增加大于女子。

4. 营养与体能、健康之间的关系

合成代谢类固醇可以增加肌肉体积，但有严重的副作用。在过去的几十年中，合成代谢类固醇在体育界的使用已达到泛滥的程度。当今体育比赛竞争愈演愈烈，而力量和爆发力已成为获胜的关键。许多男、女运动员为了增强肌肉力量，宁愿冒着身体将受到严重伤害的危险，不断服用合成代谢类固醇，这就不得不向他们再次发出警告。

合成代谢类固醇，主要是雄性激素睾酮的衍生物，睾酮的主要作用是促进蛋白质的合成以及增加肌肉的力量。滥用合成代谢类固醇的药物会导致血压升高、坏胆固醇的含量增加以及肝癌、前列腺癌和死亡发生的可能性将大大增加。

β－羟基－β－甲基丁酸盐（HBM）现已成为合成代谢类固醇的替代品，被运动员疯狂地使用。HBM 是必需氨基酸亮氨酸的降解产物。尽管一些证据显示：增加 HMB 可以增大动物肌肉的体积，但对人的肌肉体积影响的报告目前还很少。有人研究报道，经 3 周的举重练习后，服用 HMB 组与对照组相比，实验组肌肉的体积和力量明显增加（18%）。这是因为在举重练习中 HMB 的主要作用是减少肌肉组织降解。但此结论还需更多的实验证实，现在下这样的结论还为时太早。

有些人还认为，HBM 是一种安慰剂。服用安慰剂，运动员由于心理作用会更加努力训练，运动成绩也会明显提高。但事实上这种提高应归功于训练量的增加，而不是服药的作用。人们在没有足够的证据说明补充该物质可以得到益处的前提下就补充，这不但会浪费金钱，而且还要冒着损害健康的危险，因此一定要慎之又慎。

（六）肌肉力量练习的注意事项

1. 力量练习的安全要诀

当运用杠铃进行力量练习时，必须有同伴帮助你完成练习，以防在不能完成练习的情况下，同伴可以保护你。

固定牢练习用的杠铃，以防其滑落砸伤身体。

在进行负重练习之前应充分做好准备活动，防止练习中遭受损伤。

在进行负重练习时，如果感觉到任何尖锐的刺痛，应立即停止练习。

在进行负重练习时，应尽量避免憋气。举起阶段呼气，放下时吸气，可采用口和鼻呼吸。

在采取快速还是慢速举起重量能获得更大力量的问题上仍存在着争议，但慢速举起重量可以减少受伤的可能性，而且慢速举起重量既可增加肌肉体积，也可增强其力量。

2. 准备活动和放松活动

人体就像大多数机器一样，刚启动时无法达到最高的效率，因此要使肌肉充分发挥功能，并避免造成伤害，就需要热身。即使是体能状况良好的人，如果猛然迫使肌肉拉伸或收缩，也有可能受伤。负重练习的准备活动一般包括 4～5 分钟的慢跑、6～8 分钟的拉伸活动和 3 组 15～20 最高重复次数。如果练习者打算举最大重量，还应增加准备活动的组数。

放松活动常包括走动和伸展运动，旨在让身体在几分钟内逐渐冷却下来。适当的放松活动，可以使血液持续地流经肌肉，并将肌肉细胞内堆积的乳酸通过血液循环被带到肝脏后而分解。如果突然中断运动，留在肌肉内的乳酸可能会引起身体肌肉痉挛，也可能会使肌肉在以后的几天中更加疼痛。放松活动一般持续 4～5 分钟即可。

3. 完成动作的速度

在进行负重练习时，动作还原阶段的速度应比主动用力阶段慢一半。以卧推为例，如果举起的动作用 1 秒钟，放下还原阶段就要用 2 秒钟，这样可使一次负重练习得到二次（举起和放下）肌肉锻炼。如果还原阶段简单轻松地放下重量，肌肉就不能在还原阶段再一次得到有效的锻炼。

4. 练习时的呼吸

在主动用力阶段呼气，在还原阶段吸气。如果练习时呼吸频率太快，就会破坏呼气、吸气的节律性。应避免在主动用力阶段屏住呼吸，屏气会导致回心血量和流入大脑的血流量减少，从而产生头昏眼花的现象。

5. 安排练习顺序

合理安排练习的顺序可以防止疲劳的发生。应先安排大肌肉群的练习，再安排小肌肉群的练习，其原因是小肌群比大肌群较早产生疲劳。典型的力量练习顺序模式为：（1）大腿、腰部肌肉；（2）腿部（股四头肌、大腿后部肌群、小腿三头肌）；（3）躯干部（背、肩、胸）；（4）上臂（肱三头肌、肱二头肌、前臂肌肉）；（5）腹部；（6）颈部。

此外，还应注意不要在两个相继的练习中使用同一肌群，以保证肌肉在每次负荷后有足够的恢复时间。

6. 注意调整运动量

运动要安全，很重要的一点就是留意所出现的警告信号，这些信号往往是运动量过大或身体某部分受伤的反应。有些人为了急于奏效而竭尽全力，反而遭受伤害。即使是运动员，也会因过度训练而受到意外伤害。

力量练习的警告信号一般指：锻炼结束后，肌肉有酸痛僵硬感，直到下次锻炼前这种感觉仍未消失。针对性的处理方法为：延长锻炼间隔时间，让肌肉充分恢复。此外，还要做好热身和练习后的放松活动。

第五节　柔韧性运动处方的制定和实施

一、柔韧性的重要性和分类

（一）柔韧性的重要性

1. 保持正常的生活质量。

2. 维持正常的步态。

3. 预防损伤的发生，减轻损伤的程度。

4. 提高灵敏、速度、平衡等其他身体素质。

（二）柔韧性的分类

1. 一般柔韧性和专项柔韧性

柔韧性从其与专项的关系上看，可分为一般柔韧性和专项柔韧性。一般柔韧性是指为适应一般技能发展所需要的柔韧体能；专项柔韧性是指专项锻炼所需要的特殊柔韧性。由于专项柔韧性具有较强的选择性,因此同一身体部位具有的柔韧性由于项目的需求不同，在幅度、方向等表现上也有差异。

2. 动力柔韧性和静力柔韧性

柔韧性从其外部运动状态上看，可分为动力柔韧性和静力柔韧性。动力柔韧性是指肌肉、肌腱、韧带根据动力性动作需要，拉伸到解剖学允许的最大限度范围，随即利用强有力的弹性回缩力来完成所要完成的动作。所有的爆发力前的拉伸均属于动力柔韧性。静力柔韧性是指肌肉、肌腱、韧带根据静力性动作的需要，拉伸到动作所需要的位置角度，控制其停留一定时间所表现出来的能力。动力柔韧性建立在静力柔韧性的基础上,但必须要有力量素质的表现。静力柔韧性好，动力柔韧性不一定好。

3. 主动柔韧性和被动柔韧性

从完成柔韧性练习的表现上看，可分为主动柔韧性和被动柔韧性。主动柔韧性是人在主动运动中表现出来的柔韧水平。被动柔韧性则是在一定外力协助下完成，或在外力作用下（如同伴协助做压腿练习）表现出来的柔韧水平。主动柔韧性不仅反映对抗肌的可伸展程度，而且也可反映主动肌的收缩力量。一般来说，主动柔韧性比被动柔韧性要差，这种差距越小，说明柔韧性的发展水平越均衡。

此外，从柔韧性在身体不同部位上看，还可分为上肢柔韧性、下肢柔韧性和腰部柔韧性等。

（三）柔韧性的意义

根据人体生理解剖结构，柔韧包括四肢和躯干各关节的柔韧，主要有肩、肘、腕、髋、膝、踝及脊柱等各关节。在体育锻炼中，因项目不同对各关节活动幅度要求的程度也就不同。人体各关节柔韧性的全面发展是基础，只有在全面发展的基础上，才能突出某一项目需要的关节柔韧性的重要。如投掷、举重和游泳等项目需要肩关节柔韧性较好，篮球、排球和小球项目对腕部柔韧性要求较高，还有的项目，如体操、艺术体操、技巧和武术等项目对全身各关节的柔韧要求都很高。增强柔韧性对掌握动作技能、改善健康状况的具体作用和意义归纳如下。

1. 柔韧性是与健康有关的体能的重要标志之一。

2. 加大一定的活动幅度，提高动作效果，有利于肌力和速度的发挥。

3. 提高关节的灵活性，使人的动作姿势优美。

4. 加速动作掌握进程，使动作学习轻巧自如，做动作也更加协调和准确。

5. 减少肌肉等软组织损伤，防止伤害事故发生。

6. 有助于肌肉放松和情绪稳定。

（四）柔韧性素质的决定因素

人的柔韧性素质好坏取决于多重因素，主要有关节的解剖结构，关节囊、韧带的松紧程度，肌肉的延展性，准备活动的效果以及各种病理原因的改变等。

1. 关节结构及其周围组织

不同软组织对关节柔韧性的影响程度

组织结构	柔韧性障碍（%）
韧带	47
肌肉	41
肌腱	10
皮肤	2

2. 年龄和性别

根据人体生长规律，初生婴儿柔性最好。随着年龄的增大、骨的骨化和肌肉的增长，人的韧性逐渐加强。人的柔韧性在 10 岁以前是自然获得发展的，10 岁以后柔韧性会相对降低。因此，10 岁以前给予应有的柔韧性练习，使其自然增长的柔韧性得到更好地提高。10～13 岁是性成熟前期，肌肉韧带的弹性、伸展性仍有较大的可塑性，给予充分的柔韧练习仍可获得应有的效果，也对身高增长有利。超过这个年龄来发展柔韧性，将会使人经受较大痛苦，费时长、收效慢、易受伤。13～15 岁为生长期，骨骼生长速度超过肌肉生长，柔韧性有所下降，不要过分进行柔韧性练习以免拉伤。16～20 岁身体发育趋向成熟，可加大柔韧负荷和难度，在已有的基础上提高柔韧性。

根据生理解剖特点，女子的柔韧性通常比男子好。男子的肌纤维稍粗，横断面积大，收缩力较大，全部肌纤维的 3/4 强而有力；女子的肌纤维细长，横断面积小，伸展性好，1/2 的肌纤维强而有力。因此，女子关节的灵活性好于男子。

3. 温度

肌肉温度升高时，新陈代谢加强，供血增多，肌肉的粘滞性减少，从而提高肌肉的弹性和伸展性，柔韧性得以提高。影响柔韧性的温度有外界环境温度和体内温度，体内温度的调节用于补偿外界环境对机体产生的不适应。

4. 其他因素

（1）神经过程转换：神经系统兴奋与抑制过程转换的灵活性高，支配肌肉收缩与放松的能力强，柔韧性好，反之则差。不爱活动的人比经常活动的人柔韧性差。

（2）心理因素：心理紧张度过强、时间过长会使神经过程由兴奋转为抑制，影响肌肉的协调能力，从而影响柔韧性。

（3）疲劳程度：当肌肉由于长时间工作产生疲劳时，其弹性、伸展性和兴奋性均降低，造成肌肉收缩与放松的不完善以及各肌群不能协调工作。

（4）时间：早晨柔韧性差，上、下午较好。

（5）遗传：有的人天生关节柔韧性好，有的人则差。

（6）营养：目前尚无研究表明哪种营养品能提高关节的柔韧性，但人体维生素 C 的摄入不足会影响关节活动的范围。维生素 C 在维持骨骼硬度和连接组织（如软骨组织和胶原纤维）的接合上起着重要作用，因为软骨组织和胶原纤维是关节结构的关键连接组织，它们数量上的变化改变着关节的牢固性。没有摄入适量的维生素 C 会导致坏血病，进而会使关节松散。由于坏血病导致的关节运动范围加大容易引起关节损伤。食用柑橘类水果、西红柿和青椒等可以避免维生素 C 的缺乏。

（五）柔韧性练习的作用

在健身活动内容安排中包含柔韧性练习（可在准备活动、整理活动时进行），可以延缓年龄因素引起的柔韧性下降，预防由于缺乏运动而导致的关节结构、周围软组织、跨关节肌肉改变，保持良好的柔韧性。

因伤病引起关节功能障碍时，通过主动或被动的练习，可预防因长期制动而引起的一系列改变，故可防止关节粘连、挛缩，保持肌肉的伸展能力，以保存现有的关节活动幅度。如果关节活动幅度已下降，通过关节活动幅度的练习，有助于恢复正常的关节活动幅度，或尽量加大关节活动幅度，使肢体的柔韧性能够尽量满足日常生活、劳动、运动的需要。

二、柔韧性的评定

柔韧性评定对运动员来讲，是选材的一个重要指标；对一般健身活动参加者来说，是制定运动处方的依据；对于康复锻炼者来说，则是评定其功能障碍的一个重要方面。

分部位测量：颈、躯干、髋关节、下肢、肩关节等。

简易测量法，可用于一般柔韧性素质的评定，在为健身活动参加者制定运动处方时有参考价值。精确的 ROM 测量方法，用于康复锻炼评定或科研工作中。

三、柔韧性练习的方法和手段

（一）柔韧训练的方法

柔韧性训练基本上采用拉伸法，分为动力拉伸法和静力拉伸法。

1. 动力拉伸法：是指有节奏地通过多次重复同一动作练习，使肌肉、韧带等软组织逐渐拉长而逐渐增加柔韧性的练习方法。

2. 静力拉伸法：是指通过动力拉伸的缓慢的动作，将肌肉、韧带等软组织拉长，当拉长到一定程度时静止不动持续一定时间而逐渐增加柔韧性的练习方法。

（二）柔韧训练的主要手段

发展肩部、腿部、臂部和脚部的柔韧性主要手段有压、搬、劈、摆、踢、绷及绕环等练习。

发展腰部的柔韧性主要手段有站立体前屈、俯卧背伸、转体、甩腰及绕环等练习。

四、柔韧性运动处方的制定

柔韧性练习应是每次锻炼准备活动的一部分，我们经常看到有人并没有在活动开始前先慢跑直至冒汗，而错误地拉伸未经活动的肌肉群，或未经伸展肌肉就直接进行剧烈运动，这是很危险的。如果事先做了热身运动，体温可以上升 2～4 度，这时再伸展肌肉就比较安全。在身体锻炼结束前的整理活动中进行柔韧性练习也是明智的，它不仅可以帮助肌肉恢复到正常放松状态，而且在锻炼结束时做伸展运动，肌肉组织的温度相对较高，可以有效扩大关节伸展幅度，减少锻炼后产生肌肉酸痛的可能性。

（一）柔韧性练习强度

柔韧性练习应采用缓慢、放松、有节制和无疼痛的练习，只有通过适当的努力才会提高。肌肉的伸展会有酸胀的感觉，但不应过分伸展而引起不适，拉伸的强度随关节的活动范围增加而改变。随着柔韧性在锻炼过程中的提高，练习强度应逐渐加大，做到“酸加、痛减、麻停”。

（二）柔韧性练习的时间和次数

柔韧性练习的时间由采用的伸展方式决定，它主要取决于重复的次数和伸展位置上停留的时间。每个姿势持续的时间和次数是逐渐增加的，应从最初的10秒，经过一段时间的练习增加至30秒，重复次数在3次以上。如果是平时体育锻炼时的柔韧性练习，5～10分钟的时间就足够了；如果是专门为了提高柔韧性的练习或运动员的训练，则必须要有15～30分钟的时间安排。

柔韧性练习的时间、次数安排示例

周次	阶段	肌肉伸展持续时间（秒）	每种练习重复次数（次）	每周锻炼次数（次）
1	起始	15秒	1	1
2	逐步进步	20秒	2	2
3		25秒	3	3
4		30秒	4	3
5		30秒	4	3～4
6		30秒	4	4～5
7周以上	保持	30秒	4	4～5

（三）柔韧性练习的基本原则

1. 循序渐进，持之以恒

柔韧性的发展需要意志力。这种体能练习时锻炼者易产生酸痛感，但若停止训练柔韧性会有所消退。初次练习易见效，第二次再练习就有痛感，而且第一次练习获得的效果会全部消退并差于第一次练习前的效果，这是由于肌肉被拉长回缩力增加的原因，应继续将其慢慢拉开，这样才能消除痛感。经过一个时期的练习，该长度的伸展已适应，应进一步拉长肌肉、牵拉肌腱，使柔韧性的提高上升到一个新的水平。但是，如果柔韧性练习停止一段时期，已获得的效果就会有所消退。因此，柔韧性练习要持之以恒才能见效。

2. 柔韧性练习要全面

不管是准备活动中的伸展练习，还是专门发展某些关节柔韧性的练习，都要兼顾到身体各关节柔韧性的全面发展。在身体活动中，完成动作不仅局限于一个关节或某个身体部位，而是要牵涉几个相互关联的部位甚至全身。如果柔韧性练习只集中在部分关节而忽视其他部位，则完成动作会受阻甚至有受伤的可能。因此，如果发现某一关节柔韧性稍差，就应采取针对性措施使其得到改善。

3. 柔韧性练习要因人因项而异

柔韧性练习必须根据所参加锻炼项目的特点和锻炼者的具体情况作出安排，在全面发展身体各部位柔韧性的基础上，要重点练习特定项目所需要的专门柔韧素质。例如，跳跃项目对腿部和髋部柔韧性要求较高，游泳项目要求肩关节和踝关节柔韧性要好等。另外，锻炼者应根据自己的情况，进行适合于自己的柔韧性练习。

4. 柔韧性的发展应与力量发展相适应

力量练习是发展肌肉的收缩能力，柔韧性练习则是发展肌肉的伸展能力，因此力量结合柔韧性的练习对提高肌肉质量最为有效，既能使力量增长，又能保证关节灵活性的提高。这就是讲，肌力的增长决不能因体积的增加而影响关节活动幅度。

5. 柔韧性练习要注意外界的温度和时间

外界温度过高或过低，都会影响到肌肉的状态和肌肉的伸展能力。外界温度高，轻微的热身运动后即可做伸展练习；外界温度低，则应做充分的热身运动至冒汗后方可进行柔韧性练习。一般地说，当外界温度在18度时，有利于柔韧性发展，因为肌肉在这个温度下的伸展能力较好。一天之内在任何时间都可进行柔韧性练习，只是效果不同而已。早晨柔韧性会明显降低，而10～18时之间人体关节能表现出良好的柔韧性，此时可进行一些强度较大的柔韧性练习。

6. 柔韧性练习后应结合放松练习

当每次伸展练习之后，应做些相反方向的练习，使供血供能机能加强，这有助于伸展肌群的放松和恢复。如压腿后做几次屈膝下蹲动作，体前屈练习之后做几次挺腹挺髋动作等。

7. 柔韧性要从小培养

武术、体操、舞蹈、技巧等项目对全身各关节的柔韧性要求很高，应从小开始锻炼。由于柔韧性受年龄的影响，5～10岁是柔韧性发展的敏感期，在此时期内要抓紧练习，这样能使柔韧性易于保持和巩固，不易消退。

（四）柔韧性锻炼的注意事项

1. 在进行大强度的肌肉伸展之前必须做充分的热身运动，使身体出汗。

2. 肌肉、韧带等软组织只有通过略超正常范围的伸展练习，柔韧性才能提高，但练习不能太剧烈，防止疼痛和拉伤。

3. 肌肉拉伸产生了紧绷感或感到不舒服时就该停止练习，伸展练习不应让人感到疼痛。

4. 任何一个被伸展的关节只有感到动作幅度加大时，才说明练习已见效。

5. 当伸展疼痛关节周围的肌肉时要小心，注意轻柔一些。

6. 既要伸展紧绷的、不柔韧的肌肉，又要加强薄弱的、松弛的肌肉力量。

7. 进行伸展练习时要保持正常的呼吸状态，不要屏气。

8. 本体感受神经肌肉伸展法（PNF法）是效果最好的肌肉伸展法，静态伸展法也是一种简单易行、安全有效的常用方法。

9. 静态伸展以后才能进行弹性伸展，关节柔韧性好的人或习惯于伸展练习的人才能进行弹性伸展。

10. 如果想感觉到关节柔韧性有提高，至少每周做 3 次伸展练习，每周 5～6 次练习则能产生明显的变化。

第六章

大学生体质健康标准

第一节 《国家学生体质健康标准》的内涵

一、实施《国家学生体质健康标准》的意义

《国家学生体质健康标准》是《国家体育锻炼标准》的一个组成部分，是《国家体育锻炼标准》在学校中的具体应用。《学生体质健康标准》测试的目的是为了贯彻落实第三次全国教育工作会议提出的“学校教育要树立‘健康第一’的指导思想”的精神，促进学生积极地参加体育锻炼，上好体育课，增强学生的体质和提高健康水平，把学生培养成为德、智、体、美全面发展的高素质人才。通过《国家学生体质健康标准》的测试，可以使学生清楚地了解自己的体质与健康状况，还可帮助其监测自己的体质与健康状况的变化程度。同时，还有助于学生在新的一年里有的放矢地设定自己的锻炼目标，有针对性地选择锻炼策略，制定切实可行的锻炼计划。

二、《国家学生体质健康标准》大学生测试项目及评价要求

根据《国家学生体质健康标准》中的具体要求，在校大学生每一次需要完成六个项目的测试，分别是身高、体重、肺活量、台阶试验、50 米跑或立定跳远（选测一项）、握力或仰卧起坐（女生）或坐位体前屈（选测一项）。

（一）《国家学生体质健康标准》大学生测试项目

表 1 《国家学生体质健康标准》大学生测试项目

必测项目	选测试项目	备注
身高 体重 肺活量 台阶试验	50 米跑 立定跳远	选测一项
	坐位体前屈（女） 握力（男） 仰卧起坐（女）	选测一项

在进行评价时，对五项指标进行评价：身高标准体重、肺活量体重指数、台阶指数、50 米跑或立定跳远（选评一项）、握力体重指数或仰卧起坐（女生）或坐位体前屈（选评一项）。

（二）《国家学生体质健康标准》大学生评价项目

表 2 《国家学生体质健康标准》大学生评价项目

必测项目	选测试项目	备注
身高标准体重 肺活量体重指数 台阶试验	50 米跑 立定跳远	选评一项
	坐位体前屈（女） 握力体重指数（男） 仰卧起坐（女）	选评一项

在评价后，以 100 分进行记分，各项评价分数的权重系数是：身高标准体重 15 分；台阶指数 20 分；肺活量体重指数 15 分；50 米跑或立定跳远 30 分；握力体重指数或仰卧起坐（女生）或坐位体前屈 20 分。

（三）《国家学生体质健康标准》大学生评价项目权重

表 3 《国家学生体质健康标准》大学生评价项目权重

评价指标	权重系数
身高标准体重	0.10
台阶试验	0.30
肺活量体重指数	0.20
50 米跑、立定跳远（选评一项）	0.20
坐位体前屈（女）、仰卧起坐（女）、握力体重指数（男）（选评一项）	0.20

三、测试与评价的理念与内容

（一）测试和评价涉及身体形态和身体成分、心血管系统功能、肌肉的力量和耐力以及身体的柔韧性四个方面。

（二）测试和评价所涉及的四个方面，都与学生终生健康的每个特定状况有密切联系，而每一项测试内容又都反映了学生身体健康素质的一个或多个要素。

（三）测试和评价标准根据你的年龄、性别不同而有所差异。

（四）测试和评价的结果是自己的事，不要同其他同学比，应着眼于自己的进步和提高。

（五）测试和评价的结果最终解释不只是你得了多少分，更是对你身体健康素质现状的分析。

（六）测试和评价的结果是可信的，它可作为你设定锻炼目标的依据和自我评价的基点。

身体健康素质是与身体健康关系密切的一些要素，包括身体成分、心肺循环系统的功能、肌肉的力量、耐力和柔韧性。

身体运动素质是人体在运动中表现出来的速度、力量、耐力、灵敏、柔韧、平衡、协调等素质。

四、各项测试指标的具体意义

（一）身高标准体重

身高标准体重是指身高与体重两者的比例应在正常的范围。它通过身高与体重一定的比例关系，反映人体的围度、宽度和厚度以及密度。身高标准体重是评价人体形态发育水平和营养状况及身体匀称度的重要指标，它可以间接地反映人体的身体成分，其测量方法简便易行。如果你所测得的身高标准体重数值小于或大于同年龄段的身高标准体重的范围，就说明你身体的匀称度欠佳，需要通过调整饮食结构或积极参加体育运动来增加肌肉组织或减少体内多余的脂肪。

身体成分是指人体总体重中脂肪成分和非脂肪成分的比例，它可以十分准确地评价人体的胖瘦状况。通常用体脂百分比，即总体重中体脂的比例来表示。

（二）台阶试验指数

台阶试验指数是反映人体心血管系统机能状况的重要指数。台阶试验指数值越大，则反映你心血管系统的机能水平越高，反之亦然。

经常参加有氧代谢运动，可以提高心血管系统的机能水平，其表现为在完成台阶试验定量负荷工作时脉搏搏动次数下降，在试验结束后脉搏的搏动次数恢复到安静状态所用的时间缩短，台阶试验指数增高。

有氧代谢运动是指运动时人体需氧量和摄氧量达到动态平衡的运动。做有氧运动时，体内不产生乳酸堆积，心率和呼吸保持在稳定的状态，因而持续运动时间长，安全性高，脂肪消耗多，有利于改善心血管系统的功能。

（三）肺活量体重指数

肺活量是评价人体呼吸系统机能状况的一个重要指标。科学家指出：肺活量低的人难以与肺活量高的人一样同享高寿。肺活量的大小与体重、身高、胸围等因素有着密切的关系。因此，为了将学生身体发育的不同步因素在肺脏机能的评价中得以体现，在《学生体质健康标准》测试中选用了肺活量体重指数。

肺活量体重指数＝肺活量（ML）／体重（KG）

（四）身体素质测试项目及方法

1. 50 米跑

50 米跑成绩可综合反映神经过程的灵活性、身体的协调性、关节和肌肉的柔韧性以及肌肉的力量和耐力。它既能部分地反映身体运动的综合素质，也是人从事体育活动、学习运动技能所必须具备的身体基本素质。

2. 立定跳远

立定跳远主要是测量向前跳跃时下肢肌肉的爆发力。力量（最大力量）在体育运动和日常生活中都是非常重要的身体素质。腿部的爆发力是以腿部的力量为基础，没有力量就谈不上爆发力，也谈不上肌肉的耐力。

3. 握力体重指数

握力体重指数反映的是肌肉的相对力量，即每公斤体重的握力。握力主要反映人前臂和手部肌肉的力量，同时也与其他肌群的力量有关，而且还是反映肌肉总体力量的一个很好的指标。

握力体重指数＝握力（公斤）／体重（公斤）×100

4. 仰卧起坐

仰卧起坐测试是评价力量和耐力的方法之一。由于它能比较安全地测试肌肉的力量和耐力，同时在做仰卧起坐时主要是腹肌在起作用，髋部肌肉也参与工作，因此这种测试既评价人腹肌的耐力，也反映了髋部的耐力。由于女生这两部分肌肉的力量和耐力与其某些生理功能有密切的联系，因此将仰卧起坐单独列为女生的一个选测项目。

5. 坐位体前屈

坐位体前屈测试反映的是关节和肌肉的柔韧性。柔韧性差意味着相应的关节和肌肉缺乏运动。长时间缺乏发展柔韧性的练习，可导致关节或关节周围软组织发生变性、挛缩甚至粘连，因而限制了关节的运动幅度，牵拉时必然产生疼痛。所以，扩大关节运动的幅度即是扩大了人体活动的无痛范围。

柔韧性指身体各个关节的活动幅度以及跨过关节的韧带、肌腱、肌肉、皮肤和其他组织的弹性和伸展能力，是一个重要的体能成分。

第二节 《国家学生体质健康标准》评分标准

一、《国家学生体质健康标准》大学生评价指标和得分

评价指标	得分
身高标准体重	10
台阶试验、1000 米跑（男）、800 米跑（女）	30
肺活量体重指数	20
50 米跑、立定跳远	20
坐位体前屈（女）、仰卧起坐（女）、握力体重指数（男）	20

二、《国家学生体质健康标准》大学生评分标准

（一）大学男生评分标准

表1 大学男生评分标准

等级	单项得分	肺活量体重指数	1000米（分·秒）	台阶试验	50米跑（秒）	立定跳远（米）	掷实心球（米）	握力体重指数	引体向上（次）	坐位体前屈（厘米）	跳绳（次/1分钟）	篮球运球（秒）	足球运球（秒）	排球垫球（次）
优秀	100	84	3′27″	82	6.0	2.66	15.7	92	26	23.0	198	8.6	6.3	50
	98	83	3′28″	80	6.1	2.65	15.2	91	25	22.6	193	9.0	6.5	49
	96	82	3′31″	77	6.2	2.63	14.4	90	24	22.0	186	9.6	6.9	46
	94	81	3′33″	74	6.3	2.62	13.6	89	23	21.4	178	10.3	7.3	44
	92	80	3′35″	71	6.4	2.60	12.5	87	22	20.6	168	11.1	7.7	41
	90	78	3′39″	67	6.5	2.58	11.5	86	21	19.8	158	12.0	8.2	38
良好	87	77	3′42″	65	6.6	2.56	11.3	84	20	18.9	152	12.4	8.5	37
	84	75	3′45″	63	6.8	2.52	10.9	81	19	17.5	144	12.9	8.9	34
	81	73	3′49″	60	7.0	2.48	10.5	79	18	16.2	136	13.5	9.3	32
	78	71	3′53″	57	7.3	2.43	10.0	75	17	14.3	124	14.3	9.9	29
	75	68	3′58″	53	7.5	2.38	9.5	72	16	12.5	113	15.0	10.4	26
及格	72	66	4′05″	52	7.6	2.35	9.3	70	15	11.3	108	15.6	10.7	25
	69	64	4′12″	51	7.7	2.31	8.9	66	14	9.5	101	16.6	11.2	23
	66	61	4′19″	50	7.8	2.26	8.5	63	13	7.8	94	17.5	11.7	21
	63	58	4′26″	48	8.0	2.20	8.0	59	12	5.4	85	18.8	12.3	18
	60	55	4′33″	46	8.1	2.14	7.5	54	11	3.0	75	20.0	12.9	15
不及格	50	54	4′40″	45	8.2	2.12	7.3	53	9	2.4	71	20.6	13.3	14
	40	52	4′47″	44	8.3	2.09	7.0	51	8	1.4	64	21.6	13.8	12
	30	51	4′54″	43	8.5	2.06	6.7	49	7	0.5	58	22.5	14.3	10
	20	49	5′01″	42	8.6	2.03	6.2	47	6	-0.8	49	23.8	15.0	8
	10	47	5′08″	40	8.8	1.99	5.8	44	5	-2.0	40	25.0	15.7	5

（二）大学女生评分标准

表 2　大学女生评分标准

等级	单项得分	肺活量体重指数	800米（分·秒）	台阶试验	50米跑（秒）	立定跳远（米）	掷实心球（米）	握力体重指数	仰卧起坐（次/分钟）	坐位体前屈（厘米）	跳绳（次/1分钟）	篮球运球（秒）	足球运球（秒）	排球垫球（次）
优秀	100	70	3′24″	78	7.2	2.07	8.6	74	52	21.1	190	11.2	7.3	46
	98	69	3′27″	75	7.3	2.06	8.5	73	51	20.8	184	11.5	7.8	44
	96	68	3′29″	72	7.4	2.05	8.4	72	50	20.3	175	12.0	8.6	41
	94	67	3′32″	69	7.5	2.03	8.2	71	49	19.8	166	12.6	9.4	38
	92	65	3′35″	64	7.7	2.01	8.0	69	47	19.2	154	13.3	10.5	34
	90	64	3′38″	60	7.8	1.99	7.8	67	45	18.6	142	14.0	11.5	30
良好	87	63	3′42″	59	7.9	1.97	7.7	66	44	17.7	137	14.6	11.9	29
	84	61	3′46″	57	8.0	1.93	7.6	63	43	16.3	130	15.6	12.5	27
	81	59	3′50″	55	8.2	1.89	7.5	61	42	15.0	122	16.5	13.2	25
	78	57	3′54″	52	8.3	1.84	7.4	58	40	13.1	112	17.8	14.0	23
	75	54	3′58″	49	8.5	1.79	7.2	55	38	11.3	102	19.0	14.9	20
及格	72	53	4′03″	48	8.6	1.76	7.1	53	37	10.1	98	19.8	15.6	19
	69	51	4′08″	47	8.7	1.72	7.0	50	35	8.3	92	20.9	16.7	17
	66	49	4′13″	46	8.8	1.69	6.8	48	33	6.5	86	22.0	17.8	15
	63	46	4′18″	44	8.9	1.63	6.6	44	31	4.1	78	23.5	19.3	13
	60	43	4′23″	42	9.0	1.58	6.4	40	28	1.7	70	25.0	20.8	10
不及格	50	42	4′30″	41	9.1	1.56	6.2	39	27	1.5	66	25.8	21.2	9
	40	41	4′37″	40	9.3	1.53	6.0	38	26	1.3	59	26.9	21.9	8
	30	39	4′44″	39	9.5	1.50	5.7	36	25	1.0	53	28.0	22.5	7
	20	37	4′51″	38	9.8	1.46	5.4	34	23	0.6	44	29.5	23.4	6
	10	35	5′00″	36	10.0	1.42	5.0	32	21	0.2	35	31.0	24.3	4

（三）大学男生身高标准体重

表 3 大学一年级～四年级男生身高标准体重（体重单位:千克）

身高段（厘米）	营养不良	较低体重	正常体重	超重	肥胖
	50 分	60 分	100 分	60 分	50 分
144.0～144.9	<41.5	41.5～46.3	46.4～51.9	52.0～53.7	>=53.8
145.0～145.9	<41.8	41.8～46.7	46.8～52.6	52.7～54.5	>=54.6
146.0～146.9	<42.1	42.1～47.1	47.2～53.1	53.2～55.1	>=55.2
147.0～147.9	<42.4	42.4～47.5	47.6～53.7	53.8～55.7	>=55.8
148.0～148.9	<42.6	42.6～47.9	48.0～54.2	54.3～56.3	>=56.4
149.0～149.9	<42.9	42.9～48.3	48.4～54.8	54.9～56.6	>=56.7
150.0～150.9	<43.2	43.2～48.8	48.9～55.4	55.5～57.6	>=57.7
151.0～151.9	<43.5	43.5～49.2	49.3～56.0	56.1～58.2	>=58.3
152.0～152.9	<43.9	43.9～49.7	49.8～56.5	56.6～58.7	>=58.8
153.0～153.9	<44.2	44.2～50.1	50.2～57.0	57.1～59.3	>=59.4
154.0～154.9	<44.7	44.7～50.6	50.7～57.5	57.6～59.8	>=59.9
155.0～155.9	<45.2	45.2～51.1	51.2～58.0	58.1～60.7	>=60.8
156.0～156.9	<45.6	45.6～51.6	51.7～58.7	58.8～61.0	>=61.1
157.0～157.9	<46.1	46.1～52.1	52.2～59.2	59.3～61.5	>=61.6
158.0～158.9	<46.6	46.6～52.6	52.7～59.8	59.9～62.2	>=62.3
159.0～159.9	<46.9	46.9～53.1	53.2～60.3	60.4～62.7	>=62.8
160.0～160.9	<47.4	47.4～53.6	53.7～60.9	61.0～63.4	>=63.5
161.0～161.9	<48.1	48.1～54.3	54.4～61.6	61.7～64.1	>=64.2
162.0～162.9	<48.5	48.5～54.8	54.9～62.2	62.3～64.8	>=64.9
163.0～163.9	<49.0	49.0～55.3	55.4～62.8	62.9～65.3	>=65.4
164.0～164.9	<49.5	49.5～55.9	56.0～63.4	63.5～65.9	>=66.0
165.0～165.9	<49.9	49.9～56.4	56.5～64.1	64.2～66.6	>=66.7
166.0～166.9	<50.4	50.4～56.9	57.0～64.6	64.7～67.0	>=67.1
167.0～167.9	<50.8	50.8～57.3	57.4～65.0	65.1～67.5	>=67.6
168.0～168.9	<51.1	51.1～57.7	57.8～65.5	65.6～68.1	>=68.2
169.0～169.9	<51.6	51.6～58.2	58.3～66.0	66.1～68.6	>=68.7
170.0～170.9	<52.1	52.1～58.7	58.8～66.5	66.6～69.1	>=69.2

续表

身高段（厘米）	营养不良	较低体重	正常体重	超重	肥胖
	50 分	60 分	100 分	60 分	50 分
171.0～171.9	<52.5	52.5～59.2	59.3～67.2	67.3～69.8	>=69.9
172.0～172.9	<53.0	53.0～59.8	59.9～67.8	67.9～70.4	>=70.5
173.0～173.9	<53.5	53.5～60.3	60.4～68.4	68.5～71.1	>=71.2
174.0～174.9	<53.8	53.8～61.0	61.1～69.3	69.4～72.0	>=72.1
175.0～175.9	<54.5	54.5～61.5	61.6～69.9	70.0～72.7	>=72.8
176.0～176.9	<55.3	55.3～62.2	62.3～70.9	71.0～73.8	>=73.9
177.0～177.9	<55.8	55.8～62.7	62.8～71.6	71.7～74.5	>=74.6
178.0～178.9	<56.2	56.2～63.3	63.4～72.3	72.4～75.3	>=75.4
179.0～179.9	<56.7	56.7～63.8	63.9～72.8	72.9～75.8	>=75.9
180.0～180.9	<57.1	57.1～64.3	64.4～73.5	73.6～76.5	>=76.6
181.0～181.9	<57.7	57.7～64.9	65.0～74.2	74.3～77.3	>=77.4
182.0～182.9	<58.2	58.2～65.6	65.7～74.9	75.0～77.8	>=77.9
183.0～183.9	<58.8	58.8～66.2	66.3～75.7	75.8～78.8	>=78.9
184.0～184.9	<59.3	59.3～66.8	66.9～76.3	76.4～79.4	>=79.5
185.0～185.9	<59.9	59.9～67.4	67.5～77.0	77.1～80.2	>=80.3
186.0～186.9	<60.4	60.4～68.1	68.2～77.8	77.9～81.1	>=81.2
187.0～187.9	<60.9	60.9～68.7	68.8～78.6	78.7～81.9	>=82.0
188.0～188.9	<61.4	61.4～69.2	69.3～79.3	79.4～82.6	>=82.7
189.0～189.9	<61.8	61.8～69.8	69.9～79.9	80.0～83.2	>=83.3
190.0～190.9	<62.4	62.4～70.4	70.5～80.5	80.6～83.6	>=83.7

（四）大学女生身高标准体重

表 4　大学一年级～四年级女生身高标准体重（体重单位:千克）

身高段（厘米）	营养不良	较低体重	正常体重	超重	肥胖
	50 分	60 分	100 分	60 分	50 分
140.0～140.9	<36.5	36.5～42.4	42.5～50.6	50.7～53.3	>=53.4
141.0～141.9	<36.6	36.6～42.9	43.0～51.3	51.4～54.1	>=54.2
142.0～142.9	<36.8	36.8～43.2	43.3～51.9	52.0～54.7	>=54.8

续表

身高段（厘米）	营养不良	较低体重	正常体重	超重	肥胖
	50 分	60 分	100 分	60 分	50 分
143.0～143.9	<37.0	37.0～43.5	43.6～52.3	52.4～55.2	>=55.3
144.0～144.9	<37.2	37.2～43.7	43.8～52.7	52.8～55.6	>=55.7
145.0～145.9	<37.5	37.5～44.0	44.1～53.1	53.2～56.1	>=56.2
146.0～146.9	<37.9	37.9～44.4	44.5～53.7	53.8～56.7	>=56.8
147.0～147.9	<38.5	38.5～45.0	45.1～54.3	54.4～57.3	>=57.4
148.0～148.9	<39.1	39.1～45.7	45.8～55.0	55.1～58.0	>=58.1
149.0～149.9	<39.5	39.5～46.2	46.3～55.6	55.7～58.7	>=58.8
150.0～150.9	<39.9	39.9～46.6	46.7～56.2	56.3～59.3	>=59.4
151.0～151.9	<40.3	40.3～47.1	47.2～56.7	56.8～59.8	>=59.9
152.0～152.9	<40.8	40.8～47.6	47.7～57.4	57.5～60.5	>=60.6
153.0～153.9	<41.4	41.4～48.2	48.3～57.9	58.0～61.1	>=61.2
154.0～154.9	<41.9	41.9～48.8	48.9～58.6	58.7～61.9	>=62.0
155.0～155.9	<42.3	42.3～49.1	49.2～59.1	59.2～62.4	>=62.5
156.0～156.9	<42.9	42.9～49.7	49.8～59.7	59.8～63.0	>=63.1
157.0～157.9	<43.5	43.5～50.3	50.4～60.4	60.5～63.6	>=63.7
158.0～158.9	<44.0	44.0～50.8	50.9～61.2	61.3～64.5	>=64.6
159.0～159.9	<44.5	44.5～51.4	51.5～61.7	61.8～65.1	>=65.2
160.0～160.9	<45.0	45.0～52.1	52.2～62.3	62.4～65.6	>=65.7
161.0～161.9	<45.4	45.4～52.5	52.6～62.8	62.9～66.2	>=66.3
162.0～162.9	<45.9	45.9～53.1	53.2～63.4	63.5～66.8	>=66.9
163.0～163.9	<46.4	46.4～53.6	53.7～63.9	64.0～67.3	>=67.4
164.0～164.9	<46.8	46.8～54.2	54.3～64.5	64.6～67.9	>=68.0
165.0～165.9	<47.4	47.4～54.8	54.9～65.0	65.1～68.3	>=68.4
166.0～166.9	<48.0	48.0～55.4	55.5～65.5	65.6～68.9	>=69.0
167.0～167.9	<48.5	48.5～56.0	56.1～66.2	66.3～69.5	>=69.6
168.0～168.9	<49.0	49.0～56.4	56.5～66.7	66.8～70.1	>=70.2
169.0～169.9	<49.4	49.4～56.8	56.9～67.3	67.4～70.7	>=70.8
170.0～170.9	<49.9	49.9～57.3	57.4～67.9	68.0～71.4	>=71.5

续表

身高段（厘米）	营养不良	较低体重	正常体重	超重	肥胖
	50 分	60 分	100 分	60 分	50 分
171.0～171.9	<50.2	50.2～57.8	57.9～68.5	68.6～72.1	>=72.2
172.0～172.9	<50.7	50.7～58.4	58.5～69.1	69.2～72.7	>=72.8
173.0～173.9	<51.0	51.0～58.8	58.9～69.6	69.7～73.1	>=73.2
174.0～174.9	<51.3	51.3～59.3	59.4～70.2	70.3～73.6	>=73.7
175.0～175.9	<51.9	51.9～59.9	60.0～70.8	70.9～74.4	>=74.5
176.0～176.9	<52.4	52.4～60.4	60.5～71.5	71.6～75.1	>=75.2
177.0～177.9	<52.8	52.8～61.0	61.1～72.1	72.2～75.7	>=75.8
178.0～178.9	<53.2	53.2～61.5	61.6～72.6	72.7～76.2	>=76.3
179.0～179.9	<53.6	53.6～62.0	62.1～73.2	73.3～76.7	>=76.8
180.0～180.9	<54.1	54.1～62.5	62.6～73.7	73.8～77.0	>=77.1
181.0～181.9	<54.5	54.5～63.1	63.2～74.3	74.4～77.8	>=77.9
182.0～182.9	<55.1	55.1～63.8	63.9～75.0	75.1～79.4	>=79.5
183.0～183.9	<55.6	55.6～64.5	64.6～75.7	75.8～80.4	>=80.5
184.0～184.9	<56.1	56.1～65.3	65.4～76.6	76.7～81.2	>=81.3
185.0～185.9	<56.8	56.8～66.1	66.2～77.5	77.6～82.4	>=82.5
186.0～186.9	<57.3	57.3～66.9	67.0～78.6	78.7～83.3	>=83.4

理论试题篇

足球理论试题

一、填空题

1. 足球战术可分为（　　　　）和（　　　　）。

2. 1863 年 12 月 26 日这一天被世界公认为（　　　　　）。

3. 踢球是足球技术中最重要的技术之一，它是由（　　）、（　　　）、（　　　）、（　　　）、（　　　）五个环节组成。

4. 古代足球运动起源于中国是世界公认的，它被称为（　　）游戏。

5. （　　　）年我国男子足球队首次打入世界杯决赛圈。

6. 国际足球的比赛场地长（　　　）米，宽（　　　）米。

7. 球门的高为（　　　）米，宽为（　　　）米。

8. 在比赛开始时比赛用球的重量为（　　　）。

9. 一场比赛中每队上场队员不得多于（　）名，如果任何一队少于（ ）人则比赛不能开始。

10. 每场比赛由（ ）名主裁判、（ ）名助理裁判、一名（　　　）共同控制比赛。

11. 当球的整体不论从地面或空中全部越过球门线或边线时比赛成（　）。

12. 如果队员直接接到（　　）、（　　）、（　　）则没有越位犯规。

13. 任意球分为（　　　　）和（　　　）两种。

14. 一个队在本方罚球区内由于违反了可判为直接任意球的规

则，则应被判罚（ ）。

15. 如果球门球未被直接踢出罚球区，则应（ ）。

二、判断题

1. 5 人制足球比赛可以无限制地换人。（ ）

2. 掷界外球时，将球掷入场内，未经其他队员触及前，掷球队员用手触球应判连踢，由对方在触球地点踢间接任意球。（ ）

3. 中点开球时，进攻队员将球直接踢入对方球门，进球无效。（ ）

4. 受伤队员在场外护理后，在死球时裁判员可以允许该队员从球门线外进场参加比赛。（ ）

5. 在本方半场内，队员在越位位置接球，不应判罚越位。（ ）

6. 足球上场队员不得超过 11 人，其中必须有一名守门员。每队不足 8 人时不得继续比赛。（ ）

7. 足球队员装备同队队员服装颜色必须一致，守门员服装颜色必须有别于其他队员、裁判员和助理裁判员。（ ）

8. 脚内侧踢球又称脚弓踢球。（ ）

9. 大腿停球也是停球方法的一种。（ ）

10. 直接任意球不可以直接射入对方球门得分。（ ）

11. 古代足球运动起源于中国。（ ）

12. 中点开球，只要裁判员鸣哨后比赛即为开始。（ ）

13. 在罚任意球时，防守队员在任何情况下都必须退出距球 9.15 米的距离。（ ）

14. 互踢点球决胜负时，球进入比赛并击中门柱弹回时，主踢队员跑上补踢入网，算胜一球。（ ）

15. 足球场地长 90～120 米，宽 45～90 米。（ ）

16. 更换守门员不用裁判同意，直接换就可以。（ ）

17. 角球不可以直接射入对方球门得分。（ ）

18. 足球场角旗杆不低于 1.5 米。（ ）

19. 队员在比赛中不用带护腿板。（ ）

三、选择题

1. 现代足球起源于（ ）。

A. 中国　B. 英国　C. 法国　D. 意大利

2. 1991 年在我国举办了第一届世界女子足球锦标赛的城市是（ ）。

A. 北京　B. 上海　C. 广州　D. 天津

3. 世界杯足球比赛自 1930 年开始，至今举办了（ ）。

A. 十五届　B. 十六届　C. 十七届　D. 十八届

4. 作为足球游戏的蹴鞠，起源于战国时代，其最为盛行的时期是（ ）。

A. 唐代　B. 宋代　C. 明朝　D. 清朝

5. 1974 年第十届世界杯足球比赛中首先采用全攻全守阵型的是（ ）。

A. 巴西队　B. 意大利队　C. 荷兰队　D. 英格兰队

6. 下列情况中，队员没有可能处于越位位置的是（ ）。

A. 在对方半场

B. 角球更接近于对方球门线

C. 在该队员与对方球门线中间，对方队员不足两名

D. 在本方半场

7. 对于罚球点球的叙述下列答案中错误的是（ ）。

A. 守门员可以根据情况提前移动

B. 执行罚球点球时，球必须放在罚球点上

C. 执行罚球点球时，主罚队员应有明确表示

D. 判罚球点球，应根据犯规的接触点是否在罚球区内进行判罚

8. 下列叙述不属于足球运动的主要特点的是（ ）。

A. 比赛场地大、人数多、时间长、运动量大

B. 技、战术简单，易于掌握

C. 对抗激烈、拼抢凶猛

D. 规则、设施简单，利于普及

9. 下列不属于头顶球技术易犯错误的是（　　）。

A. 顶球时闭眼、缩脖，不敢主动迎击

B. 顶球点选择得不正确，顶不到球或头部蹭到球

C. 顶球时眼睛注视来球，利用腰腹力量发力把球顶出

D. 击球用力过早或过晚，出球无力

10. 对于罚球区的作用下列叙述错误的是（　　）。

A. 守门员在本方罚球区内可以用手触球

B. 队员在本方罚球区内犯规可判罚为直接任意球时，应判罚球点球

C. 踢球门球或在本方罚球区内踢任意球时，对方应退出罚球区

D. 在本方罚球区踢任意球或球门球时，只要球一开始滚动比赛就开始

11. 对于世界公认为现代足球的诞生日叙述正确的是（　　）。

A. 1904 年 5 月 21 日　　B. 1863 年 12 月 26 日

C. 1955 年 1 月 3 日　　D. 1840 年 6 月 5 日

12. 下列踢球方法不易进行长传的是（　　）。

A. 脚背正面踢球　　B. 脚内侧踢球

C. 脚背内侧踢球　　D. 脚背外侧踢球

13. 在比赛中应用最多也最为重要的战术配合是（　　）。

A. 传切配合　　B. 交叉配合

C. 多人配合　　D. 二过一配合

14. 对于足球比赛场地的叙述下列错误的是（　　）。

A. 比赛场地必须为长方形

B. 比赛场地内各区域的面积可以根据情况变更

C. 场地最短 90 米，最长 120 米

D. 宽度最短 45 米，最长 90 米

15. 下列哪种行为不被判罚间接任意球？（　　）

A. 拖延时间　　B. 阻挡对方

C. 守门员用手触及同队队员直接掷入的界外球　　D. 故意手球

16. 不属于国际足联组织的比赛是（　　）。

A. 世界杯足球赛　　B. 奥运会足球赛

C. 欧洲杯足球赛　　D. 世界青年锦标赛

17. 以下哪个国家曾夺得过世界杯冠军？（　　）

A. 荷兰　　B. 巴西　　C. 日本　　D. 尼日利亚

四、问答题

1. 可判罚直接任意球的犯规有哪些？

2. 裁判可出示红牌罚令出场的情况有哪几种？

3. 裁判可出示黄牌警告队员的情况有哪些？

五人制足球理论试题

一、填空题

1. 国际五人制足球比赛场地的长（　　）米、宽（　　）米。

2. 国际五人制足球比赛球门的高为（　　）米、宽为（　　）米。

3. 国际五人制足球比赛用球的球体圆周为（　　）厘米。

4. 一场比赛中每队上场队员不得多于（　　）名，如果任何一队少于（　　）人则比赛不能开始。

5. 五人制足球比赛每场比赛分（　　）各半场，每半场为（　　）分钟。

6. 比赛中当球的整体不论从地面或空中全部越过球门线或边线时比赛成（　　）。

7. 当整个球体全部越出边线，无论是在地面或空中，在球越出边线的地点（　　）界外球。

8. 五人制足球比赛中任意球分为（　　）和（　　）两种。

9. 一个队在本方罚球区内由于违反了可判罚为直接任意球的规则，则应被判罚给对方（　　）。

10. 五人制足球比赛中比赛球队有权利要求 1 分钟（　　），上下半场（　　）一次。

11. 国际五人制足球在比赛开始时比赛用球的重量为（　　）。

12. 踢球是足球技术中最重要的技术之一，它是由（　　）、（　　）、（　　）、（　　）、（　　）五个环节组成。

13. 足球战术可分为（　　）和（　　）。

二、判断题

1. 五人制足球运动起源于英国。（　）

1. 中场开球时，只要裁判员鸣哨后比赛即为开始。（　）

2. 在罚任意球时，防守队员在任何情况下都必须退出距球 5 米的距离。（　）

3. 五人制足球比赛中替换下的队员可以重新上场替补其他队员。（　）

4. 国际五人制足球比赛场地长为 38～42 米、宽 18～22 米。（　）

5. 五人制足球比赛中更换守门员不用裁判同意，直接换就可以。（　）

6. 直接任意球不可以直接射入对方球门得分。（　）

7. 踢界外球不可以直接射入对方球门得分。(　　)

8. 两队在各个半场累计第六次犯规开始，被判罚任意球。如果犯规地点在第二罚球点假想平行线与球门线间的己方半场，踢任意球的球队可选择在第二罚球点或犯规发生地点踢球。(　　)

9. 五人制足球比赛中踢角球时不可直接射门得分。(　　)

10. 五人制足球比赛可以无限制地换人。(　　)

11. 中点开球时，进攻队员将球直接踢入对方球门，进球无效。(　　)

12. 五人制足球比赛中，队员装备同队队员服装颜色必须一致，守门员服装颜色必须有别于其他队员、裁判员和助理裁判员。(　　)

13. 脚内侧踢球又称脚弓踢球。(　　)

14. 大腿停球也是停球方法的一种。(　　)

15. 五人制足球比赛中直接任意球不可以直接射入对方球门得分。(　　)

三、选择题

1. 五人制足球运动起源于(　　)。

A. 欧洲　　B. 亚洲　　C. 美洲　　D. 南美洲

2. 首届室内五人制足球世界杯赛(　　)在巴西举办。

A. 1986 年　　B. 1987 年　　C. 1988 年　　D. 1989 年

3. 下列踢球方法不易进行长传的是(　　)。

A. 脚背正面踢球　　B. 脚内侧踢球

C. 脚背内侧踢球　　D. 脚背外侧踢球

4. 五人制比赛中应用最多也最为重要的战术配合是(　　)。

A. 三过二配合　　B. 四过三配合

C. 多人配合　　D. 二过一配合

5. 五人制足球比赛中发球门球时应(　　)。

A. 守门员踢球门球　　B. 后卫踢球门球

C. 守门员抛踢球　　　　　　D. 守门员手抛球

6. 中国五人制足球队第一次参加室内五人制足球世界杯是哪一年？（　）

A. 1989 年　　B. 1992 年　　C. 1996 年　　D. 2000 年

7. 五人制足球世界杯共举办了多少届？（　）

A. 五届　　B. 六届　　C. 四届　　D. 三届

8. 李宁杯中国大学生五人制足球联赛哪一年开始举办？（　）

A. 2002 年　　B. 2003 年　　C. 2004 年　　D. 2005 年

9. 五人制足球比赛中哪一种抢截技术为犯规？（　）

A. 合理冲撞　　　　　　B. 正面抢截

C. 铲球　　　　　　D. 侧面抢截

10. 以下哪个国家夺得第一届室内五人制足球世界杯赛冠军？（　）

A. 荷兰　　B. 巴西　　C. 日本　　D. 尼日利亚

11. 现代足球起源于（　）。

A. 中国　　B. 英国　　C. 法国　　D. 意大利

12. 作为足球游戏的蹴鞠，起源于战国时代，其最为盛行的时期是（　）。

A. 唐代　　B. 宋代　　C. 明朝　　D. 清朝

13. 对于罚球点球的叙述下列答案中错误的是（　）。

A. 守门员可以根据情况提前移动

B. 执行罚球点球时，球必须放在罚球点上

C. 执行罚球点球时，主罚队员应有明确表示

D. 判罚球点球，应根据犯规的接触点是否在罚球区内进行判罚

14. 下列叙述不属于五人制足球运动的主要特点的是（　）。

A. 比赛场地大、人数多、时间长

B. 进攻节奏快，进球数量多

C. 规则、设施简单，利于普及

D. 比赛过程中可以不经过裁判员允许随时换人

15. 下列不属于头顶球技术易犯错误的是（　　）。

A. 顶球时闭眼、缩脖，不敢主动迎击

B. 顶球点选择得不正确，顶不到球或头部蹭到球

C. 顶球时眼睛注视来球，利用腰腹力量发力把球顶出

D. 击球用力过早或过晚，出球无力

四、简答题

1. 五人制足球赛中可判罚直接任意球的犯规有哪些？
2. 五人制足球赛中裁判可出示黄牌警告队员的情况有哪些？
3. 裁判可出示红牌罚令出场的情况有哪几种？

篮球理论试题

一、填空题

1. 篮球运动的发展已有（　　　）年历史。

2. 篮球运动具有较强的（　　）性、（　　）性和（　　　）性。

3. 篮球竞赛规则中违犯时间规则的违例有 3 秒、（　　　）、（　　　）、（　　　）。

4. NBA 比赛中有（　　　）人临场裁判；国际篮球比赛中有（　　　）人临场裁判。

5. 南开在中国篮球发展史上最辉煌的一页，简称（　　　）。

6. 篮球运动最早是（　　　）年传入天津。

7. 篮球运动是由（　　　）、（　　　）、（　　　）等基本技能组成。

8. 篮球运动可以促进（　　）、（　　）、（　　）、（　　）等身体素质的发展。

9. 现代篮球运动是（　　）年由美国体育教师（　　）设计发明的，于（　　）年传入我国。

10. 在1936年的第（　）届奥运会上，篮球运动被列为男子正式竞赛项目，从此正式登上国际竞技舞台。

11. 篮球场上常用的急停动作方法有2种，即：（　　）和（　　）。

12. 滑步是一种并步移动的方法，可分为（　　）、（　　）、（　　）三种。

13. 传切配合是进攻队员之间利用（　　）和（　　）等技术组成的简单配合。

14. 进攻队员持球后的三“威胁”是（　　）、（　　）、（　　）。

15. 进攻队员持球突破时，以右脚为轴，从防守队员右侧突破叫（　　）持球突破，从防守队员左侧突破叫（　　）持球突破。

16. 根据2000年的篮球竞赛规则，篮球比赛中有关超过规定时间的违例有（　　）违例、（　　）违例、（　　）违例、（　　）违例。

17. 篮球比赛的正规球场长为（　　）、宽为（　　），篮圈高度为（　　）

18. 一名运动员无论是侵人犯规和/或技术犯规，只要达到（　）次，应该被替换出场。而在一节中，某队任何队员被登记的侵人犯规和/或技术犯规总数已发生（　　）次时，则该队处于全队犯规处罚状态，在随后比赛的过程中如再犯规则被判（　　）次罚球，而不是判给对方掷球入界的球权。

19. 球回后场违例满足的三个条件是（　　）、（　　）、

（　　　　）。

20. 篮球防守技术包括（　　　）、（　　　）、（　　　）、（　　　）。

21. 篮球进攻战术基础配合包括（　　　）、（　　　）、（　　　）、（　　　）。

22. 传球时，球的飞行路线有（　　　）、（　　　）和（　　　）三种。

二、判断题

1. 标准篮球场的长为 28 米、宽为 15 米；球的重量为 600～650 克。（　　）

2. 篮圈距地面的高度是 3.05 米。（　　）

3. 移动技术中的急停分为跨步急停和跳步急停。（　　）

4. 传球的三要素是传球方式、传球路线和传球落点。（　　）

5. 快攻中最快的形式是运球突破快攻。（　　）

6. 投篮球最后出手时是食指和中指拨球旋转。（　　）

7. 罚球时不可以做投篮假动作。（　　）

8. NBA 场地中的三分线和 FIBA 场地中的三分线距离篮圈中心投影点是一样的距离。（　　）

9. 国际篮联组织下的世界篮球锦标赛和奥林匹克运动会篮球赛，以及其他洲际性国际竞赛活动，已成为各国人民业余文化娱乐的重要内容。（　　）

10. 篮球运动传入我国为 1910 年。（　　）

11. 运球开始时，在球离开手前，中枢脚不可以离开地面。（　　）

12. 行进间投篮脚部动作的共同特点是跨出第一步的同时接球，跨出第二步起跳举起球，并在空中完成投篮动作。（　　）

13. 传球中，球的飞行速度仅仅取决于手腕和手指的用力大小。（　　）

14. 掩护队员给同伴掩护时，要面向或侧向同伴，两膝微屈，

两脚开立，两臂自然下垂，上体稍前倾，距离对方半步左右。（　）

15. 半场人盯人防守战术，是由攻转守时，全队有组织地迅速退回后场，在半场内每人防守1个进攻队员的人盯人防守战术。（　）

16. 个人战术行动就是队员的独立行动，并不受全队战术的制约。（　）

17. 半场人盯人防守的基本要求是：以球为主，人球兼顾。（　）

18. 篮球运动员的战术意识是自然发展形成的，没有必要有意培养。（　）

19. 区域联防是一种半场防守的全队战术。这种防守战术形式是每个队员各自负责防守一个固定区域。（　）

20. 队员一脚在限制区，一脚在限制区外，停留达三秒应判三秒违例。（　）

21. 某队员在比赛中，双脚站在3分线及以外区域（包括3分线），投篮命中后裁判判该队员得3分。（　）

22. 裁判员如果判了对正在做投篮动作的队员犯规，进攻队员若未投中，应判给他或她仅仅两次罚球。（　）

23. 如果某一球队在场上准备比赛的队员不足5人，比赛可以开始，但比赛中在场上的队员少于2名时，该球队由于缺少队员应判比赛告负。（　）

24. 移动是篮球运动中队员为了改变位置、方向和速度，争取高度和时间所采用的各种脚步。（　）

25. 防守离球较远的对手，经常采用面向对手，身体侧向球的斜前站立姿势，以堵截对手摆动。（　）

26. 运球技术包括身体姿势、手臂动作、球的落点三个环节。（　）

27. 篮球比赛中队员为了观察场上情况、抢位或接球，经常采用侧身跑。（　）

28. 接球时要观察、了解场上情况，要在原地等球，不要移动

迎前接球或者领接球。（　　）

三、选择题（可以多选）

1. 行进间单手投篮（以右手投篮为例）接球时应跨（　　）。

A. 左脚　　B. 右脚　　C. 左右脚都行

2. 人盯人防守的基本要求是（　　）。

A. 盯人　　B. 人、球兼顾　　C. 人、球、球篮兼顾

3. 队员一次运球完毕后只能（　　）。

A. 传球　　B. 运球　　C. 投篮

4. 队员静立接球时，中枢脚为（　　）。

A. 左脚　　B. 右脚　　C. 左右脚都可以

5. 场上防守队员一人盯人，四人区域联防，此战术为（　　）。

A. 人盯人防守　　B. 区域联防　　C. 混合防守

6. 队员跨步接球时，中枢脚为（　　）。

A. 先落地脚　　B. 后落地脚　　C. 两脚都可以

7. 对方远距离投篮不准时，最好采用（　　）。

A. 人盯人防守　　B. 区域联防　　C. 混合防守

8. 目前，世界各大洲已经有 190 多个国家参加了（　　），该组织已成为国际体育社会成员最多的体育组织之一。

A. 国际篮球联合会　　B. 国际篮球联盟

C. 世界篮球联合会　　D. 世界篮球联盟

9. 美国“NBA”在（　）年首次组队参加奥运会篮球赛。

A. 1988　　B. 1992　　C. 1996　　D. 2000

10. 双手接胸部高度的来球，正确的手臂动作是（　　）。

A. 两臂伸出迎球，当手指触球的同时，两臂随球后引缓冲来球的力量

B. 两臂伸出迎球，当手指触球前，两臂后引准备缓冲来球的力量

C. 两臂屈臂保持在体侧，接球后，迅速撤步，缓冲来球的力量

D. 两臂屈肘保持在体侧，当手指触球的同时，同时两臂随球后引缓冲来球的力量

11.（ ）是进攻队员为将球投向球篮而采用的专门动作的总称。

A. 投篮技术　　B. 持球突破技术

C. 运球技术　　D. 抢篮板球技术

12.（ ）是持球队员用手按拍借于地面反弹起来的球的动作。

A. 传球　　B. 运球　　C. 持球突破　　D. 突破分球

13. 防守无球队员应站在（ ）。

A. 对手和球篮之间　　B. 任何位置均可

C. 对手和球篮之间偏向有球一侧　　D. 相邻两对手之间

14. 球场的丈量应当从界线的（ ）丈量。

A. 内沿　　B. 外沿　　C. 中点　　D. 没有特殊要求

15. 持球队员在球场的（ ）被严密防守，5 秒内没有传、投、滚或运球为违例。

A. 前场　　B. 后场　　C. 边角附近　　D. 任何地方

16. 下述情况中（ ）是不合法的。

A. 连续投篮不中，得球后运球

B. 运球前漏接，拿稳后运球

C. 运球后漏接了二次，然后才拿稳球

D. 用球掷向篮板，然后重新获球

17. 比赛中球触及篮板（ ）为球出界违例。

A. 上沿　　B. 下沿　　C. 侧面　　D. 背面

18. 队员占据场上位置后，当对方从他身旁通过时，他保持（ ）的姿势是符合垂直原则的。

A. 两臂上举　　B. 手臂侧平举

C 两臂前后伸　　D. 两臂前伸

19. 比赛中球触及（ ）时不应鸣哨。

A. 界线　　　　　　　　B. 站在界内的裁判

C. 站在界线上的裁判　　D. 站在界外的裁判

20. 比赛中出现（　　）为脚踢球违例。

A. 球主动碰膝　　　　　B. 膝主动碰球

C. 球主动碰膝以上　　　D. 膝以上主动碰球

21. 投篮的球触及篮圈，防守队员不得触及（　　）。

A. 球　　　　　　　　　B. 球篮

C. 篮板　　　　　　　　D. 球篮和篮板

22. 移动技术和抢篮板球技术包含在（　　）。

A. 进攻技术中　　　B. 防守技术中　C. 进攻和防守技术中

23. 原地单手肩上投篮球出手后，球飞行中的旋转是（　　）。

A. 前旋转　　　　　B. 侧旋转　　　C. 后旋转

24. 持球突破跨步落地的同时将球放在（　　），并注意保护球。

A. 身体的侧后方　　B. 正前方　　　C. 前脚的侧前方

25. 防守持球队员时一般应站在（　　）的位置上。

A. 对手与球篮之间　B. 对手与球之间 C. 离篮球近一些

26. 在比赛中，（　　）发动快攻成功率最高。

A. 抢获后场篮板球后 B. 抢断得球后　C. 掷端线界外球时

四、问答题

1. 简述篮球运动的特点和价值。
2. 什么情况下运用区域联防战术？常用的形式有哪些？
3. 如何才能运好球？
4. 篮球运动的发展趋势如何？
5. 如何运用好移动技术？
6. 怎样才能做到投篮准确？
7. 篮球进攻基础配合有哪些？画图说明两种基础配合。
8. 什么是快攻？发动快攻的时机有哪些？

9. 什么是合法的防守位置？

排球理论试题

一、填空题

1. 排球场地长（　　）米、宽（　　）米。

2. 国际排球联合会成立于（　　）年，并于（　　）年举行了第一届世界男排锦标赛。

3. 排球成为奥运会正式比赛项目是在（　　）年（　　）（地名）第 18 届奥运会上。

4. 排球运动起源于（　　）年（　　）国。

5. 排球基本技术中的有球技术包括发球、（　　）、传球、（　　）、拦网。无球技术包括准备姿势、移动、起跳等。

6. 常见的个人快攻战术包括（　　）、背快球、（　　）、背飞、背溜以及自我掩护进攻等。

7. 双人拦网时的防守阵形，一般可分为 2 种，即（　　）防守阵形和（　　）防守阵形。

8. 国际排球联合会组织的正式沙滩排球比赛人数采用（　　）人制。现今奥运会排球项目有（　　）枚金牌。

9. 一般扣球、（　　）、跳发球等在击球时手指、手腕关键动作是手指自然张开吻合球，手腕迅速主动做推压动作，以便使击出的球向前旋转飞行。

10. 排球正式比赛每局共有（　　）次技术暂停，每队可以请求（　　）次暂停。

11. 国际排球联合会举办的第一次世界性排球大赛是（　　）年（　　）（地名）第1届世界男排锦标赛。

12. 中国“三大球”的第一个世界冠军是由（　　）在1981年11月世界杯排球赛上获得的。

13. 排球场上1～6号位的位置是由场地右侧后排开始，按照（　　）时针方向排列的。

14. 由3号位队员做二传手，把球传给2和4号位队员扣球的阵形叫（　　）进攻阵形。

15. “插上进攻”的最大特点是前排能保持（　　）名队员进攻。

二、判断题

1. 不论何种发球，首先都要抛好球。（　　）

2. 扣球时，力量主要来自大臂用力压。（　　）

3. 为发挥本方某队员发球威力大的优点，挑边后，对方赢得发球权，我方该队员应安排在1号位，以便换发球后先发制人。（　　）

4. 排球技术水平较低的队常采用“五一”阵容配备，水平较高的队常采用“四二”配备。（　　）

5. 拦网动作，应全力高跳，伸直手臂，提肩压臂，将球拦回。（　　）

6. 一方发球后，双方场上队员可以在本方场区随意交换位置。（　　）

7. 主二传手在后排防守时，一般都换位至1号位或6号位，以便及时插上组织进攻。（　　）

8. 场上1～6号位是指从本方场区右侧后排开始，按顺时针方向排列的6个位置。（　　）

9. 自由防守队员不能到前排将球击入对方场区。（　　）

10. 过中线犯规是指该队员的脚的一部分踩到对方场区的犯规。（　　）

11. 正式排球比赛采用 3 局 2 胜制，每局 25 分。(　　)

三、选择题（正确答案可单选或多选）

1. 排球的发明人是（　　）。

A. 奈史密斯　　B. 威廉·摩根

C. 鲍尔·利伯　　D. 阿科斯塔

2. 排球传入我国先后历经（　　）。

A. 16 人制　　B. 12 人制　　C. 9 人制　　D. 6 人制

3. 接发球时，进攻队员应（　　）。

A. 先准备接球，再准备进攻　　B. 先准备进攻，再准备接球

C. 边进攻，边接球　　D. 特殊站位可以不接球

4. 在二人对垫球练习中，当来球力量较小时，应（　　）。

A. 小臂尽力上抬垫球

B. 用手腕或虎口坚硬部位垫起增加力度

C. 用手掌心将球用力捞起

D. 用蹬地、跟臀、提肩、抬大臂协调用力垫球

5. 以下发球应判犯规失分（　　）。

A. 发球后脚踩端线

B. 裁判未鸣哨就发球

C. 发球时球未抛离手

D. 裁判鸣哨后，抛球位置不好，待球落地后，再次将球抛起击出

6. 排球战术中的“五一”配备特点有（　　）。

A. 场上队员中有 1 名二传队员，5 名进攻队员

B. 有 1 名接应二传队员

C. 主攻、副攻各 2 人，并站在对角位置

D. 对二传手要求不高，便于配合默契

7. 排球战术中的“边二传”(或称“边一二”) 进攻阵形（　　）。

A. 除二传手外，前排有 3 人参加进攻

B. 二传手站在 2 号位或 2、3 号位之间传球

C. 便于组成进攻

D. 二传队员可以吊球或扣球

8. 排球正式比赛采用（　　）。

A. 每球得分制

B. 5 局 3 胜制

C. 前 4 局最高 25 分，第 5 局最高 15 分

D. 每局结束后交换场区和发球权

9. 接发球的协同配合应注意（　　）。

A. 加强判断，做好准备，及时移动，对正来球

B. 合理取位，同列 2 人错开站位，同排之间保持适当距离

C. 前排队员应站在进攻线（3 米线）前，后排队员站在进攻线后

D. 1 人接球时，其他人要转向面对他，随时准备接应和保护

10. 发上手飘球应注意（　　）。

A. 抛球时尽量高

B. 以手掌的坚硬部位掌根击中球的后中下部

C. 击球瞬间，手型固定，手指、手腕紧张，击球结束后压手腕

D. 击球时挥臂呈直线，作用力通过球的重心，使球不产生旋转向前飘晃飞行

11. 在移动过程中，两手应保持（　　）。

A. 在腹前相抱　　　　B. 固定在腹前

C. 在腹前侧自然放松　　　　D. 自然下垂

12. 本方一传不到位，进行调整传球时，应该（　　）。

A. 侧对出球方向，充分蹬腿、展体将球传出

B. 移动后面对出球方向，充分利用蹬腿、展体、伸臂、手指腕的全身协调用力将球传出

C. 移动后面对出球方向，利用充分的伸臂和手指腕的弹力将球

传出

D. 移动后侧对出球方向，低重心充分蹬腿、伸臂、伸腕将球传出

13. 接发球时，准备姿势一般采用（ ）。

A. 稍蹲 B. 半蹲 C. 低蹲 D. 直立

14. 扣球时，手的接触球部位应是（ ）。

A. 掌根击球 B. 手指击球 C. 全掌包满 D. 掌心击球

15. 发上手飘球和上手大力球的抛球的高度应（ ）。

A. 相同 B. 相近

C. 前者高于后者 D. 前者低于后者

16. “五一配备”时，应安排（ ）。

A. 1 名二传队员和 5 名进攻队员

B. 2 名二传队员和 4 名进攻队员

C. 3 名二传队员和 3 名进攻队员

D. 5 名进攻队员和 1 名防守队员

17. 排球比赛场地长（ ）、宽 9 米。

A. 18 米 B. 9 米 C. 12 米 D. 24 米

18. 成年男子比赛采用网高 2.43 米，成年女子比赛采用网高（ ）。

A. 2.10 米 B. 2.30 米 C. 2.24 米 D. 2.35 米

19. 排球运动是由美国麻省好利若城青年会干事（ ）发明的。

A. 威廉·摩根 B. 奈史密斯 C. 鲍尔·利伯 D. 阿科斯塔

20. 中国排球运动员第一次荣获奥运会冠军是在（ ）。

A. 1981 年 B. 1982 年 C. 1984 年 D. 2004 年

21. 1956 年在巴黎举行的第三届世界男排锦标赛上，我国男排的（ ）技术轰动了巴黎，被称为“杂技般的技术”。

A. 平拉开扣球 B. 短平快扣球

C. 快球 D. 背飞扣球。

22. 排球运动在 1900 年传入亚洲时最早采用（　　）人制排球比赛。

A. 6　　B. 9　　C. 12　　D. 16

23. 正式比赛中只有（　　）可以请求暂停和换人，只有场上队长可以请求裁判员解释规则。

A. 主教练　　B. 场上队长

C. 队长　　D. 主教练和场上队长

24. 接发球分工时，球落在 2 人或 3 人之间，一般由（　　）接。

A. 技术差的队员　　B. 先呼喊的队员

C. 后呼喊的队员　　D. 主攻队员

25. “四二配备”时，应安排（　　）。

A. 1 名二传队员和 5 名进攻队员

B. 2 名二传队员和 4 名进攻队员

C. 3 名二传队员和 3 名进攻队员

D. 4 名进攻队员和 2 名防守队员

26. 发飘球时，击球的用力应（　　）。

A. 短促、突然　　B. 一直送出去

C. 持续迅猛　　D. 弧线包压

27. 扣快球的手法应注意（　　）。

A. 拉臂要大，挥臂要快

B. 拉臂不要太大，小臂充分放松，利用振胸带臂和加速甩腕击球

C. 拉臂不要太大，快速压小臂和手腕击球

D. 展腹拉臂大，收腹快带臂

28. 在一般情况下，“边一二（或边二传）”进攻阵形的二传手应站在（　　）。

A. 2、3 号位之间　　B. 2 号位

C. 1、2 号位之间　　D. 3、4 号位之间

29. 国际排球联合会于（ ）年在法国巴黎成立。

A. 1945　B. 1947　C. 1949　D. 1952

30. 现今奥运会上排球比赛共有（ ）枚金牌。

A. 8　B. 6　C. 4　D. 2

四、问答题

1. 试述正面双手垫球的动作要领。

2. 在排球教学活动中如何体现良好的情感体验和团队精神？

3. 结合本学期排球课的学习，写一段600字以上的个人感想和体会。

4. 试述正面扣球的空中击球动作要领。

5. 简述双人拦网下“边跟进”和“心跟进”防守阵形的区别。

乒乓球理论试题

一、填空题

1. 乒乓球的发源地是（ ）。

2. 世界乒乓球锦标赛，男团奖杯名为（ ），女团奖杯名（ ），男双奖杯名（ ），混双奖杯名（ ）。

3. 乒乓球被列为奥运会正式比赛项目，是在（ ）年汉城奥运会上。

4. 将颗粒胶覆盖在海绵上，若颗粒向外，称为（ ）海绵拍，若颗粒向内，称为（ ）海绵拍。

5. 第一个考取剑桥大学的中国乒乓球运动员是（ ）。

6. 击出的球有弧线、速度、旋转、（　　）和（　　）的变化。

7. 制造不同的弧线曲度，主要根据三个条件：（　　）、（　　）、（　　）。

8. 来球从本方球台弹起后，球从着台点上升到回落的这段时间可分为球的（　　）、（　　）、（　　）三部分。

9. 乒乓球拍一般由（　　）、（　　）、（　　）三部分组成。

10. 在一局比赛中，先得（　　）分的一方为胜方。10 平后，先多得（　　）分的一方为胜方。

11. 世界乒乓锦标赛共有（　　）个正式比赛项目，分别是（　　）。

12. 乒乓球运动起源于（　　），大约在（　　）年。当时人们称之为“桌上网球”，英文叫做（　　），并一直沿用至今。

13. 我国第一个夺取世界冠军的乒乓球运动员是（　　）。

14. 乒乓球台应长（　　）米、宽（　　）米、高（　　）米。

15. 拉弧圈球一般用于对方回球为（　　）球、（　　）球。

16. 乒乓球运动历史悠久，但直到（　　）年第（　　）届奥运会才被列为比赛项目。

17. 球拍的两面不管是否用来击球，必须一面是（　　）色，另一面为（　　）色。

18. 正手快攻一般在球从台上弹起的（　　）期击球。

19. 发球的长短变化，主要由（　　）和（　　）所决定的。球台的上层表面叫做（　　），应为与水平面平行的长方形，长（　　）米，宽（　　）米，离地面高（　　）米。

20. 世乒赛男团冠军奖杯叫（　　），女子团体冠军奖杯叫（　　）。

21. 乒乓球握拍方法分为（　　）和（　　）两种。

22. 单打比赛由（　　）局组成，即采用（　　）局（　　）胜制。

23. 标准乒乓球的直径为（ ），重（ ）。

24. 一名或一对双打运动员可在一场比赛中要求暂停，时间不超过（ ）分钟。

25. 球的基本旋转分为三大类，即（ ）、（ ）和（ ）。

26. 世锦赛一场比赛由（ ）局组成，即采用（ ）局（ ）胜制。

二、选择题

1. 近台站位是指运动员站在离球台（ ）以内的范围。

A. 50 厘米　　B. 70 厘米　　C. 100 厘米

2. 左推右攻打法的运动员的基本站位在近台、端线偏左（ ）之处。

A. 2/3　　B. 1/3　　C.1/2

3. 直拍近台两面攻打法的运动员的基本站位在近台球台端线中间（ ）处。

A. 偏左　　B. 偏右　　C. 偏中

4. 接左侧上旋球不宜使用的技术是（ ）。

A. 推挡　　B. 攻球　　C. 搓球

5. 接左侧上旋球拍面方向不宜（ ）。

A. 向右　　B. 向前　　C. 向左

6. 发球时，拍形后仰向前正方发力所击出的球具有（ ）性能。

A. 下旋　　B. 上旋　　C. 飘球

7. 发球时，击球点应该在球台端线或其延长线（ ）。

A. 以内　　B. 以外　　C. 没有规定

8. 比赛时，发球员连续三次发球擦网，应该（ ）。

A. 判其失一分　　B. 重发球　　C. 由对方发球

9. 比赛时，发球员将球抛起后，未将球击出，应该（ ）。

A. 判其失一分　　B. 判其不失一分　　C. 没有规定

10. “人生难得几回搏”，是乒乓球运动员（　　）的至理名言。

A. 庄则栋　　B. 容国团　　C. 蔡振华

11. 比赛中，击球员用持拍手的大拇指或食指将球击到对方半台而非连击，应该（　　）。

A. 判其有效击球　　B. 判其无效击球　　C. 没有规定

12. 比赛中，击球员将拍从手中丢出去击球，应该（　　）。

A. 判其有效击球　　B. 判其无效击球　　C. 没有规定

13. 乒乓球台长度是（　　）。

A. 2.74 米　　B. 2.75 米　　C. 2.76 米　　D. 2.77 米

14. 8 个队参加团体赛，采用的赛制是单循环赛，请问有几轮比赛？（　　）

A. 8 轮　　B. 6 轮　　C. 7 轮　　D. 5 轮

15. 发球抢攻是（　　）快攻打法的“杀手锏”。

A. 直板　　B. 横板

16. 当今乒乓球正式比赛实行（　　）。

A. 6 分制　　B. 7 分制　　C. 11 分制　　D. 21 分制

17. 乒坛“常青树”瓦尔德内尔是（　　）人。

A. 瑞士　　B. 瑞典　　C. 法国

18. 中国第一位乒乓球世界冠军是（　　）。

A. 刘国梁　　B. 容国团　　C. 邓亚萍

19. 世乒赛男子团体冠军奖杯叫（　　）。

A. 伊朗杯　　B. 波普杯　　C. 考比伦杯　　D. 斯韦思林杯

20. 正手发奔球的特点是（　　）。

A. 球速慢，角度小，向对方右侧偏拐

B. 球速快，角度大，向对方右侧偏拐

C. 球速快，角度小，向对方左侧偏拐

21. 慢搓是搓球技术中的一种，应在来球弹起（　　）击球的中下部。

A. 上升期　　B. 高点期
C. 高点期或下降期　　D. 下降期

22. 女子团体冠军杯叫（　）。
A. 考比伦杯　　B. 吉·盖斯特杯
C. 斯韦思林杯　　D. 赫·杜塞克杯

23. 乒乓球运动起源于（　）。
A. 瑞典　　B. 英国　　C. 日本　　D. 中国

24. 乒乓球击球的四个环节（　）。
A. 判断　移动　击球　还原
B. 移动　击球　还原　准备
C. 判断　挥拍　击球　还原
D. 还原　挥拍　移动　击球

三、简答题

1. 乒乓球的基本技术有哪些?
2. 准备姿势的动作要点是什么?
3. 何谓合法还击?
4. 你在课余时间是否按照老师提出的要求，积极认真地参加了课外乒乓球锻炼？练习的效果怎样?
5. 简述左推右攻打法的特点。
6. 影响乒乓球击球质量的因素分析。
7. 回合出现哪些情况应判重发球?

四、问答题

1.《乒乓球竞赛规则》对发球有哪些要求?
2. 乒乓球在我国有着“国球”的荣誉和地位，请谈谈你的理解。

五、判断题

1. 乒乓球单项比赛一般采用淘汰制比赛。（　　）

2. 在双打比赛中，如果位置好，一个运动员可以连续击球两次。（　　）

3. 乒乓球拍经历了木板拍、胶皮拍、海绵拍、海绵胶皮拍四个过程。（　　）

4. 对方运动员在击球前，球触及了除球网装置以外的任何东西，另一方运动员得一分。（　　）

5. 当运动员发球连续三次擦球时，裁判员应判发球者失一分。（　　）

6. 奥运会乒乓球比赛设有 4 枚金牌。世界乒乓球锦标赛共设七个项目。（　　）

7. 加大击球力量是加快球速的唯一途径。（　　）

8. 身体素质是衡量一个人体质水平的重要标志之一。（　　）

9. 在相同条件下，上旋球的飞行弧线要比不转球的飞行弧线要长。（　　）

10. 在一场比赛开始前 2 分钟，运动员有权在比赛球台上练习，正常间歇也可以练习。（　　）

六、名词解释

1. 台面移动

2. 球处于比赛状态

网球理论试题

一、填空题

1. 网球运动起源于（　　）。

2. 世界网球的最高组织是（　　　　　　）。

3. 球网高度中间为（　　　），两端高度为（　　　）。

4. 世界男子网球团体赛为（　　　）杯，世界女子网球团体赛为（　　　）杯。

5. 网球单打场地长（　　），宽（　　），双打场地宽（　　）。

6. 底线的宽度是（　　）。

7. 世界著名四大网球公开赛为（　　　　　　　　　　　　　　　　　　　　　　　　）。

8. 网球场按质地不同可分为（　　　　　　　　　　　　　　　）。

9. 国际比赛中男子通常采用的赛制为（　　）或（　　）；女子通常采用的赛制为（　　　）。

二、选择题

1. 网球计分是用（　　）表示。

A. 1，2，3 game　　　　　　　　B. 15，30，40，game

2. 比分是 30 比 40 时，运动员应该站在场地的哪个场区发球？（　　）

A. 右区（也称一区）　　　　　　B. 左区（也称二区）

3. 比赛的第一局由运动员 A 发球，第 11 局是谁发球？（　　）

A. 运动员 A　　　　　　　　　　　B. 运动员 B

4. 运动员单数局休息的时间是（　　）。

A. 60 秒　　　　B. 90 秒　　　　C. 120 秒

5. 第 1 局比赛结束以后双方运动员交换场地时有 1 分 30 秒的休息时间吗？（　　）

A. 有　　　　　　B. 没有

6. 运动员在盘与盘之间休息的时间是（　　）。

A. 60 秒　　　　B. 90 秒　　　　C. 120 秒

7. 运动员在盘与盘之间休息时，裁判在什么时间叫 time（　　）。

A. 60 秒　　　　B. 90 秒　　　　C. 120 秒

8. tie-Break 进行时计分数字用（　　）。

A. 1，2，3 表示　　　　　　　　B. 15，30，40 表示

9. 温布尔顿网球锦标赛的决胜盘采用（　　）。

A. 平局决胜制（tie-Break）

B. 长盘决胜制（一方运动员净胜两局）

10. 美国网球公开赛的决胜盘采用（　　）。

A. 平局决胜制（tie-Break）

B. 长盘决胜制（一方运动员净胜两局）

11. 接发球的运动员可以站在场地内的任何位置进行接发球吗？（　　）

A. 可以　　　　　B. 不可以

12. 双打比赛中可以允许 1 名运动员和对方 2 名运动员比赛吗？（　　）

A. 可以　　　　　B. 不可以

13. 双打比赛中，接发球员把球回击到网柱上并弹到对方的有效场区，这是有效还击吗？（　　）

A. 是　　　　　　B. 不是

14. 双打比赛中，发球员把球发到网柱上并弹到对方的有效发

球区，这是有效发球吗？（　）

A. 是　　B. 不是

15. 双打比赛中，发球方将球发向对方场区，在球没落地之前触及对方网前运动员的身体，此分为（　）。

A. 发球方得分　B. 重赛此分

C. 重赛此分并警告发球方运动员故意打人

16. 女子双打比赛中，一队运动员能有几次上卫生间？（　）

A. 1 次　　B. 2 次　　C. 4 次

17. 男子 3 盘 2 胜的比赛，运动员能有几次上卫生间？（　）

A. 1 次　　B. 2 次

18. 运动员比赛中抽筋有几次治疗机会？（　）

A. 1 次　　B. 2 次

C. 不限次数，只要在合理的时间内

19. 运动员受伤治疗的时间是（　）。

A. 1 分钟　　B. 2 分钟　　C. 3 分钟

20. 司线员的判罚可不可以以运动员的申诉而改判自己的判罚？（　）

A. 可以　　B. 不可以

三、简答题

1. 世界上网球四大公开赛的名称、举办地及时间分别是什么？
2. 网球打法包括哪三大类型？
3. 握拍的方法有几种？是什么？

羽毛球理论试题

一、填空题

1. 正手握拍技术动作要领：（ ）对着拍柄窄面的小棱边，拇指和食指贴在拍柄的两个宽面上，食指和中指稍（ ），（ ）、（ ）和小指并拢握住拍柄，（ ）不要紧贴，拍柄端与近腕部的小鱼际肌平，拍面基本与地面垂直。

2. 发球技术：就球飞行的角度和距离而言可将其分为（ ）球、（ ）球、后场平射球和（ ）球四种。无论用何种方式发球，在把握好发球时机的同时，还要注意发球动作的（ ）、（ ）、（ ）等特点。

3. 正手发后场高远球是用（ ）法，以正拍面将球击得又高又远，球飞行到对方的端线上空后（ ）方向，呈（ ）至端线（ ）附近的一种发球，由于球处于对方端线，可有效地调动对方并（ ）。在单打中这种发球被普遍采用。

4. 单打站位一般是在离（ ）1.50 米处。站在右发球区靠近（ ）位置；在左发球区则站在（ ）的位置。这样站主要是防备对方（ ）。一般左脚在前，右脚在后，双膝微屈，收腹含胸，身体重心放在前脚上，后脚脚跟稍抬起。身体半侧向球网，球拍举在身前，两眼正视对方。

5. 正手网前搓球动作要领：击球前，（ ）稍外旋，（ ）由后伸至稍内收闪动，击球时在正手放网前球动作的基础上，（ ）速度，搓切来球的右下底部，使球（ ）过网。

6. 正手网前挑高球动作要领：准备动作同正手放网前球。击球前（　　）充分外旋，手腕尽量后伸；击球时，从（　　）至左上方挥拍击球。在此基础上，若球拍向右前上方挥动，挑出的是（　　）；若球拍向左前上方挥动，挑出的则是（　　）。

7. 正手击高远球动作要领：在右后场区击球的位置上，（　　）在前，右脚在后，稍屈膝，侧身对网，重心在右脚前掌上面，左手自然上举，头抬起（　　），右手持拍于身体右侧；击球前，重心下降准备起跳，起跳的同时右臂后引、胸舒展；当球落至右肩的前上方击球点时，上臂往右上方抬起，肘（　　），前臂自然后摆，手腕尽量后伸，前臂急速内旋往前上方挥动，手腕向前（　）发力击球托的后部，球即朝直线方向飞去，若手腕控制拍面击球托的右侧下部，球则向对角方向飞行；击球后，手臂随惯性自然收回至胸前。

8. 单打的打法类型：（　　），高球压底。（　　），高短结合。下压为主，（　　）。快拉快吊，（　　）。守中反攻，攻守兼备。

9. “（　　）”是指在比赛进行中，对方击来的球尚未过网，即以球拍过网还击球的（　　）。主裁判员应注意观察球在网上空的位置，以及球和球拍接触时击球点在空间的位置，如果球的某部分（　　），球与球拍的（　　）击球点是在击球者这一边，则为合法还击。如球的羽毛已过网，举拍击和击球后球拍随球过网也均为合法还击。

10. 单打比赛羽毛球场地尺寸长（　　）、宽（　　），前发球限制线距球网（　　），网高（　　）。

11. 正手吊球动作要领：击球前动作同正手击高球。击球的一刹那，前臂突然（　　），以肘为轴，用手腕的闪动向前下方轻轻切击球托的（　　）部。关键是（　　），使球越网后即下落；击球后，手臂（　　）回到胸前。

12. 正手扣杀球动作要领：准备姿势与正手击高球相似，不同之处是右脚起跳后，身体（　　　　）成反弓后（　　　　）用力，靠腰腹力量依次带动大臂、前臂、手腕，形成向下（　　　　）的用力；球拍（　　　　）的后部，击球点要比吊球靠前，无切击，使球沿直线向前下方快速飞行；击球后立即成还原准备姿势。

13. 反手网前挑高球动作要领：准备动作同反手放网前球动作。击球前右臂往左后拉抬时引拍；击球时前臂（　　　　），手腕由（　　　　）闪动挥拍击球。若球拍由左下向左前上方挥动，则球向（　　　　）飞行；若球拍由（　　　　）挥动，则球向对角线方向飞行。

14. 国际羽联新的计分规则实行每球得分制，所有单项的每局获胜分皆为（　　）分，最高不超过（　　）分。每场比赛采取（　　　　）制，率先得到 21 分的一方赢得当局比赛。如果双方比分为 20 平时，获胜一方需超过对手 2 分才算取胜；直至双方比分打成 29 平时，那么率先得到第 30 分的一方获胜。（　　　　）一方在接下来的一局比赛中率先发球。

15. 过手违例：发球时，在击球的（　　　　），发球员的拍杆应指向下方，使整个拍头明显低于发球员的（　　　　）。否则，将判违例。过腰违例：发球时，在击球的瞬间，（　　　　）应低于发球员的（　　）。否则，将判违例。

16. （　　　　）赛运动员（　　）按编排的比赛秩序，由（　　）的两名运动员（　　）进行比赛，（　　）淘汰，胜者进入（　　）比赛，直至成为最后一名胜者（　　）——冠军，比赛即告结束。

二、问答题

1. 反手球动作如何改进？
2. 搓球如何做？
3. 发平球动作如何改进？

4. 如何打好抽球？

5. 反手推球应如何进行？

6. 垫步上网步伐易犯错误有哪些（说出 3 种）？

7. 你的杀球动作如何改进？

8. 你所知道搓球有几种？

9. 搓球应如何做？

10. 吊球动作易犯的错误在哪里？

11. 吊球不准确如何改进？

12. 挑球应如何做？

13. 杀吊上网动作如何改进？

武术套路理论试题

一、填空题

1. 武术是以（　　）的攻防动作为主要内容。

2. 武术是以（　　）和（　　）为运动形式，同时注重培养（　　）和（　　）的中国传统体育项目。

3. 武术的主要步型有：（　　）、（　　）、（　　）、（　　）、（　　）。

4. 武术的基本手型有：（　　）、（　　）、（　　）。

5. 长拳的基本技法有：（　　）、（　　）、（　　）、（　　）、（　　）、（　　）、（　　）、（　　）。

6. 剑术是以（　　）、（　　）、（　　）、（　　）、（　　）、（　　）、（　　）、（　　）等剑法，配合各种步型、步法等动作构成的套路。

7. 到了明朝和清朝出现了多种武术门派，根据其特点和运动方式的不同分为内家拳和（　　）。

8. 中国武术按其运动形式可分为（　　）和（　　）两大类。

9. 武术中的拳术包括（　　）、（　　）、（　　）、（　　）、（　　）、（　　）等多种形式。

10. 棍术的技术特点：（　　）、（　　）、（　　）、（　　）。

11. 刀术的技术特点：（　　）、（　　）、（　　）、（　　）。

二、判断题

1. 武术套路比赛上场时无需行抱拳礼。（　　）

2. 四指并拢卷握，拇指紧扣食指和中指第三指节为拳。（　　）

3. 四指并拢伸直，拇指弯曲紧扣于虎口处为掌。（　　）

4. 五指第一指节捏拢在一起，屈腕成勾型为勾。（　　）

5. 两脚前后开立，右腿屈膝半蹲，身体重心在右腿上，右脚外展 45 度为虚步。（　　）

6. 长拳特点为：姿势舒展、动作灵活、快速有力、节奏鲜明，常以发声助力、助威。（　　）

7. 剑术特点为：快速勇猛、激烈奔腾、强劲有力、雄伟彪悍。（　　）

8. 棍术特点为：长短间施、横扫一片、勇猛有力、气势恢弘。（　　）

9. 刺剑的动作要领为：转腰催肩，爆发伸肘，虎口朝前，剑臂一线，劲力刚脆，力达剑尖。（　　）

10. 两脚平行开立，脚尖正对前方，屈膝半蹲，膝部不超过脚尖，大腿接近水平，全脚着地为马。（　　）

三、选择题

1. 棍术的特点为（　　）。

A. 快速勇猛、激烈奔腾、强劲有力、雄伟彪悍

B. 长短间施、横扫一片、勇猛有力、气势恢弘

C. 手法、眼法、身法、步法、精神、气、力、功

D. 轻快敏捷、刚柔兼备、把活腕灵、气韵生动

2. 武术是以（　　）的攻防动作为主要内容。

A. 艺术性　　B. 技击性　　C. 养生性　　D. 哲学性

3. 剑术的特点为（　　）。

A. 快速勇猛、激烈奔腾、强劲有力、雄伟彪悍

B. 轻快敏捷、刚柔兼备、把活腕灵、气韵生动

C. 长短间施、横扫一片、勇猛有力、气势恢弘

D. 手法、眼法、身法、步法、精神、气、力、功

4. 到了明朝和清朝出现了多种武术门派，根据其特点和运动方式的不同分为内家拳和（　　）。

A. 内家拳　　B. 长拳　　C. 南拳　　D. 外家拳

四、简答题

1. 大学生习武过程中应注意哪些问题？

2. 你认为中国武术如何才能够进入奥运会、推向全世界？

3. 要做好初级长拳第三路中的“腾空飞脚”动作，要领是什么？

散打与防身理论试题

一、填空题

1. 散打的专项基本功包括（　　）、速度、（　　）、灵敏、反应速度、（　　）和（　　）等。

2. 散打实战中表现出来的步法是多种步法的综合运用，包括（ ）、（ ）、侧移步、（ ）、垫步、斜上步、（ ）等。

3. 在散打实战中，对冲拳的防守通常采用（ ）、（ ）和（ ）三种方法。

4. 侧踹腿主要进攻部位是对手的（ ）、（ ）以及（ ）。

5. 横打腿的动作要领：（ ）、（ ）、（ ）甩出发力的动作要协调一致，击中目标的瞬间，（ ）在同一平面内。

6. 身体素质是以（ ）为主要基础的，而散打的专项基本功则是通过（ ）获得的。

7. 冲拳动作的发力顺序是（ ）、（ ）、（ ）、（ ），力量直达拳面。

8. 贯拳是指进攻者从左右两侧击打对方的（ ）、（ ）或击其（ ）的进攻拳法。

9. 常用的上肢摔法包括：（ ）、（ ）、（ ）。

二、简答题

1. 简述散打常用的预备姿势。
2. 简述冲拳的防守反击具体方法。
3. 简述横打腿的动作方法和动作要领。
4. 简述冲拳的进攻技术方法。
5. 简述正蹬腿的动作方法和动作要领。
6. 简述常用抱腿摔法中的任意三种具体方法。

三、简述题

1. 简述自己参与散打与防身课的学习收获和切身体会。
2. 对散打与防身课的建议和评价。

女子防身术理论试题

一、填空题

1. 直冲拳又称直拳，使用时主要是用拳直线直接攻击对方（ ）和（ ）。

2. 抄拳又称勾拳，使用时拳走弧线或直线，用拳面击打对方（ ）、（ ）以及（ ）等部位。

3. 在反击歹徒时，用一指或二指插眼的方法在武术防身术中叫（ ）、（ ）或（ ）。

4. 被歹徒抓住或者按压时，如果你的手是自由的，可张开手掌，以掌根猛击歹徒鼻梁，武术防身中这一招术叫做（ ）。随即，张开五指以指甲贴其面部用力抓下，武术防身中这一招数叫做（ ）。

5. 顶肘是以肘尖攻击对手，防身自卫时主要用以顶击对方的（ ）和（ ），效果最好。

6. 膝关节的力量极大，用膝攻击男性毫无承受打击能力的要害部位（ ），是女子防身术中最常用、最有效的招术之一。

7. 女子防身术中经常使用弹踢腿法，一般多用弹腿攻击歹徒的（ ）或（ ）。

8. 人的头部虽然属于要害薄弱部位，但头部也有坚实的区域，这就是（ ）。以额头为武器攻击对手，在武术防身术中被称为（ ）。

9. 正面被抱腰时若手臂未被抱住，这时也可以采用（ ）、（ ）等反击方法。

10. 被歹徒从背后连手臂抱住时，被抱者可向后伸手（　　）对方的裆部；或者猛仰头用后脑撞击其（　　）。

二、简答题

1. 列举出两种手臂被歹徒抓住时的反击方法。
2. 被歹徒从背后抱住时如何解脱？
3. 当头发被抓住时的解脱反击方法。
4. 被歹徒从侧面搂抱双肩时的解脱方法。
5. 被歹徒按倒时的反击方法。

三、论述题

1. 学习女子防身术最大的收获和体会（至少列举出三项）。
2. 对女子防身术课程的认识及建议。

跆拳道理论试题

一、填空题

1. 跆拳道运动是一项起源于（　　）的竞技体育运动。

2. 跆拳道注重培养人的礼仪规范和道德修养，练习时都要求练习者（　　）、（　　）。

3. 练习者的跆拳道技术能力水平是通过（　　）和（　　）表示的。

4. 写出本学期所学的跆拳道技术：（　　）、（　　）、（　　）、（　　）、（　　）。

5. 跆拳道比赛（ ）分钟一局，打（ ）局，中场休息（ ）分钟。

6. 跆拳道比赛中允许使用的技术包括（ ）、（ ）。

7. 跆拳道比赛中裁判员右手所指（ ）方、左手所指（ ）方。

8. 世界上有两个国际性跆拳道运动组织，两个组织的简称分别为（ ）和（ ）。

二、判断题

1. 奥运会跆拳道比赛中男子有 4 个级别，女子有 4 个级别。（ ）

2. 到目前为止我国跆拳道已经获得 3 枚奥运会金牌。（ ）

3. 我国从 1990 年开始开展跆拳道运动。（ ）

4. 跆拳道中的“礼仪”是跆拳道基本精神的具体表现。（ ）

5. 后横踢动作分为 4 步，在比赛中后横踢是运用最普遍的技术。（ ）

6. 跆拳道比赛男子有 7 个级别，女子有 7 个级别。（ ）

7. 到目前为止我国跆拳道已经获得 4 枚奥运会金牌。（ ）

8. 比赛中运动员可以用拳击打对方的面部。（ ）

9. 我国从 1992 年开始开展跆拳道运动。（ ）

10. 下劈技术在比赛中可以击打对方的头部。（ ）

三、简答题

1. 跆拳道的特点是什么？

2. 跆拳道的精神是什么？

3. 跆拳道比赛中允许攻击哪些部位？

4. 比赛中，裁判员在什么情况下给予警告？举例说明（4 种以上）。

四、问答题

1. “跆”、“拳”、“道”三个字分别是什么含义？
2. 什么是跆拳道的品势？
3. 跆拳道的作用是什么？
4. 列出至少三种连续进攻的组合技法。
5. 什么是跆拳道运动？
6. 什么是竞技跆拳道？
7. 把所学的各种技术腿法详细写出。

太极拳理论试题

一、填空题

1. 传说中太极拳的创始人是（　　），陈式太极拳的创始人是（　　）。

2. 目前流传最广的太极拳流派是（　　）式，而以柔化著称的流派是（　）式。

3. 太极拳以中国传统哲学思想中的（　　）家学说为理论基础。

4. 太极拳的主要功能是（　　）和（　　）。

5. 太极拳的十三个基本运动即十三势分别是：（　　）、（　　）、（　　）、（　　）、采、（　　）、肘、（　　）、（　　）、退、（　　）、盼、定。

6. 太极是由（　　）生成，又孕育阴阳变化。运动时阴阳分开，静止时阴阳合成一体。

7. 陈式太极拳为各派中传播最悠久的太极拳，仍保留有古老的（ ）、（ ）、（ ）动作，运动量较大，速度（ ）相间，动作多做（ ），有刚有柔。

8. 太极拳尽管动作柔缓，但却是以动为主，动中寓静，对身体的（ ）、（ ）、（ ）、（ ）等素质，具有较高的要求。

9. 太极拳中的命意，“命”指生命，“意”指意识。两者合在一起泛指人的（ ）和（ ）。

10. 太极拳与其他武术项目相比，其独特之处在于它是一项心静体松、（ ）、（ ）、（ ），着重自我控制和意气诱导的武术项目。

二、单项选择题

1. 目前最为普遍的简化二十四式太极拳，主要取材于（ ）式太极拳。

A. 陈　B. 吴　C. 杨　D. 孙　E. 武

2. 太极拳的本质属性是（ ），但目前在发展中出现了偏重（ ）的倾向。

A. 艺术性　B. 技击性　C. 养生性　D. 哲学性

3. 清末，凭着太极拳打遍京城乃至整个华北而无敌手、被人们誉为“杨无敌”的拳师是（ ）和（ ）父子。

A. 杨昱乾　B. 杨班侯　C. 杨露蝉　D. 杨澄甫

三、简答题

1. 杨式太极拳的风格特点是什么？

2. 二十四太极拳的基本要领是什么？

3. 陈式太极拳的风格特点是什么？

4. 推手的基本要领是什么？

四、论述题

谈谈你学习太极拳的体会。

五、连线题

1. 请将拳种与他们的创始人对应连线：

董海川	截拳道
吴鉴泉	大成拳
王芗斋	陈式太极拳
陈王廷	八卦掌
李小龙	吴式太极拳

2. 请将武打影星与他们主演的影片对应连线：

李连杰	精武门
赵文卓	醉拳
梁小龙	太极张三丰
成　龙	陈真
李小龙	英雄郑成功

男生健美理论试题

一、问答题

1. 什么是健美运动？
2. 什么是竞技健美运动？
3. 健美运动的特点是什么？

二、填空题

1. 在健美训练中，我们把训练动作分为二大类，即（　　）动作和（　　）动作。

2. 基本动作是指在练习时，虽然要求集中精力用（　　）用力，尽可能限制其他肌群参加工作，但因动作结构的原因，必须其他肌群参与工作才能完成动作，因此除发展（　　）肌外，同时使（　　）得到发展。

3. 孤立动作的结构决定了在练习中只是（　　）运动负荷，而其他肌群基本不参与工作。

4. 日常训练的目的是增长肌肉，提高身体素质和肌肉力量，要以（　　）为主。如仅做一个动作（　）是（　）动作；如做两个以上动作必须是（　　）做（　　）动作。而且基本动作的组数（　　）孤立动作。

5. 男子健美比赛的规定动作是（　　）、（　　）、（　　）、（　　）、（　　）、（　　）、（　　）。

6. 男子健美比赛的体重级别是（　　）公斤一个级差。

7. 健美比赛的评分依据及顺序是（　　）、（　　）、（　　）、（　　）、（　　）。

8. 健美训练的三要素是（　　）、（　　）、（　　）。

三、写出下列肌肉部位的练习动作名称（每个部位列举 2 个动作）

1. 胸部：①　　　　②
2. 肩部：①　　　　②
3. 臂部：①　　　　②
4. 腿部：①　　　　②
5. 腹部：①　　　　②

四、判断题

1. 人体需要的主要营养素是蛋白质、碳水化合物、脂肪、维生素和矿物质。（ ）

2. 每天饮食中三大营养素的摄入比例应为碳水化合物 40%、蛋白质 40%、脂肪 20%。（ ）

3. 训练越刻苦、运动量越大，肌肉和力量增长越快。（ ）

4. 只要多做仰卧起坐，就能减去腹部多余脂肪。（ ）

5. 本人最大力量的 80%重量是健美训练的常用重量。（ ）

6. 每天训练一次比隔天训练一次肌肉增长快。（ ）

7. 影响健美训练效果的 70%的因素与营养补充有关。（ ）

五、论述题

1. 健美训练的计划制定应包括哪些内容？

艺术体操理论试题

一、填空题

1. 大众艺术体操是一项（ ）或（ ）在音乐伴奏下，以自然性和韵律行动作为基础的体育运动。

2. 大众艺术体操分类：（ ）、（ ）、（ ）、（ ）。

3. 大学生锻炼一般有（ ）、（ ）两种类型。

4. 大众艺术体操是以自然性和韵律性动作为基础，以优美行为特征有节奏的运动；是融（ ）、（ ）、（ ）为一体的，具有（　　）、（　　）的特点。

5. 大众艺术体操编排的步骤包括（　　）、（　　）、（　　）。

6. 大众艺术体操编排的要素有（　　）、（　　）、（　　）、（　　）。

7. 在时间短，以个人练习形式为主进行身心保健锻炼时，大学生锻炼时，可以安排在（　　）、（　　）、（　　）这三个时间段。

8. 竞技艺术体操比赛包括的器械有（　　）、（　　）、（　　）、（　　）、（　　）。

9. 大众艺术体操比赛一般采用集体赛的形式，比赛内容有（　　）、（　　）、（　　）。

二、判断题

1. 运动员在参加个人全能比赛中，必须参加四个项目比赛，否则不可以成为全能比赛。（　）

2. 艺术体操主要是徒手练习。（　）

3. 大众艺术体操比赛以规定动作为主的比赛和以自选动作为主的比赛均设一个裁判组，每个裁判组5～7人。（　）

4. 大众艺术体操除了培养与其他项目相同的基本素质外还特别强化身体姿态、平衡力、协调性、柔韧性和节奏感等素质。（　）

5. 艺术体操是一项在音乐伴奏下，通过一定的技巧性难度动作展示运动员连续复杂和高难度动作的能力，要求力量强的运动。（　）

6. 艺体节奏根本是，动作在时间和空间上得到合理的分配；用最省力的方法完成最大的动作。（　）

7. 大众艺术体操比赛只能用球、带、圈、棒、绳等器械。（　）

8. 大众艺体比赛评分方法是规定动作比赛裁判员分加上裁判长分的平均分，其满分为10分；自编动作是两组裁判分相加平均分，其满分为10或20分。（　）

9. 竞技与大众艺术体操比赛编排动作方法、依据、步骤、要求是一样的。(　　)

三、问答题

1. 举例说明在体育运动中常见的生理反应及处理方法(至少三个)。

2. 简述你如何编排一套动作。

3. 简述大学生锻炼有几种性质和形式，根据什么安排练习时间，你如何安排较合理的锻炼时间。

4. 艺体、健美、体育舞蹈的共同点、不同点。

5. 简述大学生的健康基本标准是什么。

6. 你如何发展自己的柔韧性练习？举例说明腿部、臂部和肩带各两种练习方法。

体育舞蹈理论试题

一、填空题

1. 全世界最大规模的舞蹈节是(　　)国(　　)舞蹈节。

2. 2002 年，中国国际标准舞学会和中国体育舞蹈协会合并为(　　)，成为(　　)会员国之一。

3. 体育舞蹈是由属于文艺范畴的舞蹈演变而来的体育项目，它兼有(　　)和(　　)的特点，是介于(　　)和(　　)之间的边缘项目，是以竞赛为目的，具有自娱性和表演观赏性的(　　)舞蹈。

4. 华尔兹的音乐为（ ）/（ ）拍，节奏中等，每分钟30小节。其基本步法是（ ）拍跳（ ）步，每小节（ ）拍跳（ ）步，但也有一小节跳两步或四步的特定步法。伦巴舞音乐为（ ）/（ ）拍，每分钟27小节。节奏是（ ）个快拍走（ ）步，作为强拍子的第一拍用在上一小节末了的弹性扭胯动作，等到第二拍的时候再迈出第一步。所以跳伦巴舞时要数“2、3、4、1”，数“2、3、4”时一拍走（ ）步，数“1”时（ ）步。

5. 探戈音乐为（ ）/（ ）拍，每分钟33小节。基本节奏型为（ ）、（ ），其中慢是（ ）拍，快是（ ）拍。恰恰恰音乐为（ ）/（ ）拍，每分钟32小节。其节奏型是（ ），每小节走（ ）步。

6. 世界比赛的专业裁判是由英国皇家舞蹈教师协会考核审定，按等级分为3种不同资格：（ ）资格、（ ）资格、（ ）资格。

7. 对体育舞蹈进行评判要根据（ ）、（ ）、（ ）、（ ）、（ ）五个要素进行。

8. 舞蹈语言由（ ）、（ ）、（ ）组成。

9. 在识别音乐时，从一个强拍到下一个强拍之前的部分称为（ ）。（ ）叫二拍子，（ ）叫三拍子，（ ）叫四拍子。

10. 在体育舞蹈中规定了八个方向如图：1（ ）；2（ ）；3（ ）；4（ ）；5（ ）；6（ ）；7（ ）；8（ ）。只要是沿着舞程线的圆周在行进，则无论行进到哪一点，上述的规律都是适用的。

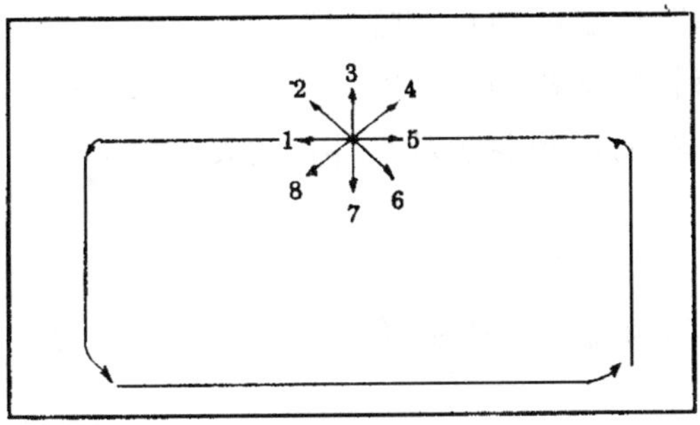

二、选择题

1. 体育舞蹈的前身又称为（　　）。

A. 交谊舞　B. 拉丁舞　C. 摩登舞　D. 国际标准舞

2. 舞程向指在一个舞池中，为避免互相碰撞，舞者按（　　）方向行进，这个行进方向叫舞程向。

A. 顺时针　B. 逆时针　C. 随舞者的需要而定

3. 本着先易后难、循序渐进的原则，初学体育舞蹈时练习的顺序为（　　）。

A. 基本舞步　　B. 舞步组合
C. 识别音乐　　D. 基本动作

4. 练习华尔兹时，握抱姿势中男士右手五指并拢，轻轻置于女士（　　）。

A. 左肩胛骨上　　B. 左肩胛骨下端
C. 腰部左侧　　D. 腰部中间

5. 全国性、国际大赛设裁判员（　　）名。

A. 7～11　　B. 4～6
C. 12～15　　D. 根据比赛需要而定

三、简答题

1. 简述体育舞蹈的特点与分类。

2. 体育舞蹈比赛的项目有哪些？

3. 舞蹈语言是怎样构成的？

4. 体育舞蹈的评判要素及具体内容是什么？

四、简述题

谈谈你对体育舞蹈美的感受。

健美操理论试题

一、填空题

1. 健美操是在音乐伴奏下，以（　　　）为基本手段，以（　　　）为基础，达到（　　　）、（　　　）和（　　　）为目的的一项体育运动。

2. 健美操分为（　　　）和（　　　）。

3. 我国在（　　　）年举办首届健美操比赛。

4. 健美操音乐是为了配合健美操练习而选用的，因此它必须以（　　　）为依据。

5. 健美操音乐的选配有两种方法，即先选音乐和（　　　）。

6. 健美操动作频率较（　　　），幅度较（　　　），讲究（　　　）。

7. 自1985年开始，（　　　）国正式举办一年一度的健美操锦标赛，确定了健美操的（　　　），从此健美操发展为竞技性运动项目。

8. 健美操音乐的选配有两种方法，即（　　　）和（　　　）。

9. （　　　）年 5 月在北京举办了我国首届健美操比赛。

10. 竞技性健美操比赛项目有（　　　）、（　　　）、（　　　）和（　　　）。

11. 健身健美操的创编原则是（　　　）、（　　　）、（　　　）。

二、判断题

1. 健身健美操按目的任务可分为徒手健美操、轻器械健美操和专门器械健美操。（　）

2. 竞技健美操中只能是三男三女。（　）

3. 竞技健美操音乐速度偏快，10 秒钟在 26～30 拍之间。（　）

4. 健美操成套动作编排中难度动作最多不得超过 16 个，但只有 12 个计分。（　）

5. 除世界大赛年外，世界健美操锦标赛每四年举行一次。（　）

6. 健美操成套动作除六人操外，规定时间不准少于或超过 1′40～1′50。（　）

7. 健身健美操绝对不会伤害身体。（　）

8. 健身健美操最佳运动强度是运动最高心率的 95%以上。（　）

9. 健美操比赛中运动员出界由视线员扣分。（　）

10. 健身健美操包括四个项目，即单人、混双、三人和六人操。（　）

三、名词解释

1. 健美操

2. 健美操基本动作

3. 波浪

4. 标准俯卧撑

四、简答题

1. 健美操音乐对练习者有哪些效用？
2. 健美操的特点是什么？
3. 健美操的详细分类是什么？
4. 为什么健美操运动具有广泛的群众性？

五、问答题

1. 你如何学习、记忆较复杂的操化动作？
2. 成套健美操的评分标准有哪些？
3. 成套健身操编排的步骤是怎样的？
4. 在经过了一年的健美操学习之后，你对健美操运动有何感悟？对今后的健美操课有何建议？

交谊舞理论试题

一、填空题

1. 交谊舞起源于14、15世纪的欧洲的（　　　），16世纪流传到（　　　）。

2. 交谊舞又称：（　　　）、（　　　）、（　　　）、（　　　）。

3. 宫廷舞不仅作为一种娱乐，也是对朝臣贵族子弟进行教育、培养（　　　）和（　　　）一种手段。

4. 交谊舞分成（　　　）、（　　　）两大类。

5. 舞厅舞的拉丁舞主要有：（　　　）、（　　　）、（　　　）、

（ ）等。

6. 摩登舞主要的握持姿势是（ ），也叫（ ）。

7. 交谊舞在跳的过程中主要有几个技巧动作：（ ）、（ ）、（ ）、（ ）。

8. 早期的交谊舞是贵族用做彼此寒暄的见面礼，世人称为（ ），是（ ）的需要。

9. 交谊舞主要表现在：（ ）、（ ）、（ ）。

10. 跳舞时握持的手不要随音乐节拍（ ），身体不要（ ）。

11. 国标标准舞中的摩登舞有：（ ）、（ ）、（ ）、（ ）、（ ）。

12. 慢三属于三步，顾名思义，就是每一小节（ ）。它的重音在（ ），后两拍是弱音，节奏是（ ）。

13. 在跳快三的时候，应三（ ），其中最主要的是（ ）。

14. 体育舞蹈是由（ ）、（ ）发展而来的（ ）。

二、简答题

1. 用 32 字表述交谊舞的好处。

2. 具体说明交谊舞的分类。（主要阐述舞厅里常用的舞）

3. 舞厅中常用的舞种是哪些？

4. 什么是交谊舞？

三、问答题

1. 交谊舞的优势之处是什么？

2. 为什么先教华尔兹舞（慢三）？

3. 跳好交谊舞的十大要决是什么？

4. 学习交谊舞的意义。（从交谊舞可以健身、健美、健心功效谈，自我发挥题）

游泳理论试题

一、填空题

1. 游泳运动是一种凭借（　　　）动作和（　　　）的相互作用力，在水中（　　　）前进，或在水中（　　　）而进行的有意识的技能活动。

2. 我国古代游泳可概括为三种形式（　　　）、（　　　）、（　　　）。

3. 游泳运动被分为（　　　）、（　　　）、（　　　）。

4. 现代奥运会游泳比赛和世界锦标赛中，包括（　　　）、（　　　）、（　　　）、（　　　）四个大项的竞技项目比赛。

5. 混合泳接力的序列为（　　　）、（　　　）、（　　　）、（　　　）。

6. 各种泳式技术动作都包括（　　　）、（　　　）、（　　　）、（　　　）及（　　　）动作。

7. 游泳时的阻力为（　　　）、（　　　）、（　　　）。

8. 常使用的救护器材是（　　　）、（　　　）、（　　　）、（　　　）等。

9. 按国际游联规定的 50 米池比赛列入游泳世界记录的男、女项目共（　　）项，奥运会游泳比赛只设（　）项。短池比赛，国际游联承认的有男、女共（　）项世界记录。

10. 竞技游泳可分为（　　　）、（　　　）。

11. 个人混合泳比赛的序列为（　　）、（　　）、（　　）、（　　）。

12. 游泳比赛的裁判员分为（　　）、（　　）、（　　）、（　　）、（　　）、（　　）、（　　）、（　　）、（　　）、（　　）、（　　）等。

13. 水中解脱方法有（　　）、（　　）、（　　）、（　　）、（　　）。

二、判断题

1. 实施游泳救护时，无论任何水域，可以任意选择入水形式。（　　）

2. 游出本泳道或其他方式干扰、阻碍其他运动员者取消其录取资格。（　　）

3. 游泳各项比赛的出发，可以任选出发地点，出发台或水里。（　　）

4. 蛙泳出发可以作两次大划手动作。（　　）

5. 游泳接力比赛整个队没有破纪录但第一棒运动员破纪录算该队破纪录。（　　）

6. 在自然水域进行救生时，应采用头先入水的姿势较为安全。（　　）

三、选择题

1. 蝶泳是从哪种泳式派生出来的？（　　）

A. 自由泳　B. 仰泳　C. 蛙泳　D. 踩水　E. 侧泳

2. 哪种泳姿是由于模仿动物而得名？（　　）

A. 蝶泳　B. 仰泳　C. 蛙泳　D. 自由泳

3. 四种泳姿中，哪种姿势的技术最复杂？（　　）

A. 自由泳　B. 仰泳　C. 蝶泳　D. 蛙泳

4. 我国首次在哪届奥运会上获得游泳金牌？（　　）

A. 25 届　B. 24 届　C. 23 届　D. 22 届

5. 北京体育教师张健，横渡了哪个海峡？（ ）

A. 琼州海峡　　B. 赫勒斯湾海峡

C. 渤海海峡　　D. 英吉利海峡

6. 哪种泳姿必须在水中出发？（ ）

A. 蝶泳　B. 仰泳　C. 蛙泳　D. 自由泳

7. 哪种泳姿速度最快？（ ）

A. 蝶泳　B. 仰泳　C. 蛙泳　D. 自由泳

8. 哪种游泳姿势有长距离比赛？（ ）

A. 自由泳　B. 仰泳　C. 蝶泳　D. 蛙泳

9. 混合泳比赛的顺序是（ ）。

A. 蝶、仰、蛙、自　　B. 自、仰、蛙、蝶

C. 仰、蛙、蝶、自　　D. 蛙、蝶、仰、自

10. 奥运会游泳项目是几项？（ ）

A. 40 项　B. 46 项　C. 32 项　D. 36 项

11. 各种泳姿在出发和转身时不能潜泳多少米？（ ）

A. 12 米　B. 15 米　C. 20 米　D. 25 米

12. 游泳池的水温一般在多少度之间？（ ）

A. 20～24°　B. 24～28°　C. 28～30°　D. 30～32°

13. 常用的实用游泳技术，一般包括踩水、侧泳、（ ）、潜泳、抬头爬泳等。

A. 反蛙泳　B. 仰泳　C. 蝶泳

14. 哪届奥运会开始把女子游泳列入比赛项目的？（ ）

A. 2 届　B. 3 届　C. 4 届　D. 5 届

四、简答题

1. 简述游泳安全卫生常识。

2. 游泳运动的分类是什么？

3. 简述游泳运动的实用价值。

4. 简述水中救护的基本方法。

五、问答题

1. 蛙泳臂腿和呼吸的完整配合节奏是什么？

2. 自由泳臂与呼吸如何配合？自由泳臂腿、呼吸是如何完整配合的？

瑜伽理论试题

一、填空题

1. 瑜伽起源于印度，距今已有（　　）年的历史。它是东方最古老的（　　）术之一，是（　　）文化的一部分，也是古印度的代表和象征。

2. 瑜伽可分（　　）、（　　）、（　　）、（　　）、（　　）、昆达里尼瑜伽等六大类。

3. 古印度人在自然界发现动物植物的生命力非常强，自愈及自治能力也非常强，于是观察了许许多多的动物和植物后，创立了（　　）个瑜伽姿势。

4. 它通过（　　）、（　　）、（　　）等几大部分修习内容，而每一部分内容又有多种锻炼方式，以把散乱的精神集中并使之平静下来，学会控制身体的活动及情绪。

5. 在方兴未艾的瑜伽热潮中，双人瑜伽渐渐受到关注。与个人修习相比，双人瑜伽更重视（　　）、（　　）和（　　），比起单人瑜伽来更有乐趣。

6. 健身瑜伽，在形式上更注重身体（　　）的感受和作用，已经演变为一种健身运动项目，但仍保留了古代印度瑜伽注重（　　）、（　　）的特点，可谓万变不离其宗。

7. 瑜伽练习对一个人的（　　）、（　　）、（　　）、（　　）都非常有益。瑜伽练习可以使你做完器械后的肌肉放松下来，帮助舒展肌肉线条。

8. 在瑜伽运动中，我们一般把食物分为（　　）、（　　）、（　　）三类。

9. 练习瑜珈应（　　），应尽量在饭后（　　）小时之后做练习。

10. 瑜伽的呼吸方法主要有（　　）、（　　）、（　　）三种。

二、简答题

1. 瑜伽的基本含义是什么？你如何理解？
2. 瑜伽运动特点是什么？作用是什么？

三、论述题

请你谈谈对瑜伽运动的认识，以及学习瑜伽专项体育课后的体会和建议。

中国象棋理论试题

一、判断题

1. 中国象棋于明朝定型于近代模式。（　　）

2. 单马的价值基本相当于双象。（　　）

3. 将军、捉子、兑子性质都为“打”。（　　）

4. 顿挫战术表现了走棋次序的艺术性。（　　）

二、简述象棋开局的基本原则

三、选择题（略）

四、解答题（略）

五、简单评论下面的对局

1.	炮二平五	马 8 进 7	2.	马二进三	车 9 平 8
3.	车一平二	马 2 进 3	4.	车二进四	卒 7 进 1
5.	炮八平七	炮 2 进 2	6.	兵九进一	象 3 进 5
7.	士六进五	马 7 进 8	8.	车二平四	士 4 进 5
9.	兵三进一	卒 7 进 1	10.	车四平三	炮 2 平 7
11.	相三进一	车 1 平 4	12.	马八进九	车 4 进 8
13.	车九平八	炮 7 进 3	14.	炮七平三	马 8 进 9
15.	车三退一	炮 8 进 7	16.	炮三退二	车 8 进 8
17.	士五进六	车 8 平 6			

国际象棋理论试题

一、填空题

1. 国际象棋对局从开始到双方完成易位，弈至 15～20 回合左右这个阶段，称为开局。国际象棋开局共分为：(　　　　)型、(　　　　)型和(　　　　)型三类。如果从开局学派角度划分，则为：(　　)学派和(　　)学派。

2. 请写出五种常见开局名称：(　　　　)、(　　　　)、(　　　　)、(　　　　)、(　　　　)。

3. 国际象棋对弈从开始至终了共分为(　　　　)、(　　　　)和(　　　　)三个阶段。为了获胜，双方从始至终在争夺三种优势，即：(　　)优势、(　　)优势和(　　　　)优势。

4. 大部分的国际象棋开局都应遵循以下五方面的原则，即：(　　　　)、(　　　　)、(　　　　)、(　　　　)、(　　　　)。

5. 如果从学派风格的角度来看，开局分为战术型和局面型。从兵型结构来分析又可分为开放型、半开放型和封闭型。根据上面的划分方法，意大利开局应该属于(　　　　)学派的(　　　　)型开局，而西西里防御则属于(　　　　)学派的(　　　　)型开局。

二、判断题

1. 开局阶段应重复走动单一子力，迅速发动攻击。(　　)

2. 开局阶段应首先冲起位于 h 线上的小兵，在车的支持下设法升变。(　　)

3. 应尽量进行长易位，相比之下长易位比短易位更安全。(　　)

4. 王应当尽量停留在中心，以便于其他子力的出动。(　　)

5. 进攻方应设法主动和防守方兑后，从而增强攻击力度。(　　)

6. 一盘棋如攻守双方应对完全精确，理论上应为和棋。(　　)

7. 遇到对方叫吃本方棋子，采用反打比保护更为积极，不容易丢失主动权。(　　)

8. 国际象棋的优势分为：物质优势、时间优势和空间优势三种。(　　)

9. 意大利开局属于战术学派的开放型开局。(　　)

10. 双象的配合比双马或者马象更为默契，所以尽量不主动用象换马。(　　)

11. 开局原则中先出动王翼子力是为了尽快使王安全，同时使车投入战斗。(　　)

12. 重子过早出动会遭遇对方轻子的打击，从而失先。(　　)

13. 应以兵占领内核中心，轻子占领外延中心，重子则应放在最后。(　　)

14. 出子尽量一步到位，避免重复走子。(　　)

15. 物质占劣势一方要减少兑子，尽量使局面复杂化。(　　)

16. 长易位比短易位更安全，要尽量走成长易位。(　　)

17. 出现吃过路兵的机会时可以当招就吃，也可以选择以后再吃。(　　)

18. 王是最重要的棋子，开局中就应身先士卒主动参与进攻。(　　)

19. 子力的等值是固定的，任何情况下用车换象都是吃亏的。(　　)

20. 孤兵、叠兵和落后兵是国际象棋中的三种好兵型。(　　)

三、问答题

1.

```
XABCDEFGHY
8r+lwqk+ntr（
7zppzpp+pzpp'
6-+n+-+-+&
5+-vl-zp-+-%
4-+L+P+-+$
3+-+-+N+-#
2PzPPzP-zPPzP"
1tRNvLQmK-+R!
xabcdefghy
```

图1

```
XABCDEFGHY
8rsnlwqkvlntr（
7zpp+pzppzpp'
6-+p+-+-+&
5+-+-+-+-%
4-+-+P+-+$
3+-+-+-+-#
2PzPPzP-zPPzP"
1tRNvLQmKLsNR!
xabcdefghy
```

图2

```
XABCDEFGHY
8rsnlwqkvlntr（
7zpp+pzppzpp'
6-+-+-+-+&
5+-zp-+-+-%
4-+-+P+-+$
3+-+-+-+-#
2PzPPzP-zPPzP"
1tRNvLQmKLsNR!
xabcdefghy
```

图3

```
XABCDEFGHY
8rsnlwqkvlntr（
7zppzpp+pzpp'
6-+-+p+-+&
5+-+-+-+-%
4-+-+P+-+$
3+-+-+-+-#
2PzPPzP-zPPzP"
1tRNvLQmKLsNR!
xabcdefghy
```

图4

要求：写出每个开局的名称并续写出下面三个回合双方的招法，可以选择只写一个变化。

图 1：
图 2：
图 3：
图 4：

2.

```
XABCDEFGHY
8rsnlwqkvlntr（
7zppzpp+pzpp'
6-+-+-+-+&
5+-+-zp-+-%
4-+-+P+-+$
3+-+-+-+-#
2PzPPzP-zPPzP"
1tRNvLQmKLsNR!
xabcdefghy
```

图1 白先

```
XABCDEFGHY
8r+lwqkvlntr（
7zpp+pzppzpp'
6-+n+-+-+&
5+-zp-+-+-%
4-+-+P+-+$
3+-+-+N+-#
2PzPPzP-zPPzP"
1tRNvLQmKL+R!
xabcdefghy
```

图2 白先

```
XABCDEFGHY
8r+lwqkvl-tr（
7zppzpp+pzpp'
6-+n+-sn-+&
5+-+-zp-+-%
4-+L+P+-+$
3+-+-+N+-#
2PzPPzP-zPPzP"
1tRNvLQmK-+R!
xabcdefghy
```

图3 白先

```
XABCDEFGHY
8rsnlwqkvlntr（
7zppzp-+pzpp'
6-+-+p+-+&
5+-+p+-+-%
4-+-zPP+-+$
3+-+-+-+-#
2PzPP+-zPPzP"
1tRNvLQmKLsNR!
xabcdefghy
```

图4 白先

要求：续写出下面三个回合你认为合理的招法。

图 1：
图 2：
图 3：
图 4：

大学一年级体育理论试题

一、名词解释

1. 亚健康：
2. 肺活量：
3. 心肺耐力：
4. 肌肉耐力：
5. 柔韧性：
6. 最大心率：
7. 营养素：
8. 运动损伤：

二、填空题

1. 一个人只有在（　　　）、（　　　）、（　　）和（　　　）方面都健全，才是完全健康的人。

2. 体能可分为两类：与（　　　）有关的体能和与（　　）有关的体能。

3. 身体素质是指人体在运动、劳动和日常活动时，各器官系统所表现出来的各种能力。这种能力分为（　　　）、（　　　）、（　　　）、（　　　）和（　　　）等。

4. 台阶实验是男生用（　　　）厘米台阶，女生用高（　　　）厘米的台阶做踏台上、下运动。

5. 对负荷强度的掌握一般用心率来控制。通常在练习过程中，心率控制在（　　）之间比较适宜，大约是锻炼者最大强度的 60%。

6. 近年来，大量的有关研究证明：最佳减肥的方法就是（　　）与（　　）相结合，因为它比只运用单一方法更能有效地减肥。

7. 由于慢跑简便易行，安全省事，健身效果好，运动量容易控制，跑起来轻松自如，不受年龄、性别、场地、时间等限制，因此慢跑被称为（　　），并风靡全球。

8. 准备活动的时间根据所进行身体活动的项目的特点和负荷大小来考虑，一般在（　　）分钟左右，冬季约（　　）分钟，夏季约（　　）分钟。

三、判断题

1. 参加体育锻炼时，事先不需要做准备活动，可以进行爆发性的力量练习，也能进行负重大的力量和速度练习。（　　）

2. 长距离跑步中出现“极点”时，应自我调整，并马上停止运动。（　　）

3. 肌肉痉挛是肌肉受到寒冷刺激、过度疲劳、大量排汗等原因造成的。（　　）

4. 神经衰弱患者应该多休息，不宜进行体育锻炼。（　　）

5. 准备活动不足是造成运动损伤的原因之一。（　　）

6. 在跑步中不慎扭伤了踝关节，应立即用手轻轻辅助脚做绕环练习便于关节尽快恢复功能。（　　）

7. 扭伤是由钝器撞击而引起的皮下或深层组织的闭合性损伤。（　　）

8. 软组织受伤不会出血，所以对身体没有什么伤害，做些适量的运动有助于受伤部位的恢复。（　　）

9. 坚持运动训练可使心脏增大。（　　）

10. 从某种意义上来说，积极性休息比睡眠休息更为重要。（　　）

四、简答题

1. 运动中腿部肌肉痉挛（俗称抽筋）的预防与处理的方法。
2. 美国心理学家评价心理健康十条标准是什么？

体育法规篇

中华人民共和国教育法

中华人民共和国主席令第45号（1995-3-18）

第一章　总　则

第一条　为了发展教育事业，提高全民族的素质，促进社会主义物质文明和精神文明建设，根据宪法，制定本法。

第二条　在中华人民共和国境内的各级各类教育，适用本法。

第三条　国家坚持以马克思列宁主义、毛泽东思想和建设有中国特色社会主义理论为指导，遵循宪法确定的基本原则，发展社会主义的教育事业。

第四条　教育是社会主义现代化建设的基础，国家保障教育事业优先发展。

全社会应当关心和支持教育事业的发展。

全社会应当尊重教师。

第五条　教育必须为社会主义现代化建设服务，必须与生产劳动相结合，培养德、智、体等方面全面发展的社会主义事业的建设者和接班人。

第六条　国家在受教育者中进行爱国主义、集体主义、社会主义的教育，进行理想、道德、纪律、法制、国防和民族团结的教育。

第七条　教育应当继承和弘扬中华民族优秀的历史文化传统，吸收人类文明发展的一切优秀成果。

第八条　教育活动必须符合国家和社会公共利益。

国家实行教育与宗教相分离。任何组织和个人不得利用宗教进行妨碍国家教育制度的活动。

第九条　中华人民共和国公民有受教育的权利和义务。

公民不分民族、种族、性别、职业、财产状况、宗教信仰等，依法享有平等的受教育机会。

第十条　国家根据各少数民族的特点和需要，帮助各少数民族地区发展教育事业。

国家扶持边远贫困地区发展教育事业。

国家扶持和发展残疾人教育事业。

第十一条　国家适应社会主义市场经济发展和社会进步的需要，推进教育改革，促进各级各类教育协调发展，建立和完善终身教育体系。

国家支持、鼓励和组织教育科学研究，推广教育科学研究成果，促进教育质量提高。

第十二条　汉语言文字为学校及其他教育机构的基本教学语言文字。少数民族学生为主的学校及其他教育机构，可以使用本民族或者当地民族通用的语言文字进行教学。

学校及其他教育机构进行教学，应当推广使用全国通用的普通话和规范字。

第十三条　国家对发展教育事业做出突出贡献的组织和个人，给予奖励。

第十四条　国务院和地方各级人民政府根据分级管理、分工负责的原则，领导和管理教育工作。

中等及中等以下教育在国务院领导下，由地方人民政府管理。

高等教育由国务院和省、自治区、直辖市人民政府管理。

第十五条　国务院教育行政部门主管全国教育工作，统筹规划、协调管理全国的教育事业。

县级以上地方各级人民政府教育行政部门主管本行政区域内的

教育工作。

县级以上各级人民政府其他有关部门在各自的职责范围内，负责有关的教育工作。

第十六条　国务院和县级以上地方各级人民政府应当向本级人民代表大会或者其常务委员会报告教育工作和教育经费预算、决算情况，接受监督。

第二章　教育基本制度

第十七条　国家实行学前教育、初等教育、中等教育、高等教育的学校教育制度。

国家建立科学的学制系统。学制系统内的学校和其他教育机构的设置、教育形式、修业年限、招生对象、培养目标等，由国务院或者由国务院授权教育行政部门规定。

第十八条　国家实行九年制义务教育制度。

各级人民政府采取各种措施保障适龄儿童、少年就学。

适龄儿童、少年的父母或者其他监护人以及有关社会组织和个人有义务使适龄儿童、少年接受并完成规定年限的义务教育。

第十九条　国家实行职业教育制度和成人教育制度。

各级人民政府、有关行政部门以及企业事业组织应当采取措施，发展并保障公民接受职业学校教育或者各种形式的职业培训。

国家鼓励发展多种形式的成人教育，使公民接受适当形式的政治、经济、文化、科学、技术、业务教育和终身教育。

第二十条　国家实行国家教育考试制度。

国家教育考试由国务院教育行政部门确定种类，并由国家批准的实施教育考试的机构承办。

第二十一条　国家实行学业证书制度。

经国家批准设立或者认可的学校及其他教育机构按照国家有关

规定，颁发学历证书或者其他学业证书。

第二十二条　国家实行学位制度。

学位授予单位依法对达到一定学术水平或者专业技术水平的人员授予相应的学位，颁发学位证书。

第二十三条　各级人民政府、基层群众性自治组织和企业事业组织应当采取各种措施，开展扫除文盲的教育工作。

按照国家规定具有接受扫除文盲教育能力的公民，应当接受扫除文盲的教育。

第二十四条　国家实行教育督导制度和学校及其他教育机构教育评估制度。

第三章　学校及其他教育机构

第二十五条　国家制定教育发展规划，并举办学校及其他教育机构。

国家鼓励企业事业组织、社会团体、其他社会组织及公民个人依法举办学校及其他教育机构。

任何组织和个人不得以营利为目的举办学校及其他教育机构。

第二十六条　设立学校及其他教育机构，必须具备下列基本条件：

（一）有组织机构和章程；

（二）有合格的教师；

（三）有符合规定标准的教学场所及设施、设备等；

（四）有必备的办学资金和稳定的经费来源。

第二十七条　学校及其他教育机构的设立、变更和终止，应当按照国家有关规定办理审核、批准、注册或者备案手续。

第二十八条　学校及其他教育机构行使下列权利：

（一）按照章程自主管理；

（二）组织实施教育教学活动；

（三）招收学生或者其他受教育者；

（四）对受教育者进行学籍管理，实施奖励或者处分；

（五）对受教育者颁发相应的学业证书；

（六）聘任教师及其他职工，实施奖励或者处分；

（七）管理、使用本单位的设施和经费；

（八）拒绝任何组织和个人对教育教学活动的非法干涉；

（九）法律、法规规定的其他权利。

国家保护学校及其他教育机构的合法权益不受侵犯。

第二十九条　学校及其他教育机构应当履行下列义务：

（一）遵守法律、法规；

（二）贯彻国家的教育方针，执行国家教育教学标准，保证教育教学质量；

（三）维护受教育者、教师及其他职工的合法权益；

（四）以适当方式为受教育者及其监护人了解受教育者的学业成绩及其他有关情况提供便利；

（五）遵照国家有关规定收取费用并公开收费项目；

（六）依法接受监督。

第三十条　学校及其他教育机构的举办者按照国家有关规定，确定其所举办的学校或者其他教育机构的管理体制。

学校及其他教育机构的校长或者主要行政负责人必须由具有中华人民共和国国籍、在中国境内定居、并具备国家规定任职条件的公民担任，其任免按照国家有关规定办理。学校的教学及其他行政管理，由校长负责。

学校及其他教育机构应当按照国家有关规定，通过以教师为主体的教职工代表大会等组织形式，保障教职工参与民主管理和监督。

第三十一条　学校及其他教育机构具备法人条件的，自批准设立或者登记注册之日起取得法人资格。

学校及其他教育机构在民事活动中依法享有民事权利，承担民事责任。

学校及其他教育机构中的国有资产属于国家所有。

学校及其他教育机构兴办的校办产业独立承担民事责任。

第四章 教师和其他教育工作者

第三十二条 教师享有法律规定的权利，履行法律规定的义务，忠诚于人民的教育事业。

第三十三条 国家保护教师的合法权益，改善教师的工作条件和生活条件，提高教师的社会地位。

教师的工资报酬、福利待遇，依照法律、法规的规定办理。

第三十四条 国家实行教师资格、职务、聘任制度，通过考核、奖励、培养和培训，提高教师素质，加强教师队伍建设。

第三十五条 学校及其他教育机构中的管理人员，实行教育职员制度。

学校及其他教育机构中的教学辅助人员和其他专业技术人员，实行专业技术职务聘任制度。

第五章 受教育者

第三十六条 受教育者在入学、升学、就业等方面依法享有平等权利。

学校和有关行政部门应当按照国家有关规定，保障女子在入学、升学、就业、授予学位、派出留学等方面享有同男子平等的权利。

第三十七条 国家、社会对符合入学条件、家庭经济困难的儿童、少年、青年，提供各种形式的资助。

第三十八条 国家、社会、学校及其他教育机构应当根据残疾人身心特性和需要实施教育，并为其提供帮助和便利。

第三十九条　国家、社会、家庭、学校及其他教育机构应当为有违法犯罪行为的未成年人接受教育创造条件。

第四十条　从业人员有依法接受职业培训和继续教育的权利和义务。

国家机关、企业事业组织和其他社会组织，应当为本单位职工的学习和培训提供条件和便利。

第四十一条　国家鼓励学校及其他教育机构、社会组织采取措施，为公民接受终身教育创造条件。

第四十二条　受教育者享有下列权利：

（一）参加教育教学计划安排的各种活动，使用教育教学设施、设备、图书资料；

（二）按照国家有关规定获得奖学金、贷学金、助学金；

（三）在学业成绩和品行上获得公正评价，完成规定的学业后获得相应的学业证书、学位证书；

（四）对学校给予的处分不服向有关部门提出申诉，对学校、教师侵犯其人身权、财产权等合法权益，提出申诉或者依法提起诉讼；

（五）法律、法规规定的其他权利。

第四十三条　受教育者应当履行下列义务：

（一）遵守法律、法规；

（二）遵守学生行为规范，尊敬师长，养成良好的思想品德和行为习惯；

（三）努力学习，完成规定的学习任务；

（四）遵守所在学校或者其他教育机构的管理制度。

第四十四条　教育、体育、卫生行政部门和学校及其他教育机构应当完善体育、卫生保健设施，保护学生的身心健康。

第六章　教育与社会

第四十五条　国家机关、军队、企业事业组织、社会团体及其他社会组织和个人，应当依法为儿童、少年、青年学生的身心健康成长创造良好的社会环境。

第四十六条　国家鼓励企业事业组织、社会团体及其他社会组织同高等学校、中等职业学校在教学、科研、技术开发和推广等方面进行多种形式的合作。

企业事业组织、社会团体及其他社会组织和个人，可以通过适当形式，支持学校的建设，参与学校管理。

第四十七条　国家机关、军队、企业事业组织及其他社会组织应当为学校组织的学生实习、社会实践活动提供帮助和便利。

第四十八条　学校及其他教育机构在不影响正常教育教学活动的前提下，应当积极参加当地的社会公益活动。

第四十九条　未成年人的父母或者其他监护人应当为其未成年子女或者其他被监护人受教育提供必要条件。

未成年人的父母或者其他监护人应当配合学校及其他教育机构，对其未成年子女或者其他被监护人进行教育。

学校、教师可以对学生家长提供家庭教育指导。

第五十条　图书馆、博物馆、科技馆、文化馆、美术馆、体育馆（场）等社会公共文化体育设施，以及历史文化古迹和革命纪念馆（地），应当对教师、学生实行优待，为受教育者接受教育提供便利。

广播、电视台（站）应当开设教育节目，促进受教育者思想品德、文化和科学技术素质的提高。

第五十一条　国家、社会建立和发展对未成年人进行校外教育的设施。

学校及其他教育机构应当同基层群众性自治组织、企业事业组织、社会团体相互配合，加强对未成年人的校外教育工作。

第五十二条　国家鼓励社会团体、社会文化机构及其他社会组织和个人开展有益于受教育者身心健康的社会文化教育活动。

第七章　教育投入与条件保障

第五十三条　国家建立以财政拨款为主、其他多种渠道筹措教育经费为辅的体制，逐步增加对教育的投入，保证国家举办的学校教育经费的稳定来源。

企业事业组织、社会团体及其他社会组织和个人依法举办的学校及其他教育机构，办学经费由举办者负责筹措，各级人民政府可以给予适当支持。

第五十四条　国家财政性教育经费支出占国民生产总值的比例应当随着国民经济的发展和财政收入的增长逐步提高。具体比例和实施步骤由国务院规定。

全国各级财政支出总额中教育经费所占比例应当随着国民经济的发展逐步提高。

第五十五条　各级人民政府的教育经费支出，按照事权和财权相统一的原则，在财政预算中单独列项。

各级人民政府教育财政拨款的增长应当高于财政经常性收入的增长，并使按在校学生人数平均的教育费用逐步增长，保证教师工资和学生人均公用经费逐步增长。

第五十六条　国务院及县级以上地方各级人民政府应当设立教育专项资金，重点扶持边远贫困地区、少数民族地区实施义务教育。

第五十七条　税务机关依法足额征收教育费附加，由教育行政部门统筹管理，主要用于实施义务教育。

省、自治区、直辖市人民政府根据国务院的有关规定，可以决定开征用于教育的地方附加费，专款专用。

农村乡统筹中的教育费附加，由乡人民政府组织收取，由县级人民政府教育行政部门代为管理或者由乡人民政府管理，用于本乡范围内乡、村两级教育事业。农村教育费附加在乡统筹中所占具体比例和具体管理办法，由省、自治区、直辖市人民政府规定。

第五十八条　国家采取优惠措施，鼓励和扶持学校在不影响正常教育教学的前提下开展勤工俭学和社会服务，兴办校办产业。

第五十九条　经县级人民政府批准，乡、民族乡、镇的人民政府根据自愿、量力的原则，可以在本行政区域内集资办学，用于实施义务教育学校的危房改造和修缮、新建校舍，不得挪作他用。

第六十条　国家鼓励境内、境外社会组织和个人捐资助学。

第六十一条　国家财政性教育经费、社会组织和个人对教育的捐赠，必须用于教育，不得挪用、克扣。

第六十二条　国家鼓励运用金融、信贷手段，支持教育事业的发展。

第六十三条　各级人民政府及其教育行政部门应当加强对学校及其他教育机构教育经费的监督管理，提高教育投资效益。

第六十四条　地方各级人民政府及其有关行政部门必须把学校的基本建设纳入城乡建设规划，统筹安排学校的基本建设用地及所需物资，按照国家有关规定实行优先、优惠政策。

第六十五条　各级人民政府对教科书及教学用图书资料的出版发行，对教学仪器、设备的生产和供应，对用于学校教育教学和科学研究的图书资料、教学仪器、设备的进口，按照国家有关规定实行优先、优惠政策。

第六十六条　县级以上人民政府应当发展卫星电视教育和其他现代化教学手段，有关行政部门应当优先安排，给予扶持。

国家鼓励学校及其他教育机构推广运用现代化教学手段。

第八章　教育对外交流与合作

第六十七条　国家鼓励开展教育对外交流与合作。

教育对外交流与合作坚持独立自主、平等互利、相互尊重的原则，不得违反中国法律，不得损害国家主权、安全和社会公共利益。

第六十八条　中国境内公民出国留学、研究、进行学术交流或者任教，依照国家有关规定办理。

第六十九条　中国境外个人符合国家规定的条件并办理有关手续后，可以进入中国境内学校及其他教育机构学习、研究、进行学术交流或者任教，其合法权益受国家保护。

第七十条　中国对境外教育机构颁发的学位证书、学历证书及其他学业证书的承认，依照中华人民共和国缔结或者加入的国际条约办理，或者按照国家有关规定办理。

第九章　法律责任

第七十一条　违反国家有关规定，不按照预算核拨教育经费的，由同级人民政府限期核拨；情节严重的，对直接负责的主管人员和其他直接责任人员，依法给予行政处分。

违反国家财政制度、财务制度，挪用、克扣教育经费的，由上级机关责令限期归还被挪用、克扣的经费，并对直接负责的主管人员和其他直接责任人员，依法给予行政处分；构成犯罪的，依法追究刑事责任。

第七十二条　结伙斗殴、寻衅滋事，扰乱学校及其他教育机构教育教学秩序或者破坏校舍、场地及其他财产的，由公安机关给予治安管理处罚；构成犯罪的，依法追究刑事责任。

侵占学校及其他教育机构的校舍、场地及其他财产的，依法承担民事责任。

第七十三条 明知校舍或者教育教学设施有危险，而不采取措施，造成人员伤亡或者重大财产损失的，对直接负责的主管人员和其他直接责任人员，依法追究刑事责任。

第七十四条 违反国家有关规定，向学校或者其他教育机构收取费用的，由政府责令退还所收费用；对直接负责的主管人员和其他直接责任人员，依法给予行政处分。

第七十五条 违反国家有关规定，举办学校或者其他教育机构的，由教育行政部门予以撤销；有违法所得的，没收违法所得；对直接负责的主管人员和其他直接责任人员，依法给予行政处分。

第七十六条 违反国家有关规定招收学员的，由教育行政部门责令退回招收的学员，退还所收费用；对直接负责的主管人员和其他直接责任人员，依法给予行政处分。

第七十七条 在招收学生工作中徇私舞弊的，由教育行政部门责令退回招收的人员；对直接负责的主管人员和其他直接责任人员，依法给予行政处分；构成犯罪的，依法追究刑事责任。

第七十八条 学校及其他教育机构违反国家有关规定向受教育者收取费用的，由教育行政部门责令退还所收费用；对直接负责的主管人员和其他直接责任人员，依法给予行政处分。

第七十九条 在国家教育考试中作弊的，由教育行政部门宣布考试无效，对直接负责的主管人员和其他直接责任人员，依法给予行政处分。

非法举办国家教育考试的，由教育行政部门宣布考试无效；有违法所得的，没收违法所得；对直接负责的主管人员和其他直接责任人员，依法给予行政处分。

第八十条 违反本法规定，颁发学位证书、学历证书或者其他学业证书的，由教育行政部门宣布证书无效，责令收回或者予以没收；有违法所得的，没收违法所得；情节严重的，取消其颁发证书的资格。

第八十一条　违反本法规定，侵犯教师、受教育者、学校或者其他教育机构的合法权益，造成损失、损害的，应当依法承担民事责任。

第十章　附　则

第八十二条　军事学校教育由中央军事委员会根据本法的原则规定。

宗教学校教育由国务院另行规定。

第八十三条　境外的组织和个人在中国境内办学和合作办学的办法，由国务院规定。

第八十四条　本法自 1995 年 9 月 1 日起施行。

【说明：文中黑体字条款为与高校体育教育有直接关系的部分，供重点参考。】

中华人民共和国体育法

（1995 年 8 月 29 日第八届全国人民代表大会常务委员会第十五次会议通过）

第一章　总　则

第一条　为了发展体育事业，增强人民体质，提高体育运动水平，促进社会主义物质文明和精神文明建设，根据宪法，制定本法。

第二条　国家发展体育事业，开展群众性的体育活动，提高全民族身体素质。体育工作坚持以开展全民健身活动为基础，实行普及与提高相结合，促进各类体育协调发展。

第三条　国家坚持体育为经济建设、国防建设和社会发展服务。体育事业应当纳入国民经济和社会发展计划。国家推进体育管理体制改革。国家鼓励企业事业组织、社会团体和公民兴办和支持体育事业。

第四条　国务院体育行政部门主管全国体育工作。国务院其他有关部门在各自的职权范围内管理体育工作。县级以上地方各级人民政府体育行政部门或者本级人民政府所授权的机构主管本行政区域内的体育工作。

第五条　国家对青年、少年、儿童的体育活动给予特别保障，增进青年、少年、儿童的身心健康。

第六条　国家扶持少数民族地区发展体育事业，培养少数民族体育人才。

第七条　国家发展体育教育和体育科学研究，推广先进、实用的体育科学技术成果，依靠科学技术发展体育事业。

第八条　国家对在体育事业中做出贡献的组织和个人，给予奖励。

第九条　国家鼓励开展对外体育交往。对外体育交往坚持独立自主、平等互利、相互尊重的原则，维护国家主权和尊严，遵守中华人民共和国缔结或者参加的国际条约。

第二章　社会体育

第十条　国家提倡公民参加社会体育活动，增进身心健康。社会体育活动应当坚持业余、自愿、小型多样，遵循因地制宜和科学文明的原则。

第十一条　国家推行全民健身计划，实施体育锻炼标准，进行体质监测。国家实行社会体育指导员技术等级制度。社会体育指导员社会体育活动进行指导。

第十二条　地方各级人民政府应当为公民参加社会体育活动创造必要的条件，支持、扶助群众性体育活动的开展。城市应当发挥居民委员会等社区基层组织的作用，组织居民开展体育活动。农村应当发挥村民委员会、基层文化体育组织的作用，开展适合农村特点的体育活动。

第十三条　国家机关、企业事业组织应当开展多种形式的体育活动，举办群众性体育竞赛。

第十四条　工会等社会团体应当根据各自特点,组织体育活动。

第十五条　国家鼓励、支持民族、民间传统体育项目的发掘、整理和提高。

第十六条　全社会应当关心、支持老年人、残疾人参加体育活动。各级人民政府应当采取措施，为老年人、残疾人参加体育活动提供方便。

第三章　学校体育

第十七条　教育行政部门和学校应当将体育作为学校教育的组成部分，培养德、智、体等全面发展的人才。

第十八条　学校必须开设体育课，并将体育课列为考核学生学业成绩的科目。学校应当创造条件为病残学生组织适合其特点的体育活动。

第十九条　学校必须实施国家体育锻炼标准，对学生在校期间每天用于体育活动的时间给予保证。

第二十条　学校应当组织多种形式的课外体育活动，开展课外训练和体育竞赛,并根据条件每学年举行一次全校性的体育运动会。

第二十一条　学校应当按照国家有关规定，配备合格的体育教师，保障体育教师享受与其工作特点有关的待遇。

第二十二条　学校应当按照国务院教育行政部门规定的标准配置体育场地、设施和器材。学校体育场地必须用于体育活动，不得挪作他用。

第二十三条　学校应当建立学生体格健康检查制度。教育、体育和卫生行政部门应当加强对学生体质的监测。

第四章　竞技体育

第二十四条　国家促进竞技体育发展，鼓励运动员提高体育运动技术水平，在体育竞赛中创造优异成绩，为国家争取荣誉。

第二十五条　国家鼓励、支持开展业余体育训练，培养优秀的体育后备人才。

第二十六条　参加国内、国际重大体育竞赛的运动员和运动队，应当按照公平、择优的原则选拔和组建。具体办法由国务院体育行政部门规定。

第二十七条　培养运动员必须实行严格、科学、文明的训练和管理；对运动员进行爱国主义、集体主义和社会主义教育，以及道德和纪律教育。

第二十八条　国家对优秀运动员在就业或者升学方面给予优待。

第二十九条　全国性的单项体育协会对本项目的运动员实行注册管理。经注册的运动员，可以根据国务院体育行政部门的规定，参加有关的体育竞赛和运动队之间的人员流动。

第三十条　国家实行运动员技术等级、裁判员技术等级和教练员专业技术职务等级制度。

第三十一条　国家对体育竞赛实行分级分类管理。

全国综合性运动会由国务院体育行政部门管理或者由国务院体育行政部门会同有关组织管理。

全国单项体育竞赛由该项运动的全国性协会负责管理。

地方综合性运动会和地方单项体育竞赛的管理办法由地方人民政府制定。

第三十二条　国家实行体育竞赛全国纪录审批制度。全国纪录由国务院体育行政部门确认。

第三十三条　在竞技体育活动中发生纠纷，由体育仲裁机构负责调解、仲裁。

体育仲裁机构的设立办法和仲裁范围由国务院另行规定。

第三十四条　体育竞赛实行公平竞争的原则。体育竞赛的组织者和运动员、教练员、裁判员应当遵守体育道德，不得弄虚作假、营私舞弊。在体育运动中严禁使用禁用的药物和方法。禁用药物检测机构应当对禁用的药物和方法进行严格检查。严禁任何组织和个人利用体育竞赛从事赌博活动。

第三十五条　在中国境内举办的重大体育竞赛，其名称、徽记、旗帜及吉祥物等标志按照国家有关规定予以保护。

第五章　体育社会团体

第三十六条　国家鼓励、支持体育社会团体按照其章程，组织和开展体育活动，推动体育事业的发展。

第三十七条　各级体育总会是联系、团结运动员和体育工作者的群众性体育组织，应当在发展体育事业中发挥作用。

第三十八条　中国奥林匹克委员会是以发展和推动奥林匹克运动为主要任务的体育组织，代表中国参与国际奥林匹克事务。

第三十九条　体育科学社会团体是体育科学技术工作者的学术性群众组织，应当在发展体育科技事业中发挥作用。

第四十条　全国性的单项体育协会管理该项运动的普及与提高工作，代表中国参加相应的国际单项体育组织。

第六章　保障条件

第四十一条　县级以上各级人民政府应当将体育事业经费、体育基本建设资金列入本级财政预算和基本建设投资计划，并随着国民经济的发展逐步增加对体育事业的投入。

第四十二条　国家鼓励企业事业组织和社会团体自筹资金发展体育事业，鼓励组织和个人对体育事业的捐赠和赞助。

第四十三条　国家有关部门应当加强对体育资金的管理，任何组织和个人不得挪用、克扣体育资金。

第四十四条　县级以上各级人民政府体育行政部门对以健身、竞技等体育活动为内容的经营活动，应当按照国家有关规定加强管理和监督。

第四十五条　县级以上地方各级人民政府应当按照国家对城市公共体育设施用地定额指标的规定，将城市公共体育设施建设纳入城市建设规划和土地利用总体规划，合理布局，统一安排。城市在规划企业、学校、街道和居住区时，应当将体育设施纳入建设规划。乡、民族乡、镇应当随着经济发展，逐步建设和完善体育设施。

第四十六条　公共体育设施应当向社会开放，方便群众开展体育活动，对学生、老年人、残疾人实行优惠办法，提高体育设施的利用率。任何组织和个人不得侵占、破坏公共体育设施。因特殊情况需要临时占用体育设施的，必须经体育行政部门和建设规划部门批准，并及时归还；按照城市规划改变体育场地用途的，应当按照国家有关规定，先行择地新建偿还。

第四十七条　用于全国性、国际性体育竞赛的体育器材和用品，必须经国务院体育行政部门指定的机构审定。

第四十八条　国家发展体育专业教育，建立各类体育专业院校、系、科，培养运动、训练、教学、科学研究、管理以及从事群众体育等方面的专业人员。国家鼓励企业事业组织、社会团体和公民依法举办体育专业教育。

第七章　法律责任

第四十九条　在竞技体育中从事弄虚作假等违反纪律和体育规则的行为，由体育社会团体按照章程规定给予处罚；对国家工作人员中的直接责任人员，依法给予行政处分。

第五十条　在体育运动中使用禁用的药物和方法的，由体育社会团体按照章程规定给予处罚；对国家工作人员中的直接责任人员，依法给予行政处分。

第五十一条　利用竞技体育从事赌博活动的，由体育行政部门协助公安机关责令停止违法活动，并由公安机关依照治安管理处罚条例的有关规定给予处罚。

在竞技体育活动中，有贿赂、诈骗、组织赌博行为，构成犯罪的，依法追究刑事责任。

第五十二条　侵占、破坏公共体育设施的，由体育行政部门责令限期改正，并依法承担民事责任。有前款所列行为，违反治安管理的，由公安机关依照治安管理处罚条例的有关规定给予处罚；构成犯罪的，依法追究刑事责任。

第五十三条　在体育活动中，寻衅滋事、扰乱公共秩序的，给予批评、教育并予以制上；违反治安管理的，由公安机关依照治安管理处罚条例的规定给予处罚；构成犯罪的，依法追究刑事责任。

第五十四条　违反国家财政制度、财务制度，挪用、克扣体育资金的，由上级机关责令限期归还被挪用、克扣的资金，并对直接负责的主管人员和其他直接责任人员，依法给予行政处分；构成犯罪的，依法追究刑事责任。

第八章　附　则

第五十五条　军队开展体育活动的具体办法由中央军事委员会依照本法制定。

第五十六条　本法自 1995 年 10 月 1 日起施行。

【说明：文中黑体字条款为与高校体育教育有直接关系的部分，供重点参考。】

中华人民共和国高等教育法

中华人民共和国主席令第 7 号（1998 年 8 月 29 日）

第一章　总则

第一条　为了发展高等教育事业，实施科教兴国战略，促进社会主义物质文明和精神文明法，根据宪法和教育法，制定本法。

第二条　在中华人民共和国境内从事高等教育活动，适用本法。

本法所称高等教育，是指在完成高级中等教育基础上实施的教育。

第三条　国家坚持以马克思列宁主义、毛泽东思想、邓小平理论为指导，遵循宪法确定的基本原则，发展社会主义的高等教育事业。

第四条　高等教育必须贯彻国家的教育方针，为社会主义现代

化建设服务，与生产劳动相结合，使受教育者成为德、智、体等方面全面发展的社会主义事业的建设者和接班人。

第五条　高等教育的任务是培养具有创新精神和实践能力的高级专门人才，发展科学技术文化，促进社会主义现代化建设。

第六条　国家根据经济建设和社会发展的需要，制定高等教育发展规划，举办高等学校，并采取多种形式积极发展高等教育事业。

国家鼓励企业事业组织、社会团体及其他社会组织和公民等社会力量依法举办高等学校，参与和支持高等教育事业的改革和发展。

第七条　国家按照社会主义现代化建设和发展社会主义市场经济的需要，根据不同类型、不同层次高等学校的实际，推进高等教育体制改革和高等教育教学改革，优化高等教育结构和资源配置，提高高等教育的质量和效益。

第八条　国家根据少数民族的特点和需要，帮助和支持少数民族地区发展高等教育事业，为少数民族培养高级专门人才。

第九条　公民依法享有接受高等教育的权利。

国家采取措施，帮助少数民族学生和经济困难的学生接受高等教育。

高等学校必须招收符合国家规定的录取标准的残疾学生入学，不得因其残疾拒绝招收。

第十条　国家依法保障高等学校中的科学研究、文学艺术创作和其他文化活动的自由。在高等学校中从事科学研究、文学艺术创作和其他文化活动，自学成才当遵守法律。

第十一条　高等学校应当面向社会，依法自主办学，实行民主管理。

第十二条　国家鼓励高等学校之间、高等学校与科学研究机构以及企业事业组织之间开展协作，实行优势互补，提高教育资源的使用效益。

国家鼓励和支持高等教育事业的国际交流与合作。

第十三条　国务院统一领导和管理全国高等教育事业。省、自治区、直辖市人民政府统筹协调本行政区域内的高等教育事业，管理主要为地方培养人才和国务院授权管理的高等学校。

第十四条　国务院教育行政部门主管全国高等教育工作，管理由国务院确定的主要为全国培养人才的高等学校。国务院其他有关部门在国务院规定的职责范围内，负责有关的高等教育工作。

第二章　高等教育基本制度

第十五条　高等教育包括学历教育和非学历教育。

高等教育采用全日制和非全日制教育形式。

国家支持采用广播、电视、函授及其他远程教育方式实施高等教育。

第十六条　高等学历教育分为专科教育、本科教育和研究生教育。

高等学历教育应当符合下列学业标准：

（一）专科教育应当使学生掌握本专业必备的基础理论、专门知识，具有从事本专业实际工作的基本技能和初步能力；

（二）本科教育应当使学生比较系统地掌握本学科、专业必需的基础理论、基本知识，掌握本专业必要的基本技能、方法和相关知识，具有从事本专业实际工作和研究工作的初步能力；

（三）硕士研究生教育应当使学生掌握本学科坚实的基础理论、系统的专业知识，掌握相应的技能、方法和相关知识，具有从事本专业实际工作和科学研究工作的能力。博士研究生教育应当使学生掌握本学科坚实宽广的基础理论、系统深入的专业知识、相应的技能和方法，具有独立从事本学科创造性科学研究工作和实际工作的能力。

第十七条　专科教育的基本修业年限为二至三年，本科教育的基本修业年限为四至五年，硕士研究生教育的基本修业年限为二至三年，博士研究生教育的基本修业年限为三至四年。非全日制高等学历教育的修业年限应当适当延长。高等学校根据实际需要，报主管的教育行政部门批准，可以对本学校的修业年限作出调整。

第十八条　高等教育由高等学校和其他高等教育机构实施。

大学、独立设置的学院主要实施本科及本科以上教育。高等专科学校实施专科教育。经国务院教育行政部门批准，科学研究机构可以承担研究生教育的任务。

其他高等教育机构实施非学历高等教育。

第十九条　高级中等教育毕业或者具有同等学历的，经考试合格，由实施相应学历教育的高等学校录取，取得专科生或者本科生入学资格。

本科毕业或者具有同等学历的，经考试合格，由实施相应学历教育的高等学校或者经批准承担研究生教育任务的科学研究机构录取，取得硕士研究生入学资格。

硕士研究生或者具有同等学历的，经考试合格，由实施相应学历教育的高等学校或者经批准承担研究生教育任务的科学研究机构录取，取得博士研究生入学资格。

允许特定学科和专业的本科毕业时直接取得博士研究生入学资格，具体办法由国务院教育行政部门规定。

第二十条　接受高等学历教育的学生，由所在高等学校或者经批准承担研究生教育任务的科学研究机构根据其修业年限、学业成绩等，按照国家有关规定，发给相应的学历证书或者其他学业证书。

接受非学历高等教育的学生，由所在高等学校或者其他高等教育机构发给相应的结业证书。结业证书应当载明修业年限和学业内容。

第二十一条　国家实行高等教育自学考试制度，经考试合格的，发给相应的学历证书或者其他学业证书。

第二十二条　国家实行学位制度。学位分为学士、硕士和博士。

公民通过接受高等教育或者自学，其学业水平达到国家规定的学位标准，可以向学位授予单位申请授予相应的学位。

第二十三条　高等学校和其他高等教育机构应当根据社会需要和自身办学条件，承担实施继续教育的工作。

第三章　高等学校的设立

第二十四条　设立高等学校，应当符合国家高等教育发展规划，符合国家利益和社会公共利益，不得以营利为目的。

第二十五条　设立高等学校，应当具备教育法规定的基本条件。

大学或者独立设置的学院还应当具有较强的教学、科学研究力量，较高的教学、科学研究水平和相应规模，能够实施本科及本科以上教育。大学还必须设有三个以上国家规定的学科门类为主要学科。设立高等学校的具体标准由国务院制定。

设立其他高等教育机构的具体标准，由国务院授权的有关部门或者省、自治区、直辖市人民政府根据国务院规定的原则制定。

第二十六条　设立高等学校，应当根据其层次、类型、所设学科类别、规模、教学和科学研究水平，使用相应的名称。

第二十七条　申请设立高等学校的，应当向审批机关提交下列材料：

（一）申办报告；

（二）可行性论证材料；

（三）章程；

（四）审批机关依照本法规定要求提供的其他材料。

第二十八条　高等学校的章程应当规定以下事项：

（一）学校名称、校址；

（二）办学宗旨；

（三）办学规模；

（四）学科门类的设置；

（五）教育形式；

（六）内部管理体制；

（七）经费来源、财产和财务制度；

（八）举办者与学校之间的权利、义务；

（九）章程修改程序；

（十）其他必须由章程规定的事项。

第二十九条　设立高等学校由国务院教育行政部门审批，其中设立实施专科教育的高等学校，经国务院授权，也可以由省、自治区、直辖市人民政府审批。对不符合规定条件审批设立的高等学校和其他高等教育机构，国务院教育行政部门有权予以撤销。

审批高等学校的设立，应当聘请由专家组成的评议机构评议。

高等学校和其他高等教育机构分立、合并、终止，变更名称、类别和其他重要事项，由原审批机关审批；章程的修改，应当报原审批机关核准。

第四章　高等学校的组织和活动

第三十条　高等学校自批准设立之日起取得法人资格。高等学校的校长为高等学校的法定代表人。

高等学校在民事活动中依法享有民事权利，承担民事责任。

第三十一条　高等学校应当以培养人才为中心，开展教学、科学研究和社会服务，保证教育教学质量达到国家规定的标准。

第三十二条　高等学校根据社会需求、办学条件和国家核定的办学规模，制定招生方案，自主调节系科招生比例。

第三十三条　高等学校依法自主设置和调整学科、专业。

第三十四条　高等学校根据教学需要，自主制定教学计划、选编教材、组织实施教学活动。

第三十五条　高等学校根据自身条件，自主开展科学研究、技术开发和社会服务。

国家鼓励高等学校同企业事业组织、社会团体及其他社会组织在科学研究、技术开发和推广等方面进行多种形式的合作。

国家支持具备条件的高等学校成为国家科学研究基地。

第三十六条　高等学校按照国家有关规定，自主开展与境外高等学校之间的科学技术文化交流与合作。

第三十七条　高等学校根据实际需要和精简、效能的原则，自主确定教学、科学研究、行政职能部门等内部组织机构的设置和人员配备；按照国家有关规定，评聘教师和其他专业技术人员的职务，调整津贴及工资分配。

第三十八条　高等学校对举办者提供的财产、国家财政性资助、受捐赠财产依法自主管理和使用。高等学校不得将用于教学和科学研究活动的财产挪作他用。

第三十九条　国家举办的高等学校实行中国共产党高等学校基层委员会领导下的校长负责制。中国共产党高等学校基层委员会按照中国共产党章程和有关规定，统一领导学校工作，支持校长独立负责地行使职权，其领导职责主要是：执行中国共产党的路线、方针、政策，坚持社会主义办学方向，领导学校的思想政治工作和德育工作，讨论决定学校内部组织机构的设置和内部组织机构负责人的人选，讨论决定学校的改革、发展和基本管理制度等重大事项，保证以培养人才为中心的各项任务的完成。

社会力量举办的高等学校的内部管理体制按照国家有关社会力量办学的规定确定。

第四十条　高等学校的校长，由符合教育法规定的任职条件的公民担任。

高等学校的校长、副校长按照国家有关规定任免。

第四十一条　高等学校的校长全面负责本学校的教学、科学研究和其他行政管理工作，行使下列职权：

（一）拟订发展规划，制定具体规章制度和年度工作计划并组织实施；

（二）组织教学活动、科学研究和思想品德教育；

（三）拟订内部组织机构的设置方案，推荐副校长人选，任免内部组织机构的负责人；

（四）聘任与解聘教师以及内部其他工作人员，对学生进行学籍管理并实施奖励或者处分；

（五）拟订和执行年度经费预算方案，保护和管理校产，维护学校的合法权益；

（六）章程规定的其他职权。

高等学校和校长办公会议或者校务会议，处理前款规定的有关事项。

第四十二条　高等学校设立学术委员会，审议学科、专业的设置，教学、科学研究计划方案，评定教学、科学研究成果等有关学术事项。

第四十三条　高等学校通过以教师为主体的教职工代表大会等组织形式，依法保障教职工参与民主管理和监督，维护教职工合法权益。

第四十四条　高等学校的办学水平、教育质量，接受教育行政部门的监督和由其组织的评估。

第五章　高等学校教师和其他教育工作者

第四十五条　高等学校的教师及其他教育工作者享有法律规定的权利，履行法律规定的义务，忠诚于人民的教育事业。

第四十六条　高等学校实行教师资格制度。中国公民凡遵守宪法和法律，热爱教育事业，具有良好的思想品德，具备研究生或者大学本科毕业学历，有相应的教育教学能力，经认定合格，可以取得高等学校教师资格。不具备研究生或者大学本科毕业学历的公民，学有所长，通过国家教师资格考试，经认定合格，也可以取得高等学校教师资格。

第四十七条　高等学校实行教师职务制度。高等学校教师职务根据学校所承担的教学、科学研究等任务的需要设置，教师职务设助教、讲师、副教授、教授。

高等学校的教师取得前款规定的职务应当具备下列基本条件：

（一）取得高等学校教师资格；

（二）系统地掌握本学科的基础理论；

（三）具备相应职务的教育教学能力和科学研究能力；

（四）承担相应职务的课程和规定课时的教学任务。

教授、副教授除应当具备以上基本任职条件外，还应当对本学科具有系统而坚实的基础理论和比较丰富的教学、科学研究经验，教学成绩显著，论文或者著作达到较高水平或者有突出的教学、科学研究成果。

高等学校教师职务的具体任职条件由国务院规定。

第四十八条　高等学校实行教师聘任制。教师已评定具备任职条件的，由高等学校按照教师职务的职责、条件和任期聘任。

高等学校的教师的聘任，应当遵循双方平等自愿的原则，由高等学校校长与受聘教师签订聘任合同。

第四十九条　高等学校的管理人员，实行教育职员制度。高等学校的教学辅助人员及其他专业技术人员，实行专业技术职务聘任制度。

第五十条　国家保护高等学校教师及其他教育工作者的合法权益，采取措施改善高等学校教师及其他教育工作者的工作条件和生活条件。

第五十一条　高等学校应当为教师参加培训、开展科学研究和进行学术交流提供便利条件。

高等学校应当对教师、管理人员和教学辅助人员及其他专业技术人员的思想政治表现、职业道德、业务水平和工作实绩进行考核，考核结果作为聘任或者解聘、晋升、奖励或者处分的依据。

第五十二条　高等学校应当为教师、管理人员和教学辅助人员及其他专业技术人员,应当以教学和培养人才为中心做好本职工作。

第六章　高等学校的学生

第五十三条　高等学校的学生应当遵守法律、法规，遵守学生行为规范和学校的各项管理制度，尊敬师长，刻苦学习，增强体质，树立爱国主义、集体主义和社会主义思想，努力学习马克思列宁主义、毛泽东思想、邓小平理论，具有良好的思想品德，掌握较高的科学文化知识和专业技能。

高等学校学生的合法权益，受法律保护。

第五十四条　高等学校的学生应当按照国家规定缴纳学费。

家庭经济困难的学生，可以申请补助或者减免学费。

第五十五条　国家设立奖学金，并鼓励高等学校、企业事业组织、社会团体以及其他社会组织和个人按照国家有关规定设立各种形式的奖学金，对品学兼优的学生、国家规定的专业的学生以及到国家规定的地区工作的学生给予奖励。

国家设立高等学校学生勤工助学基金和贷学金，并鼓励高等学校、企业事业组织、社会团体以及其他社会组织和个人设立各种形式的助学金，对家庭经济困难的学生提供帮助。

获得贷学金及助学金的学生，应当履行相应的义务。

第五十六条　高等学校的学生在课余时间可以参加社会服务和勤工助学活动，但不得影响学业任务的完成。

高等学校应当对学生的社会服务和勤工助学活动给予鼓励和支持，并进行引导和管理。

第五十七条　高等学校的学生，可以在校内组织学生团体。学生团体在法律、法规规定的范围内活动，服从学校的领导和管理。

第五十八条　高等学校的学生思想品德合格，在规定的修业年限内学完规定的课程，成绩合格或者修满相应的学分，准予毕业。

第五十九条　高等学校应当为毕业生、毕业生提供就业指导和服务。

国家鼓励高等学校毕业生到边远、艰苦地区工作。

第七章　高等教育投入和条件保障

第六十条　国家建立以财政拨款为主、其他多种渠道筹措高等教育经费为辅的体制，使高等教育事业的发展同经济、社会发展的水平相适应。

国务院和省、自治区、直辖市人民政府依照教育法第五十五条的规定，保证国家兴办的高等教育的经费逐步增长。

国家鼓励企业事业组织、社会团体及其他社会组织和个人向高等教育投入。

第六十一条　高等学校的举办者应当保证稳定的办学经费来源，不得抽回其投入的办学资金。

第六十二条　国务院教育行政部门会同国务院其他有关部门根据在校学生年人均教育成本，规定高等学校年经费开支标准和筹措的基本原则；省、自治区、直辖市人民政府教育行政部门会同有关部门制订本行政区域内高等学校年经费开支标准和筹措办法，作为举办者和高等学校筹措办学经费的基本依据。

第六十三条　国家对高等学校进口图书资料、教学科研设备以及校办产业实行优惠政策。高等学校所办产业或者转让知识产权以及其他科学技术成果获得的收益，用于高等学校办学。

第六十四条　高等学校收取的学费应当按照国家有关规定管理和使用，其他任何组织和个人不得挪用。

第六十五条　高等学校应当依法建立、健全财务管理制度，合理使用、严格管理教育经费，提高教育投资效益。

高等学校的财务活动应当依法接受监督。

第八章　附　则

第六十六条　对高等教育活动中违反教育法规定的，依照教育法的有关规定给予处罚。

第六十七条　中国境外个人符合国家规定的条件并办理有关手续后，可以进入中国境内高等学校学习、研究、进行学术交流或者任教，其合法权益受国家保护。

第六十八条　本法所称高等学校是指大学、独立设置的学院和高等专科学校，其中包括高等职业学校和成人高等学校。

本法所称其他高等教育机构是指除高等学校和经批准承担研究生教育任务的科学研究机构以外的从事高等教育活动的组织。

本法有关高等学校的规定适用于其他高等教育机构和经批准承担研究生教育任务的科学研究机构，但是对高等学位专门适用的规定除外。

第六十九条　本法自 1999 年 1 月 1 日起施行。

【说明：文中黑体字条款为与高校体育教育有直接关系的部分，供重点参考。】

中共中央国务院关于深化教育改革全面推进素质教育的决定

中共中央办公厅中发[1999]9号

当今世界，科学技术突飞猛进，知识经济已见端倪，国力竞争日趋激烈。教育在综合国力的形成中处于基础地位，国力的强弱越来越取决于劳动者的素质，取决于各类人才的质量和数量，这对于培养和造就我国二十一世纪的一代新人提出了更加迫切的要求。我国正处在建立社会主义市场经济体制和实现现代化建设战略目标的关键时期。新中国成立50年来特别是改革开放以来，教育事业的改革与发展取得了令人瞩目的巨大成就。但面对新的形势，由于主观和客观等方面的原因，我们的教育观念、教育体制、教育结构、人才培养模式、教育内容和教学方法相对滞后，影响了青少年的全面发展，不能适应提高国民素质的需要。全党、全社会必须从我国社会主义事业兴旺发达和中华民族伟大复兴的大局出发，以邓小平理论为指导，全面贯彻落实党的十五大精神，深化教育改革，全面推进素质教育，构建一个充满生机的有中国特色社会主义教育体系，为实施科技兴国战略奠定坚实的人才和知识基础。

一、全面推进素质教育，培养适应二十一世纪现代化建设需要的社会主义新人

1. 实施素质教育，就是全面贯彻党的教育方针，以提高国民素质为根本宗旨，以培养学生的创新精神和实践能力为重点，造就"有理想、有道德、有文化、有纪律"的、德智体美等全面发展的社会主义事业建设者和接班人。

全面推进素质教育，要面向现代化、面向世界、面向未来，使受教育者坚持学习科学文化与加强思想修养的统一，坚持学习书本知识与投身社会实践的统一，坚持实现自身价值与服务祖国人民的统一，坚持树立远大理想与进行艰苦奋斗的统一。

全面推进素质教育，要坚持面向全体学生，为学生的全面发展创造相应的条件，依法保障适龄儿童和青少年学习的基本权利，尊重学生身心发展特点和教育规律，使学生生动活泼、积极主动地得到发展。

2. 实施素质教育应当贯穿于幼儿教育、中小学教育、职业教育、成人教育、高等教育等各级各类教育，应当贯穿于学校教育、家庭教育和社会教育等各个方面。在不同阶段和不同方面应当有不同的内容和重点，相互配合，全面推进。在不同地区还应体现地区特点，尤其是少数民族地区的特点。

实施素质教育，必须把德育、智育、体育、美育等有机地统一在教育活动的各个环节中。学校教育不仅要抓好智育，更要重视德育，还要加强体育、美育、劳动技术教育和社会实践，使诸方面教育相互渗透、协调发展，促进学生的全面发展和健康成长。

3. 各级各类学校必须更加重视德育工作，以马克思列宁主义、毛泽东思想和邓小平理论为指导，按照德育总体目标和学生成长规律，确定不同学龄阶段的德育内容和要求，在培养学生的思想品德和行为规范方面，要形成一定的目标递进层次。要加强辩证唯物主义和历史唯物主义教育，使学生树立科学的世界观和人生观。要有针对性地开展爱国主义、集体主义和社会主义教育，中华民族优秀文化传统和革命传统教育，理想、伦理道德以及文明习惯养成教育，中国近现代史、基本国情、国内外形势教育和民主法制教育。把发扬中华民族优良传统同积极学习世界上一切优秀文明成果结合起来。高等学校要进一步加强邓小平理论“进教材、进课堂、进学生头脑”工作。职业学校要加强职业道德教育。

进一步改进德育工作的方式方法，寓德育于各学科教学之中，加强学校德育与学生生活和社会实践的联系，讲究实际效果，克服形式主义倾向。针对新形势下青少年成长的特点，加强学生的心理健康教育，培养学生坚韧不拔的意志、艰苦奋斗的精神，增强青少年适应社会生活的能力。加强民族团结教育，规范国防教育，提高学生的国家安全意识，继续搞好军训工作并使之制度化。加强校园的精神文明建设，严禁一切封建迷信和其他有害于学生身心健康的活动及物品传入校园。加强共青团、少先队和学生会工作，在培养和提高学生素质方面发挥更大的作用。社会各方面要为青少年提供优秀的精神文化产品和德育活动基地，形成学校、家庭和社会共同参与德育工作的新格局。

4. 智育工作要转变教育观念，改革人才培养模式，积极实行启发式和讨论式教学，激发学生独立思考和创新的意识，切实提高教学质量。要让学生感受、理解知识产生和发展的过程，培养学生的科学精神和创新思维习惯，重视培养学生收集处理信息的能力、获取新知识的能力、分析和解决问题的能力、语言文字表达能力以及团结协作和社会活动的能力。

高等教育要重视培养大学生的创新能力、实践能力和创业精神，普遍提高大学生的人文素养和科学素质。职业教育和成人教育要使学生在掌握必需的文化知识的同时，具有熟练的职业技能和适应职业变化的能力。减轻中小学生课业负担已成为推行素质教育中刻不容缓的问题，要切实认真加以解决。各级政府都要建立健全减轻学生课业负担的监督检查机制。要重视婴幼儿的身体发育和智力开发，普及婴幼儿早期教育的科学知识和方法。

5. 健康体魄是青少年为祖国和人民服务的基本前提，是中华民族旺盛生命力的体现。学校教育要树立健康第一的指导思想，切实加强体育工作，使学生掌握基本的运动技能，养成坚持锻炼身体的

良好习惯。确保学生体育课程和课外体育活动时间，不准挤占体育活动时间和场所。举办多种多样的群体性体育活动，培养学生的竞争意识、合作精神和坚强毅力。地方各级人民政府要统筹规划，为学校开展体育活动提供必要条件。培养学生的良好卫生习惯，了解科学营养知识。根据农村的实际条件和需要，有针对性地加强农村学校的体育和卫生工作。

6. 美育不仅能陶冶情操、提高素养，而且有助于开发智力，对于促进学生全面发展具有不可替代的作用。要尽快改变学校美育工作薄弱的状况，将美育融入学校教育全过程。中小学要加强音乐、美术课堂教学，高等学校应要求学生选修一定学时的包括艺术在内的人文学科课程。开展丰富多彩的课外文化艺术活动，增强学生的美感体验，培养学生欣赏美和创造美的能力。地方各级人民政府和各有关部门要为学校美育工作创造条件，继续完善文化经济政策，各类文化场所（博物馆、科技馆、文化馆、纪念馆等）要向学生免费或优惠开放，鼓励文化艺术团体到学校演出高雅健康的节目。农村中小学也要充分利用当地文化资源，因地制宜地开展美育活动。

7. 教育与生产劳动相结合是培养全面发展人才的重要途径。各级各类学校要从实际出发，加强和改进对学生的生产劳动和实践教育，使其接触自然、了解社会，培养热爱劳动的习惯和艰苦奋斗的精神。建立青少年参与社区服务和社区建设的制度。中小学要鼓励学生积极参加形式多样的课外实践活动，培养动手能力；职业学校要实行产教结合，鼓励学生在实践中掌握职业技能；高等学校要加强社会实践，组织学生参加科学研究、技术开发和推广活动以及社会服务活动。利用假期组织志愿者到城乡支工、支农、支医和支教。社会各方面要为学校开展生产劳动、科技活动和其他社会实践活动提供必要的条件，同时要加强学生校外劳动和社会实践基地的建设。

二、深化教育改革，为实施素质教育创造条件

8. 基本普及九年义务教育和基本扫除青壮年文盲（简称“两

基”)，是全面推进素质教育的基础。地方各级人民政府要继续将“两基”作为教育工作的“重中之重”，确保2000年“两基”目标的实现和达标后的巩固与提高。各地要从实际出发，改造薄弱学校，提高义务教育阶段的整体办学水平。2000年后要继续实施“国家贫困地区义务教育工程”，加大对贫困地区和少数民族地区的扶持力度，继续加强发达地区对少数民族贫困地区的教育对口支援工作，切实解决农村初中辍学率偏高的问题，同时大力提高义务教育阶段残疾儿童少年的入学率。

9. 调整现有教育体系结构，扩大高中阶段教育和高等教育的规模，拓宽人才成长的道路，减缓升学压力。通过多种形式积极发展高等教育，到2010年，我国同龄人口的高等教育入学率要从现在的9%提高到15%左右。要在确保“两基”的前提下，积极发展包括普通教育和职业教育在内的高中阶段教育，为初中毕业生提供多种形式的学习机会。在城市和经济发达地区要有步骤地普及高中阶段教育。

高等职业教育是高等教育的重要组成部分。要大力发展高等职业教育，培养一大批具有必要的理论知识和较强实践能力，生产、建设、管理、服务第一线和农村急需的专门人才。现有的职业大学、独立设置的成人高校和部分高等专科学校要通过改革、改组和改制，逐步调整为职业技术学院（或职业学院）。支持本科高等学校举办或与企业合作举办职业技术学院（或职业学院）。省、自治区、直辖市人民政府在对当地教育资源的统筹下，可以举办综合性、社区性的职业技术学院（或职业学院）。

10. 构建与社会主义市场经济体制和教育内在规律相适应、不同类型教育相互沟通相互衔接的教育体制，为学校毕业生提供继续学习深造的机会。职业技术学院（或职业学院）可采取多种方式招收普通高中毕业生和中等职业学校毕业生。职业技术学院（或职业学院）毕业生经过一定选拔程序可以进入本科高等学校继续学习。

高等学校和中等职业学校要创造条件实行弹性的学习制度，放宽招生和入学的年龄限制，允许分阶段完成学业。大力发展现代远程教育、职业资格证书教育和其他继续教育。完善自学考试制度，形成社会化、开放式的教育网络，为适应多层次、多形式的教育需求开辟更为广阔的途径，逐渐完善终身学习体系。

11. 进一步简政放权，加大省级人民政府发展和管理本地区教育的权力以及统筹力度，促进教育与当地经济社会发展紧密结合。今后 3 年，继续按照“共建、调整、合作、合并”的方式，基本完成高等教育管理体制和布局结构的调整，形成中央和省级人民政府两级管理、以省级人民政府管理为主的新体制，合理配置教育资源，提高教育质量和办学效益。经国务院授权，把发展高等职业教育和大部分高等专科教育的权力以及责任交给省级人民政府，省级人民政府依法管理职业技术学院（或职业学院）和高等专科学校。高等职业教育（包括高等专科学校）的招生计划改由省级人民政府制定，其招生考试事宜由省级人民政府自行确定。

继续完善基础教育主要由地方负责、分级管理的体制。根据各地实际，加大县级人民政府对教育经费、教师管理和校长任免等方面的统筹权。地方各级人民政府要加强对职业教育和成人教育的统筹。学历教育由教育行政部门负责管理。在高中及其以上教育的办学水平评估、人力资源预测和毕业生就业指导等方面，进一步发挥非政府的行业协会组织和社会中介机构的作用。

按照《中华人民共和国高等教育法》的规定，切实落实和扩大高等学校的办学自主权，增强学校适应当地经济社会发展的活力。加强对高等学校的监督和办学质量检查，逐步形成对学校办学行为和教育质量的社会监督机制以及评价体系，完善高等学校自我约束、自我管理机制。进一步扩大高等学校招生、专业设置等自主权，高等学校可以到外地合作办学。深化学校内部管理体制改革，进一步精简机构，减员增效。改革分配和奖励制度，实行多劳多得、优劳优酬。加大学校后勤改革力度，逐步剥离学校后勤系统，推动后勤工作社会化，鼓励社会力量为学校提供后勤服务，发展教育产业。

12. 进一步解放思想、转变观念，积极鼓励和支持社会力量以多种形式办学，满足人民群众日益增长的教育需求，形成以政府办学为主体、公办学校和民办学校共同发展的格局。凡符合国家有关的法律法规办学形式，均可大胆试验。在发展民办教育方面迈出更大的步伐。鼓励社会力量以各种方式举办高中阶段和高等职业教育。经国家教育行政主管部门批准，可以举办民办普通高等学校。在保证适龄儿童、少年均能就近进入公办小学和初中的前提下，可允许设立少数民办小学和初中，在这个范围内提供择校机会，但不搞“一校两制”。积极发展以社区为依托的、公办与民办相结合的幼儿教育。要因地制宜地制定优惠政策（如土地优惠使用、免征配套费等），支持社会力量办学。

各级人民政府要加强对民办教育的管理、引导和监督，国家要加快民办教育的立法，促进民办教育的健康发展。各级各类民办学校都要依法办学，不断提高办学水平。

13. 加快改革招生考试和评价制度，改变“一次考试定终身”的状况。改革高考制度是推进中小学全面实施素质教育的重要措施，按照有助于高等学校选拔人才、中小学实施素质教育和扩大高等学校办学自主权的原则，积极推进高考制度改革。进行每年举办两次高等学校招生考试的试点。高考科目设置和内容的改革应进一步突出对能力和综合素质的考查。鼓励有条件的省级人民政府进行多种形式的高考制度改革试验，扩大学校的招生自主权和考生的选择机会。逐步建立具有多种选择的、更加科学和公正的高等学校招生选拔制度。

在普及九年义务教育的地区，实行小学毕业生免试就近升学的办法。鼓励各地中小学自行组织毕业考试，采取多种形式改革高中阶段学校的招生办法，改革高中会考制度。建立符合素质教育要求的对学校、教师和学生的评价机制。地方各级人民政府不得下达升学指标，不得以升学率作为评价学校工作的标准。鼓励社会各界、家长和学生以适当方式参与对学校工作的评价。

14. 调整和改革课程体系、结构、内容，建立新的基础教育课程体系，试行国家课程、地方课程和学校课程。改变课程过分强调学科体系、脱离时代和社会发展以及学生实际的状况。抓紧建立更新教学内容的机制，加强课程的综合性和实践性，重视实验课教学，培养学生实际操作能力。要增强农村特别是贫困地区义务教育的课程、教材与当地经济社会发展的适应性。促进教材的多样化，进一步完善国家对基础教育教材的评审制度。积极推进教学改革，提高课堂教学的质量，国家和地方要奖励并推广符合素质教育要求的优秀教学成果。

职业教育要增强专业的适用性，开发和编写体现新知识、新技术、新工艺和新方法的具有职业教育特色的课程及教材。高等教育要加快课程改革和教学改革，继续调整专业结构和设置，使学生尽早地参与科技研究开发和创新活动，鼓励跨学科选修课程，培养基础扎实、知识面宽、具有创新能力的高素质专门人才。

15. 大力提高教育技术手段的现代化水平和教育信息化程度。国家支持建设以中国教育科研网和卫星视频系统为基础的现代远程教育网络，加强经济实用型终端平台系统和校园网络或局域网络的建设，充分利用现有资源和各种音像手段，继续搞好多样化的电化教育和计算机辅助教学。在高中阶段的学校和有条件的初中、小学普及计算机操作和信息技术教育，使教育科研网络进入全部高等学校和骨干中等职业学校，逐步进入中小学。采取有效措施，大力开发优秀的教育教学软件。运用现代远程教育网络为社会成员提供终身学习的机会，为农村和边远地区提供适合当地需要的教育。

16. 努力改变教育与经济、科技相脱节的状况，促进教育和经济、科技的密切结合。高等教育实施素质教育，要加强产学研结合，大力推进高等学校和产业界以及科研院所的合作，鼓励有条件的高等学校建立科技企业，企业在高等学校建立研究机构，高等学校在企业建立实习基地。采用多种形式，使高等学校科研机构进入企业，提高高等学校科技成果的转化率，加快实用科技成果向企业的转移，增强企业的技术创新能力，培育新的经济增长点。要创建若干所具有世界先进水平的一流大学和一批一流学科，在高等学校建设一批既出人才、又出成果的基础研究和应用研究基地，为国家创新体系建设和现代化建设作出贡献。继续推进城市教育综合改革。职业教育和成人教育要通过多种方式，为加快提高劳动者素质，为转岗、分流、下岗职工再就业提供教育和培训。

进一步推进农科教结合，全面推进农村教育综合改革，促进农村普通教育、成人教育和职业教育的统筹协调发展，使农村教育切实转变到主要为农村经济和社会发展服务上来。要把文化知识教育和扫除青壮年文盲与实用生产技术培训结合起来，与农民脱贫致富结合起来。要采取灵活多样的教育培训形式，抓紧培养一大批农村急需的实用技术推广人才、乡镇企业管理人才和医疗卫生人才。

三、优化结构，建设全面推进素质教育的高质量的教师队伍

17. 建设高质量的教师队伍，是全面推进素质教育的基本保证。教师要热爱党，热爱社会主义祖国，忠诚于人民的教育事业；要树立正确的教育观、质量观和人才观，增强实施素质教育的自觉性；要不断提高思想政治素质和业务素质，教书育人，为人师表，敬业爱生；要有宽广厚实的业务知识和终身学习的自觉性，掌握必要的现代教育技术手段；要遵循教育规律，积极参与教学科研，在工作中勇于探索创新；要与学生平等相处，尊重学生人格，因材施教，保护学生的合法权益。

18. 把提高教师实施素质教育的能力和水平作为师资培养、培训的重点。加强和改革师范教育，大力提高师资培养质量。调整师范学校的层次和布局，鼓励综合性高等学校和非师范类高等学校参与培养、培训中小学教师的工作，探索在有条件的综合性高等学校中试办师范学院。2010年前后，具备条件的地区力争使小学和初中阶段教育的专任教师的学历分别提升到专科和本科层次，经济发达地区高中阶段教育的专任教师和校长中获硕士学位者应达到一定比例。提高高等学校教师中具有博士学位教师的比例。开展以培训全体教师为目标、骨干教师为重点的继续教育，使中小学教师的整体素质明显提高。中小学专任教师以及师范学校在校生都要接受计算机基础知识和技能培训。注意吸收企业优秀工程技术和管理人员到职业学校任教，加快建设兼有教师资格和其他专业技术职务的“双师型”教师队伍。地方各级人民政府要多渠道筹资设立骨干教师专项资金，在大中小学培养一批高水平的学科带头人和有较大影响的教书育人专家，造就一支符合时代要求、能发挥示范作用的骨干教师队伍。

19. 建立优化教师队伍的有效机制，提高教师队伍的整体素质。全面实施教师资格制度，开展面向社会认定教师资格工作，拓宽教师来源渠道，引入竞争机制，完善教师职务聘任制，提高教育质量和办学效益。中小学根据学校编制聘用教师，可面向社会公开招聘，经县以上教育行政部门审批；高等学校依法自主聘任教师，吸引优秀人才从教。继续关心和改善教师的工作条件和生活待遇。加强编制管理，精简富余人员，富余人员原则上在教育系统内部进行培训和安排。各地要认真做好各级各类学校转岗教师的管理服务工作，进一步建立和完善人才流动的社会化服务体系，搞好人才供求信息的收集和发布工作，开展转岗前职业培训，协调和促进教师的合理流动。地方各级人民政府的人事、劳动和社会保障、财政部门要提供必要的政策指导和经费支持。

20. 合理配置教师资源。各地要制定政策，鼓励大中城市骨干教师到基础薄弱学校任教或兼职，中小城市（镇）学校教师以各种方式到农村缺编学校任教，加强农村与薄弱学校教师队伍建设。城镇中小学教师原则上要有一年以上在薄弱学校或农村学校任教经历，才可聘为高级教师职务。采取优惠政策，吸引和鼓励教师到经济不发达地区、边远地区和少数民族地区任教。经济发达地区和城市也要采取多种形式，帮助少数民族地区和农村提高教师队伍水平。

21. 努力造就能够带领广大教师和教育工作者积极实施素质教育的学校领导以及管理干部队伍。学校校长在推进素质教育中具有特殊作用，要率先转变教育观念，把领导教职工创造性地实施素质教育作为重要职责。要继续巩固和完善中小学校长岗位培训和持证上岗制度，试行校长职级制，逐步完善校长选拔和任用制度，鼓励优秀校长到薄弱学校任职。对于富余的学校管理人员要转岗分流。

四、加强领导，全党、全社会共同努力开创素质教育的新局面

22. 全面推进素质教育，必须切实加强党和政府的领导。邓小平同志指出："我们要千方百计，在别的方面忍耐一些，甚至于牺牲一点速度，把教育问题解决好。"各级党委和人民政府要切实落实教育优先发展的战略地位。全面推进素质教育是党和政府的重要职责，各级领导干部要转变观念，充分认识素质教育的重要性和紧迫性，把思想统一到中央的决定上来，认真贯彻落实。建立自上而下的素质教育评估检查体系，逐级考核省、市、县、乡各级党委和政府及其主要领导干部抓素质教育工作的情况。各级党委和政府及其有关部门要通力协作，为实施素质教育创造良好的政策环境，注意研究新情况和新问题，鼓励大胆实践，尊重群众的首创精神。重视和加强教育科学研究，提高政府决策和管理的科学性。

23. 全面推进素质教育，根本上要靠法治、靠制度保障。各级人民政府和各部门要切实做到依法行政，保证教育方针的全面贯彻执行。各级党政领导和广大教育工作者要深入进行教育法律法规的学习、宣传活动，提高法律意识，严格履行保护少年儿童和学生身心健康发展的法律职责，坚决制止侵犯学生合法权益的行为，抵制妨碍学生健康成长的各种社会不良影响。各地要依法保障教师的合法

权益，不得拖欠教师工资。要整治校园内部和周边环境，维护学校正常秩序。

继续完善国家教育立法，加大教育执法力度，加强教育法制机构和队伍建设，完善教育行政执法监督机制。制定有关素质教育的制度和法规，逐步实现素质教育制度化、法制化。

进一步健全教育督导机构，完善教育督导制度，在继续进行“两基”督导检查的同时，把保障实施素质教育作为教育督导工作的重要任务。

24. 努力采取有效措施，切实加大教育投入，逐步实现国家财政性教育经费支出占国民生产总值 4%的目标。各级人民政府必须按照《中华人民共和国教育法》的规定，确保教育经费有较大增长。中央决定，自 1998 年起至 2002 年的 5 年中，提高中央本级财政支出中教育经费所占的比例，每年提高 1 个百分点。各省、自治区、直辖市人民政府也要根据本地实际，增加本级财政中教育经费的支出。要进一步依法加强城乡教育费附加的征收和管理，农村教育费附加实行乡征、县管、乡用，确保完全用于教育。

进一步完善教育经费拨款办法，充分发挥教育拨款在宏观调控中的作用，不断提高教育经费的使用效益。政府的教育拨款主要用于保证普及义务教育和承担普通高等教育的大部分经费。地方各级人民政府要确保义务教育的资金投入并做到专款专用。在非义务教育阶段，要适当增加学费在培养成本中的比例，逐步建立符合社会主义市场经济体制以及政府公共财政体制的财政教育拨款政策和成本分担机制。加强教育经费的管理，严格禁止乱收费。认真组织实施教育储蓄、教育保险和助学贷款制度，完善奖学金制度。积极运用财政、金融和税收政策，继续鼓励社会、个人和企业投资办学和捐（集）资助学，不断完善多渠道筹措教育经费的体制。

25. 社会用人制度对于实施素质教育有着重要的导向作用，改革用人制度是全面推进素质教育的当务之急。要依法抓紧制定国家职业（技能）标准，明确对各类劳动者的岗位要求，积极推行劳动预备制度，坚持实行“先培训、后上岗”的就业制度，继续改革大中专毕业生就业制度，使学生树立正确的择业观。地方政府教育部门要与人事、劳动和社会保障部门共同协调，在全社会实行学业证书、职业资格证书并重的制度。转变传统的人才观念，形成使用人才重素质、重实际能力的良好风气。

26. 全面推进素质教育，是我国教育事业的一场深刻变革，是一项事关全局、影响深远和涉及社会各方面的系统工程。要进一步加强学校党的工作，充分发挥党员在实施素质教育中的模范带头作用。要通过新闻媒体的正确舆论导向，深入动员社会各界关心、支持和投身素质教育。学校、家庭和社会要互相沟通、积极配合，共同开创素质教育工作的新局面。

要继续认真落实国务院批转的《面向二十一世纪教育振兴行动计划》全面推进素质教育，是党中央和国务院为加快实施科教兴国战略作出的又一重大决策，各级党委和人民政府要结合本地实际情况，创造性地把素质教育落到实处，在以江泽民同志为核心的党中央的领导下，高举邓小平理论伟大旗帜，为实现社会主义现代化建设宏伟目标和中华民族伟大复兴作出更大的贡献。

军队系统学校如何落实本文件精神，由中央军委作出决定。

【说明：文中黑体字条款为与高校体育教育有直接关系的部分，供重点参考。】

中共中央国务院关于加强青少年体育增强青少年体质的意见

中发[2007]7号（2007年5月7日）

增强青少年体质、促进青少年健康成长，是关系国家和民族未来的大事。以迎接2008年北京奥运会为契机，进一步加强青少年体育、增强青少年体质，对于全面落实科学发展观，深入贯彻党的教育方针，大力推进素质教育，培养中国特色社会主义事业的合格建设者和接班人，具有重要意义。为此，提出如下意见。

一、高度重视青少年体育工作

1. 广大青少年身心健康、体魄强健、意志坚强、充满活力，是一个民族旺盛生命力的体现，是社会文明进步的标志，是国家综合实力的重要方面。党中央、国务院历来高度重视青少年的健康成长。改革开放以来，我国青少年体育事业蓬勃发展，学校体育工作取得很大成绩，青少年营养水平和形态发育水平不断提高，极大地提升了全民健康素质。但是，必须清醒地看到，一方面由于片面追求升学率的影响，社会和学校存在重智育、轻体育的倾向，学生课业负担过重，休息和锻炼时间严重不足；另一方面由于体育设施和条件不足，学生体育课和体育活动难以保证。近期体质健康监测表明，青少年耐力、力量、速度等体能指标持续下降，视力不良率居高不下，城市超重和肥胖青少年的比例明显增加，部分农村青少年营养状况亟待改善。这些问题如不切实加以解决，将严重影响青少年的健康成长，乃至影响国家和民族的未来。

2. 青少年时期是身心健康和各项身体素质发展的关键时期。青少年的体质健康水平不仅关系个人健康成长和幸福生活，而且关系整个民族健康素质，关系我国人才培养的质量。体育锻炼和体育运动，是加强爱国主义和集体主义教育、磨炼坚强意志、培养良好品德的重要途径，是促进青少年全面发展的重要方式，对青少年思想品德、智力发育、审美素养的形成都有不可替代的重要作用。各地和各级各类学校必须全面贯彻党的教育方针，高度重视青少年体育工作，使广大青少年在增长知识、培养品德的同时，锻炼和发展身体的各项素质和能力，成长为中国特色社会主义事业的合格建设者和接班人。

3. 当前和今后一个时期，加强青少年体育工作的总体要求是：认真落实健康第一的指导思想，把增强学生体质作为学校教育的基本目标之一，建立健全学校体育工作机制，充分保证学校体育课和学生体育活动，广泛开展群众性青少年体育活动和竞赛，加强体育卫生设施和师资队伍建设，全面完善学校、社区、家庭相结合的青少年体育网络，培养青少年良好的体育锻炼习惯和健康的生活方式，形成青少年热爱体育、崇尚运动、健康向上的良好风气和全社会珍视健康、重视体育的浓厚氛围。通过 5 年左右的时间，使我国青少年普遍达到国家体质健康的基本要求，耐力、力量、速度等体能素质明显提高，营养不良、肥胖和近视的发生率明显下降。通过全党全社会的共同努力，坚持不懈地推动青少年体育运动的发展，不断提高青少年乃至全民族的健康素质。

二、认真落实加强青少年体育、增强青少年体质的各项措施

4. 全面实施《国家学生体质健康标准》，把健康素质作为评价学生全面健康发展的重要指标。加快建立符合素质教育要求的考试评价制度，发挥其对增强青少年体质的积极导向作用。全面组织实施初中毕业升学体育考试，并逐步加大体育成绩在学生综合素质评价和中考成绩中的分量；积极推行在高中阶段学校毕业学业考试中增加体育考试的做法。普遍推行《国家学生体质健康标准》测试报告书制度、公告制度和新生入学体质健康测试制度。认真贯彻《学校体育工作条例》，建立和完善学校体育工作规章制度。

5. 广泛开展“全国亿万学生阳光体育运动”。鼓励学生走向操场、走进大自然、走到阳光下，形成青少年体育锻炼的热潮。要根据学生的年龄、性别和体质状况，积极探索适应青少年特点的体育教学与活动形式，指导学生开展有计划、有目的、有规律的体育锻炼，努力改善学生的身体形态和机能，提高运动能力，达到体质健康标准。对达到合格等级的学生颁发“阳光体育证章”，优秀等级的颁发“阳光体育奖章”，增强学生参加体育锻炼的荣誉感和自觉性。

6. 切实减轻学生过重的课业负担。各级各类学校要进一步端正办学思想，加强素质教育，努力促进青少年学生生动活泼、积极主动地发展。中小学要切实纠正片面追求升学率的倾向，减轻学生过重的课业负担。深入推进基础教育课程改革，提高课堂教学的质量和效率，使学生有更多的时间参加体育锻炼。

7. 确保学生每天锻炼一小时。中小学要认真执行国家课程标准，保质保量上好体育课，其中小学 1～2 年级每周 4 课时，小学 3～6 年级和初中每周 3 课时，高中每周 2 课时；没有体育课的当天，学校必须在下午课后组织学生进行一小时集体体育锻炼并将其列入教学计划；全面实行大课间体育活动制度，每天上午统一安排 25～30 分钟的大课间体育活动，认真组织学生做好广播体操、开展集体体育活动；寄宿制学校要坚持每天出早操。高等学校要加强体育课程管理，把课外体育活动纳入学校日常教学计划，使每个学生每周至少参加三次课外体育锻炼。各级教育行政部门要提出每天锻炼一小时的具体要求并抓好落实。因地制宜地组织广大农村学生开展体育锻炼。有针对性地指导和支持残疾青少年的体育锻炼活动。要切实加强体育教师队伍建设，按照开设体育课和开展课外体育活动的需要，配齐配强体育教师。

8. 举办多层次多形式的学生体育运动会，积极开展竞技性和群众性体育活动。各级政府要定期组织综合性或专项性的学生体育运动会。学校每年要召开春、秋季运动会，因地制宜地经常开展以班级为单位的学生体育活动和竞赛，做到人人有体育项目、班班有体育活动、校校有体育特色。进一步办好体育传统项目学校和高等学校高水平运动队，充分发挥其对群众性体育的示范带动作用。完善高等学校和高中阶段学生军训制度，丰富军训内容，开展“少年军校”活动，发挥学生军训在增强体质、磨炼意志等方面的作用。注重发展学生的体育运动兴趣和特长，使每个学生都能掌握两项以上体育运动技能。

9. 帮助青少年掌握科学用眼知识和方法，降低青少年近视率。中小学教师和家长都要关注学生的用眼状况，坚持每天上下午组织学生做眼保健操，及时纠正不正确的阅读、写字姿势，控制近距离用眼时间。学校每学期要对学生视力状况进行两次监测。各级政府要进一步改善农村学校的办学条件，确保照明、课桌椅达到基本标准，改善学生用眼卫生条件。

10. 确保青少年休息睡眠时间，加强对卫生、保健、营养等方面的指导和保障。制定并落实科学规范的学生作息制度，保证小学生每天睡眠 10 小时，初中学生 9 小时，高中学生 8 小时。积极开展疾病预防、科学营养、卫生安全、禁毒控烟等青少年健康教育，并保证必要的健康教育时间。建立和完善学生健康体检制度，使青少年学生每年都能进行一次健康检查。建立和完善青少年营养干预机制，对城乡青少年及其家庭加强营养指导；通过财政资助、勤工俭学、社会捐助等方式提高农村寄宿制学校家庭经济困难学生伙食补贴标准，保证必要的营养需要。建立青少年营养状况监测机制，加强青少年食品卫生专项监督检查。根据新时期青少年青春期特征和成长过程中的心理特点，有针对性地加强心理健康教育，逐步建立健全青少年心理健康教育、指导和服务网络。

11. 加强学校体育设施建设。各级政府要认真落实《公共文化体育设施条例》，统筹协调、因地制宜，加强学校体育设施特别是体育场地建设。城市和社区的建设规划要充分考虑青少年体育锻炼设施的需要，为他们提供基本的设施和条件。公共体育设施建设要与学校体育设施建设统筹考虑、综合利用。把“农民体育健身工程”与农村中小学体育设施建设结合起来，改善农村学校体育条件。公共体育场馆和运动设施应免费或优惠向周边学校和学生开放，学校体育场馆在课余和节假日应向学生开放。

12. 加强体育安全管理，指导青少年科学锻炼。学校要对体育教师进行安全知识和技能培训，对学生加强安全意识教育。加强体育场馆、设施的维护管理，确保安全运行。完善学校体育和青少年校外体育活动的安全管理制度，明确安全责任，完善安全措施。针对青少年的特点，加强对大型体育活动的管理，做好应急预案，防止发生群体性安全事件。所有学校都要建立校园意外伤害事件的应急管理机制。建立和完善青少年意外伤害保险制度，推行由政府购买意外伤害校方责任险的办法，具体实施细则由财政部、保监会、教育部研究制定。要加强体育科学研究，积极开发适应青少年特点的锻炼项目和健身方法，加强社会体育指导员队伍建设，为青少年体育锻炼提供科学指导。

三、加强领导，齐抓共管，形成全社会支持青少年体育工作的合力

13. 各级党委和政府要把加强青少年体育工作摆上重要议事日程，纳入经济社会发展规划。加大对体育事业尤其是中小学体育设施的投入，正确评价学校的教育质量，为学校实施素质教育、促进学生全面发展创造良好条件。建立在党委和政府领导下，教育、体育、卫生部门和共青团组织等共同参加的联席会议制度，统筹协调解决青少年体育工作中的重要问题。

14. 各级政府和教育部门要加强对学校体育的督导检查。建立对学校体育的专项督导制度，实行督导结果公告制度。健全学生体质健康监测制度，定期监测并公告学生体质健康状况。加大体育工作和学生体质健康状况在教育督导、评估指标体系中的权重，并作为评价地方和学校工作的重要依据。对成绩突出的地方、部门、学校和个人进行表彰奖励。对青少年体质健康水平持续下降的地区和学校，实行合格性评估和评优评先一票否决。

15. 制定国家学校体育卫生条件基本标准，加大执法监督力度。通过制定国家学校体育卫生条件基本标准，进一步明确国家对各级各类学校体育场地、器材设施、卫生条件和师资的基本要求。各级政府要认真贯彻执行义务教育法和学校体育卫生工作法律法规，并加强督促检查。对学校体育卫生基本条件不达标的，要限期整改。

16. 充分发挥共青团、少先队、妇联组织的优势和特色，开展多种形式的课外体育锻炼活动。青少年活动中心、少年宫、妇女儿童中心和其他校外教育机构要把开展青少年体育活动作为重要职能。积极倡导和鼓励创建青少年体育俱乐部和青少年户外体育活动营地。通过开展丰富多彩的校外体育活动和团、队活动，充实课外生活，努力把更多的青少年吸引到健康向上的体育活动中来。

17. 切实加强对学校卫生的监督与指导。学校卫生是国家公共卫生服务体系建设的重点。要把城乡中小学生作为城镇居民基本医疗保险试点和新型农村合作医疗的重点覆盖人群。各级疾病预防控制机构和相关卫生医疗机构要明确专人负责指导和协助学校的卫生工作，按照国家有关规定为行政区域内学校提供预防保健等公共卫生服务，定期对学校的食品卫生、饮用水、传染病防治等开展卫生监督、监测，依法进行免疫预防接种，所需费用纳入公共卫生经费支付范围。中小学要依据《学校卫生工作条例》规定，设立卫生室，配备校医或专（兼）职保健教师，在卫生部门指导下开展学校卫生工作。各级教育行政部门要会同卫生行政部门建立巡查制度，加强行政区域内的学校卫生管理。

18. 加强家庭和社区的青少年体育活动，形成学校、家庭和社区的合力。家庭教育对加强青少年体育、增强青少年体质起关键作用。要在广大家长中倡导健康第一的理念，树立正确的教育观、成才观，注重从小培养青少年良好的体育锻炼习惯、饮食卫生习惯和文明健康的生活方式，鼓励家长和孩子共同参加体育锻炼。学校、社区要和家庭加强沟通与合作，组织开展多种多样的青少年体育活动，促进家庭、社会形成科学正确的教育观念和方式。

19. 进一步完善加强青少年体育的政策保障措施。中央设立专项资金，实施“全国亿万学生阳光体育运动”器材支持项目，帮助义务教育阶段中西部农村学校配备体育活动器材。在农村寄宿制学校建设工程、初中校舍改造工程和卫生新校园建设工程中，切实加大对学校食堂、饮用水设施、厕所、体育场地的改造力度。把义务教育阶段学生健康体检的费用纳入义务教育经费保障机制，其他学生由省级政府制定统一的费用标准和解决办法。学校要切实保证体育卫生工作的正常开展，所需经费从公用经费中提取和安排。

20. 努力营造重视青少年体育的舆论环境。大力宣传和普及科学的教育观、人才观、健康观，加大对群众性学生体育活动的宣传报道，形成鼓励青少年积极参加体育锻炼的社会氛围。要以迎接奥运会、举办奥运会为契机，开展丰富多彩的“迎奥运、讲文明、树新风”活动，使北京奥运会成为广大青少年积极参与、推动全民健身运动迈上新台阶的奥运会，让广大青少年以实际行动与奥运同行，充分展示新时期青少年健康向上的精神风貌。

中共中央国务院关于
进一步加强和改进新时期体育工作的意见

（2002 年 7 月 22 日）

1984 年，党中央在总结建国以来特别是改革开放后我国体育工作基本经验的基础上，发出了《关于进一步发展体育运动的通知》（中发[1984]20 号），提出了加快我国体育事业发展的指导思想、主要任务和工作措施。近 20 年来，各级党委、政府和体育系统在《通知》精神指导下，大力开展全民健身活动，推行“奥运争光计划”，群众体育蓬勃开展，人民体质普遍增强。竞技体育全面登上世界体育舞台，在国际赛场上屡创佳绩。我国的体育事业取得了举世瞩目的成就，对促进经济发展和社会进步起到了重要作用。但是也应该看到，目前我国人均体育场地、人均体育消费和经常参加体育活动的人数，与世界发达或较发达国家相比，仍处在较低水平；地区之间、城乡之间体育发展程度差距较大；竞技体育优势项目不多，后备力量不足。全面客观地分析当前的体育形势，并研究采取相应的对策，是加快体育事业发展的前提。随着新世纪的到来，我国已进入全面建设小康社会、加快推进社会主义现代化的新的发展阶段。2001 年，北京成功赢得 2008 年奥运会举办权，这充分反映了我国改革开放的丰硕成果，对推动新世纪我国经济和社会发展，形成全方位、多层次、宽领域对外开放格局，提高我国的国际地位，都将产生深远的影响。

筹备和举办 2008 年奥运会及残疾人奥运会，既是北京市和体育界的大事，也是全国人民的盛事；既是难得的历史机遇，也面临新的挑战。抓住机遇，迎接挑战，努力把2008年奥运会和残疾人奥运会办成历史上最出色的一届奥运会，加快我国体育事业的全面发展，满足广大人民群众日益增长的体育文化需求，并借此推动我国社会主义物质文明建设和精神文明建设的发展，是全党、各级政府和全国各族人民的一项共同任务。各级党委、政府要以此为契机，进一步加强和改进新时期体育工作。现对此提出以下意见。

一、充分认识体育在经济、社会发展中的重要地位和作用

（一）体育是社会发展与人类文明进步的一个标志，体育事业发展水平是一个国家综合国力和社会文明程度的重要体现。在现代化建设的进程中，体育伴随着经济、社会的发展而发展。我国社会主义现代化建设的根本目的是满足广大人民群众日益增长的物质文化需要。经济越发展，社会越进步，人们强身健体的意识就越强烈，体育的地位就越重要，作用就越显著。

（二）体育作为一种群众广泛参与的社会活动，不仅可以增强人民体质，也有助于培养人们勇敢顽强的性格、超越自我的品质、迎接挑战的意志和承担风险的能力，有助于培养人们的竞争意识、协作精神和公平观念。高水平竞技体育对丰富人们的文化生活，弘扬集体主义、爱国主义精神，增强国家和民族的向心力、凝聚力，都有着不可缺少的作用。我国体育健儿在奥运会和世界性大赛中表现出来的拼搏精神，激发了我国人民的爱国热情和民族自豪感，鼓舞了我国人民战胜困难，奋发向上。

（三）体育是促进友谊、增强团结的重要手段。通过体育活动，能够扩大人们的情感交流，增进人与人之间的相互了解，改善人际关系，建立健康、合理的生活方式，创造文明、和谐的社会环境。国际间的体育交往，能够促进国家与国家之间、人民与人民之间的相互理解，有益于人类社会的“团结、友谊、进步”。

（四）当今世界，体育产业的发展明显加快，已经成为国民经济新的增长点。作为第三产业的组成部分，加快体育产业的发展是建立社会主义市场经济体制的需要，符合我国经济结构战略性调整的要求，对于扩大内需、拉动经济增长，实现现代化建设发展目标，有着明显的推动作用。

二、新时期发展体育事业的指导思想、工作方针和总体要求

（五）高举邓小平理论伟大旗帜，全面贯彻党在社会主义初级阶段的基本路线和基本纲领，认真实践江泽民同志“三个代表”重要思想，以举办 2008 年奥运会为契机，以满足广大人民群众日益增长的体育文化需求为出发点，把增强人民体质、提高全民族整体素质作为根本目标，积极开创体育工作新局面，为实现新世纪我国经济、社会发展的战略目标和中华民族的伟大复兴做出应有的贡献。

（六）坚持体育为人民服务、为社会主义现代化建设服务的方针，坚持普及与提高相结合，实现群众体育与竞技体育的协调发展和相互促进；坚持以改革促发展，强化体育制度创新，努力推进体育体制改革和运行机制转变，增强体育发展的活力和后劲；坚持依法行政，加强体育工作的法制建设，依靠科技力量，保障体育事业持续、健康发展。

（七）从我国国情出发，坚持体育事业与经济、社会协调发展。群众体育以全民健身为目标，广泛开展体育活动，不断提高全民族的健康水平；竞技体育以重大国际比赛，特别是奥运会取得优异成绩为目标，合理布局，提高水平；平衡区域体育发展格局，在鼓励经济发达地区率先实现体育现代化的同时，抓住西部大开发的有利时机，继续实施援建全民健身设施的“雪炭工程”，积极扶持中西部地区和少数民族地区发展体育事业，发挥多民族人才资源优势，努力促进区域体育的共同发展；增加政府对体育事业投入，充分发挥社会力量，积极发展体育产业，做好体育彩票发行销售和使用管理；注重无形资产开发和新运动项目开拓，为发展体育产业注入新的活力。

三、大力推进全民健身计划，构建多元化体育服务体系

（八）继续实施《全民健身计划纲要》。开展全民健身活动，增强人民体质，是体育工作的根本任务，是利国利民、功在当代、利在千秋的事业。体育工作一定要把提高全民族的身体素质摆在突出位置。

（九）努力构建群众性的多元化体育服务体系。随着国民经济的发展和人民物质文化生活水平的提高，要逐步改善群众性体育运动条件，为广大人民群众提供必要的体育设施和体育服务；根据不同区域、不同人群的不同需求，坚持体育服务的多元化，适应各方面的体育健身需要，保障广大人民群众享有基本的体育服务；注重区域体育、城乡体育共同发展，加大对中西部地区和农村体育事业发展的支持力度。

（十）构建群众性体育服务体系，着重抓好三个环节：一是建设好群众健身场地，方便群众就地就近参加体育活动；二是健全群众体育活动组织，建立社会体育指导工作队伍和社会化的群众体育网络，完善国民体质监测系统；三是举办经常性群众体育活动，丰富群众文化生活。群众体育工作应努力做到亲民、便民、利民。

（十一）构建群众性体育服务体系，要抓住四个重点：青少年体育以学校为重点，农村体育以乡镇为重点，城市体育以社区为重点，军队体育以连队为重点。各地区、各有关部门应各司其职，采取切实有效的措施，充分发挥学校、社区、乡镇和连队的聚集效应、辐射功能和带动作用，增加体育锻炼的吸引力和凝聚力，推动全民健身活动的普遍开展。各类学校要培养学生德、智、体、美全面发展，提高体育教学质量，确保学生体育课程和课余活动时间，把具有健康体魄作为青少年将来报效祖国和人民的基础条件。各行业、机关、企事业单位和乡镇、社区要把组织群众开展体育活动纳入工作范围，充分利用文化体育设施的综合服务功能，在组织网络、活动内容和服务方式上积极探索符合时代要求的基层体育发展模式。

（十二）构建群众性体育服务体系，要坚持政府支持与社会兴办相结合。政府重点支持公益性体育设施建设，群众性体育组织和体育活动以社会兴办为主，鼓励、支持企事业单位和个人兴办面向大众的体育服务经营实体，积极引导群众的体育消费，大力培育体育市场，加强规范管理，逐步形成有利于体育产业发展的社会氛围。

四、全面实施竞技体育发展战略，进一步提升我国竞技运动水平

（十三）举办 2008 年奥运会是一个系统工程。各有关地区、部门和有关方面要密切配合，开拓创新，把筹备和举办奥运会作为推动我国经济、社会发展的难得机遇，作为提高我国竞技运动水平和国际大型赛事组织能力的大舞台，作为学习国际体育事务、掌握现代体育运作方式的大学校，作为锤炼体育队伍思想、业务素质的大熔炉，进一步提高我国在国际体坛的地位和声望。同时，要重视和支持残疾人运动员的选拔、集训、组团、参赛等工作，按照国际惯例，确保 2008 年残疾人奥运会的圆满成功。

（十四）制定新时期奥运争光计划。以新世纪我国在奥运会等重大国际比赛中取得优异成绩为目标，进一步发挥社会主义制度的优越性，坚持和完善举国体制，明确中央和地方发展竞技体育的责任，充分调动中央和地方以及社会各方面的积极性，在充分发挥竞争机制的基础上，把全国的体育资源更好地整合起来。重视体育科学技术研究工作，不断提高体育运动训练的科学化程度和体育决策的科学化水平，全面提升我国在国际体坛的竞争实力，发挥竞技体育的多元功能。

（十五）密切跟踪世界竞技体育新动向，结合我国实际，科学部署竞技体育发展战略。巩固原有的优势项目，拓展新的优势项目，争取在田径、游泳项目中有较明显突破，不断提高球类等集体项目的竞技水平。要坚持从实际出发，调整项目结构，完善项目布局，努力提高成功率。

（十六）举办好全国运动会和国内其他赛事。全国运动会是推动我国竞技体育发展的重要环节，要全面、科学安排国内各项赛事，改革完善竞赛制度，充分发挥竞赛的功能和效益，为实现“奥运战略”目标服务。举办赛事要弘扬中华体育精神，有利于出成绩、出人才，有利于促进社会稳定和民族团结。

（十七）加强高水平运动队建设。要把提高运动技术水平与培养有理想、有道德、有文化、有纪律的新一代体育队伍结合起来，深入、持久地开展爱国主义、集体主义和革命英雄主义教育，反对极端个人主义、享乐主义、拜金主义和各种歪风邪气。努力抓好运动训练和文化教育，开拓培养高水平运动员、教练员的新途径，为优秀运动员、教练员升学深造创造条件，提高运动队伍的科学文化素质。体育后备人才培养关系到竞技体育的持续发展，要认真抓好业余运动队伍训练，注意发现和培养新的人才。体育、财政、人事、劳动保障等部门要研究制定非职业化运动队优秀运动员退役就业安置的政策措施，尽快建立对优秀运动员的激励机制和伤残保险制度，解除运动员的后顾之忧。

五、继续深化体育体制改革，促进运行机制转换

（十八）为适应社会主义市场经济的发展，深化我国体育管理体制改革势在必行。要明确政府和社会的事权划分，实行管办分离，把不应由政府行使的职能转移给事业单位、社会团体和中介组织。体育行政部门要把工作重点转移到贯彻国家方针、政策，研究制定体育行业政策和发展规划，依法加强行业管理和提供服务上来。

（十九）利用筹备2008年奥运会的有利时机，充分发挥国家体育总局、中华全国体育总会和中国奥委会的作用。要根据我国的国情，汲取国外的成功经验，逐步理顺各级体育组织之间的关系，分工合作，形成新时期有利于体育事业发展的组织架构和适应社会主义市场经济要求的运作方式。

（二十）深化运动项目管理体制改革，提高规范化管理水平。

要按照责权利统一的原则，进一步明确各级体育管理部门的职责，处理好相互之间的工作关系。各运动项目管理单位要加强自身建设，建立健全科学的工作机制和合理的规章制度，分期分批进行单项协会实体化改革。

（二十一）社会各界对体育事业的赞助，对拓宽资金投入渠道、活跃体育活动起了积极作用，符合市场经济的要求和国际惯例。要研究、制定有关政策措施，鼓励社会力量对体育赛事、公益性体育机构和公共体育设施建设的支持。要加强对赞助活动的管理和监督，充分调动企事业单位和个人的积极性，保障和维护其正当权益。

（二十二）积极推进体育工作运行机制的转换。要深入实际，研究新情况，解决新问题，加快体育的制度创新、管理创新，建立有利于竞争协作和灵活高效的运行机制。要努力开发体育无形资产，加强对商业性赛事的管理，大力发展体育产业，积极培育体育市场，不断增强体育发展的动力和后劲。

六、切实加强对体育工作的组织领导

（二十三）体育事业是社会主义物质文明建设和精神文明建设事业的重要组成部分，必须加强党的建设，坚持以邓小平理论和“三个代表”重要思想为指导，不断增强党在体育领域的号召力和凝聚力，确保党的路线、方针、政策的贯彻落实，确保体育事业沿着中国先进文化的前进方向持续发展。

（二十四）各级党委、政府要把发展体育事业作为促进人民身体健康，提高全民族整体素质，维护社会稳定，推动经济、社会可持续发展的大事，纳入国民经济和社会发展规划。在机构改革进程中，体育机构只能加强，不能削弱。要深入进行调查研究，通过统筹规划、政策引导、组织协调、提供服务，建立灵活高效的调控机制，充分发挥各级工会、共青团、妇联、各行业和社会各界办体育的积极性。

（二十五）各级政府要增加对体育事业的投入。群众性体育事业属于公益性事业，县级以上人民政府要按照《中华人民共和国体育法》的规定，将体育事业经费、基本建设资金列入本级财政预算和基本建设投资计划，并随着国民经济的发展逐步增加对体育事业的投入，确保体育事业经费随着财政收入的增长逐步增加。

（二十六）各级政府要重视体育设施建设，加强城乡公共体育设施规划。新建的非营利性体育设施，地方政府可以采用划拨方式提供用地。新建居民小区、经济开发区和学校必须配套建设相应的体育设施。公共体育设施要向社会开放，正确处理好公益性和经营性的关系。收费标准要充分考虑人民群众的经济承受能力。学校、机关、企事业单位的体育设施也要努力实现社会共享。严禁侵占、破坏体育设施。要将体育场馆建设成为健康、科学、文明的阵地。

（二十七）加强法制建设，将体育工作纳入法制化轨道。要按照有关法律法规的规定，参照国际上的成功经验，结合我国国情，抓紧研究制定加强违禁药物管理、规范俱乐部制竞赛等方面的法规，并严格执行。

（二十八）加强体育队伍的作风建设，切实纠正不正之风，清除腐败行为。体育队伍的作风建设，关系到我国体育事业的健康、持续发展，是代表先进文化前进方向的重要标志。某些地方存在的不遵守竞赛规则、扰乱赛场秩序和其他各种腐败行为，是对“公平、公正、公开”竞赛原则的背离，与公民道德建设背道而驰。体育界和全社会要切实加强对体育队伍的思想道德教育和监督管理，坚决反对使用违禁药物和训练、竞赛中的一切不轨举动，坚决与体育领域各种不正之风和腐败行为作斗争，切实维护体育竞赛的公正性和纯洁性。

（二十九）进一步加强体育宣传报道工作。新闻舆论对促进体育事业的繁荣发展具有重要作用。要坚持正确的舆论导向，弘扬中华体育精神，普及体育科学知识，倡导健康、科学、文明的生活方式，维护社会稳定，为推动体育事业健康发展营造良好的舆论环境。

【说明：文中黑体字条款为与高校体育教育有直接关系的部分，供重点参考。】

学校体育工作条例

（1990年3月12日国家体委令第8号、国家体委令第11号发布）

第一章 总 则

第一条 为保证学校体育工作的正常开展，促进学生身心的健康成长，制定本条例。

第二条 学校体育工作是指普通中小学校、农业中学、职业中学、中等专业学校、普通高等学校的体育课教学、课外体育活动、课余体育训练和体育竞赛。

第三条 学校体育工作的基本任务是：增进学生身心健康，增强学生体质；使学生掌握体育基本知识，培养学生体育运动能力和习惯；提高学生运动技术水平，为国家培养体育后备人才；对学生进行品德教育，增强组织纪律性，培养学生的勇敢、顽强、进取精神。

第四条 学校体育工作应当坚持普及与提高相结合、体育锻炼与安全卫生相结合的原则，积极开展多种形式的强身健体活动，重视继承和发扬民族传统体育，注意汲取国外学校体育的有益经验，积极开展体育科学研究工作。

第五条 学校体育工作应当面向全体学生，积极推行国家体育锻炼标准。

第六条　学校体育工作在教育行政部门领导下，由学校组织实施，并接受体育行政部门的指导。

第二章　体育课教学

第七条　学校应当根据教育行政部门的规定，组织实施体育课教学活动。

普通中小学校、农业中学、职业中学、中等专业学校各年级和普通高等学校的一、二年级必须开设体育课。普通高等学校对三年级以上学生开设体育选修课。

第八条　体育课教学应当遵循学生身心发展的规律，教学内容应当符合教学大纲的要求，符合学生年龄、性别特点和所在地区地理、气候条件。

体育课的教学形式应当灵活多样，不断改进教学方法，改善教学条件，提高教学质量。

第九条　体育课是学生毕业、升学考试科目。学生因病、残免修体育课或者免除体育课考试的，必须持医院证明，经学校体育教研室（组）审核同意，并报学校教务部门备案，记入学生健康档案。

第三章　课外体育活动

第十条　开展课外体育活动应当从实际情况出发，因地制宜，生动活泼。

普通中小学、农业中学、职业中学每天应当安排课间操，每周安排三次以上课外体育活动，保证学生每天有一小时体育活动的时间（含体育课）。

中等专业学校、普通高等学校除安排有体育课、劳动课的当天外，每天应当组织学生开展各种课外体育活动。

第十一条 学校应当在学生中认真推行《国家体育锻炼标准》的达标活动和等级运动员制度。

学校可根据条件有计划地组织学生远足、野营和举办夏（冬）令营等多种形式的体育活动。

第四章 课余体育训练与竞赛

第十二条 学校应当在体育课教学和课外体育活动的基础上，开展多种形式的课余体育训练，提高学生的运动技术水平，有条件的普通中小学校、农业中学、职业中学、中等专业学校经省级教育行政部门批准，普通高等学校经国家教育委员会批准，可以开展培养优秀体育后备人才的训练。

第十三条 学校对参加课余体育训练的学生，应当安排好文化课学习，加强思想品德教育并注意改善他们的营养。普通高等学校对运动水平较高、具有培养前途的学生，报国家教育委员会批准，可适当延长学习年限。

第十四条 学校体育竞赛贯彻小型多样、单项分散、基层为主、勤俭节约的原则。学校每学年至少举行一次田径项目为主的全校性运动会。

普通小学校际体育竞赛在学校所在地的区、县范围内举行，普通中学校际体育竞赛在学校所在地的自治州、市范围内举行。但经省、自治区、直辖市教育行政部门批准，也可以在本省、自治区、直辖市范围内举行。

第十五条 全国中学生运动会每三年举行一次；全国大学生运动会每四年举行一次。特殊情况下，经国家教育委员会批准可提前或延期举行。

国家教育委员会根据需要，可以安排学生参加国际学生体育竞赛。

第十六条　学校体育竞赛应当执行国家有关的体育竞赛制度和规定，树立良好的赛风。

第五章　体育教师

第十七条　体育教师应当热爱学校体育工作，具有良好的思想品德、文化素养，掌握体育教育的理论和教学方法。

第十八条　学校应当在各级教育行政部门核定的教师总编制数内，按照教学计划中体育课授课时数所占的比例和开展课余体育活动的需要配备体育教师。除普通小学外，学校应当根据学校女生数量配备一定比例的女体育教师。承担培养优秀体育后备人才训练任务的学校，体育教师的配备应当相应增加。

第十九条　各级教育行政部门和学校应当有计划地安排体育教师进修培训。对体育教师的职务聘任、工资待遇应当与其他任课教师同等对待。按照国家有关规定，有关部门应当妥善解决体育教师的工作服装和粮食定量。

体育教师组织课间操（早操）、课外体育活动和课余训练、体育竞赛应当计算工作量。

学校对妊娠、产后的女体育教师，应当依照《女职工劳动保护规定》给予相应的照顾。

第六章　场地、器材、设备和经费

第二十条　学校的上级主管部门和学校应当按照国家或者地方制订的各类学校体育场地、器材、设备标准，有计划地逐步配齐。学校体育器材应当纳入教学仪器供应计划。新建、改建学校必须按照有关场地、器材的规定进行规划、设计和建设。

在学校比较密集的城镇地区，逐步建立中、小学体育活动中心，并纳入城市建设规划。社会的体育场（馆）和体育设施应当安排一定时间免费向学生开放。

第二十一条　学校应当制定体育场地、器材、设备的管理维修制度，并由专人负责管理。

任何单位或者个人不得侵占、破坏学校体育场地或者破坏体育器材、设备。

第二十二条　各级教育行政部门和学校应当根据学校体育工作的实际需要，把学校体育经费纳入核定的年度教育经费预算内，予以妥善安排。

地方各级人民政府在安排年度学校教育经费时，应当安排一定数额的体育经费，以保证学校体育工作的开展。

国家和地方各级体育行政部门在经费上应当尽可能对学校体育工作给予支持。

国家鼓励各种社会力量以及个人自愿捐资支援学校体育工作。

第七章　组织机构和管理

第二十三条　各级教育行政部门应当健全学校体育管理机构，加强对学校体育工作的指导和检查。

学校体育工作应当作为考核学校工作的一项基本内容。普通中小学校的体育工作应当列入督导计划。

第二十四条　学校应当由一位副校（院）长主管体育工作，在制定计划、总结工作、评选先进时，应当把体育工作列为重要内容。

第二十五条　普通高等学校、中等专业学校和规模较大的普通中学，可以建立相应的体育管理部门，配备专职干部和管理人员。

班主任、辅导员应当把学校体育工作作为一项工作内容，教育和督促学生积极参加体育活动。学校的卫生部门应当与体育管理部门互相配合，搞好体育卫生工作。总务部门应当搞好学校体育工作的后勤保障。

学校应当充分发挥共青团、少先队、学生会以及大、中学生体育协会等组织在学校体育工作中的作用。

第八章　奖励与处罚

第二十六条　对在学校体育工作中成绩显著的单位和个人，各级教育、体育行政部门或者学校应当给予表彰、奖励。

第二十七条　对违反本条例,有下列行为之一的单位或者个人，由当地教育行政部门令其限期改正，并视情节轻重对直接责任人员给予批评教育或者行政处分：

（一）不按规定开设或者随意停止体育课的；

（二）未保证学生每天一小时体育活动时间（含体育课）的；

（三）在体育竞赛中违反纪律、弄虚作假的；

（四）不按国家规定解决体育教师工作服装、粮食定量的。

第二十八条　对违反本条例，侵占、破坏学校体育场地、器材、设备的单位或者个人，由当地人民政府或者教育行政部门令其限期清退和修复场地、赔偿或者修复器材、设备。

第九章　附　则

第二十九条　高等体育院校和普通高等学校的体育专业的体育工作不适用本条例。

技工学校、工读学校、特殊教育学校、成人学校的学校体育工作参照本条例执行。

第三十条　国家教育委员会、国家体育运动委员会可根据本条例制定实施办法。

第三十一条　本条例自发布之日起施行。原教育部、国家体育运动委员会1979年10月5日发布的《高等学校体育工作暂行规定（试行草案）》和《中、小学体育工作暂行规定（试行草案）》同时废止。

学生伤害事故处理办法

教育部令第12号（2002-8-21）

第一章　总则

第一条　为积极预防、妥善处理在校学生伤害事故，保护学生、学校的合法权益，根据《中华人民共和国教育法》、《中华人民共和国未成年人保护法》和其他相关法律、行政法规及有关规定，制定本办法。

第二条　在学校实施的教育教学活动或者学校组织的校外活动中，以及在学校负有管理责任的校舍、场地、其他教育教学设施、生活设施内发生的，造成在校学生人身损害后果的事故的处理，适用本办法。

第三条　学生伤害事故应当遵循依法、客观公正、合理适当的原则，及时、妥善地处理。

第四条　学校的举办者应当提供符合安全标准的校舍、场地、其他教育教学设施和生活设施。

教育行政部门应当加强学校安全工作，指导学校落实预防学生伤害事故的措施，指导、协助学校妥善处理学生伤害事故，维护学校正常的教育教学秩序。

第五条　学校应当对在校学生进行必要的安全教育和自护自救教育；应当按照规定，建立健全安全制度，采取相应的管理措施，预防和消除教育教学环境中存在的安全隐患；当发生伤害事故时，应当及时采取措施救助受伤害学生。

学校对学生进行安全教育、管理和保护，应当针对学生年龄、认知能力和法律行为能力的不同，采用相应的内容和预防措施。

第六条　学生应当遵守学校的规章制度和纪律；在不同的受教育阶段，应当根据自身的年龄、认知能力和法律行为能力，避免和消除相应的危险。

第七条　未成年学生的父母或者其他监护人（以下称为监护人）应当依法履行监护职责，配合学校对学生进行安全教育、管理和保护工作。

学校对未成年学生不承担监护职责，但法律有规定的或者学校依法接受委托承担相应监护职责的情形除外。

第二章　事故与责任

第八条　学生伤害事故的责任，应当根据相关当事人的行为与损害后果之间的因果关系依法确定。

因学校、学生或者其他相关当事人的过错造成的学生伤害事故，相关当事人应当根据其行为过错程度的比例及其与损害后果之间的因果关系承担相应的责任。当事人的行为是损害后果发生的主要原因，应当承担主要责任；当事人的行为是损害后果发生的非主要原因，承担相应的责任。

第九条　因下列情形之一造成的学生伤害事故，学校应当依法承担相应的责任：

（一）学校的校舍、场地、其他公共设施，以及学校提供给学生使用的学具、教育教学和生活设施、设备不符合国家规定的标准，或者有明显不安全因素的；

（二）学校的安全保卫、消防、设施设备管理等安全管理制度有明显疏漏，或者管理混乱，存在重大安全隐患，而未及时采取措施的；

（三）学校向学生提供的药品、食品、饮用水等不符合国家或者行业的有关标准、要求的；

（四）学校组织学生参加教育教学活动或者校外活动，未对学生进行相应的安全教育，并未在可预见的范围内采取必要的安全措施的；

（五）学校知道教师或者其他工作人员患有不适宜担任教育教学工作的疾病，但未采取必要措施的；

（六）学校违反有关规定，组织或者安排未成年学生从事不宜未成年人参加的劳动、体育运动或者其他活动的；

（七）学生有特异体质或者特定疾病，不宜参加某种教育教学活动，学校知道或者应当知道，但未予以必要的注意的；

（八）学生在校期间突发疾病或者受到伤害，学校发现，但未根据实际情况及时采取相应措施，导致不良后果加重的；

（九）学校教师或者其他工作人员体罚或者变相体罚学生，或者在履行职责过程中违反工作要求、操作规程、职业道德或者其他有关规定的；

（十）学校教师或者其他工作人员在负有组织、管理未成年学生的职责期间，发现学生行为具有危险性，但未进行必要的管理、告诫或者制止的；

（十一）对未成年学生擅自离校等与学生人身安全直接相关的信息，学校发现或者知道，但未及时告知未成年学生的监护人，导致未成年学生因脱离监护人的保护而发生伤害的；

（十二）学校有未依法履行职责的其他情形的。

第十条　学生或者未成年学生监护人由于过错，有下列情形之一，造成学生伤害事故，应当依法承担相应的责任：

（一）学生违反法律法规的规定，违反社会公共行为准则、学校的规章制度或者纪律，实施按其年龄和认知能力应当知道具有危险或者可能危及他人的行为的；

（二）学生行为具有危险性，学校、教师已经告诫、纠正，但学生不听劝阻、拒不改正的；

（三）学生或者其监护人知道学生有特异体质，或者患有特定疾病，但未告知学校的；

（四）未成年学生的身体状况、行为、情绪等有异常情况，监护人知道或者已被学校告知，但未履行相应监护职责的；

（五）学生或者未成年学生监护人有其他过错的。

第十一条　学校安排学生参加活动，因提供场地、设备、交通工具、食品及其他消费与服务的经营者，或者学校以外的活动组织者的过错造成的学生伤害事故，有过错的当事人应当依法承担相应的责任。

第十二条　因下列情形之一造成的学生伤害事故，学校已履行了相应职责，行为并无不当的，无法律责任：

（一）地震、雷击、台风、洪水等不可抗的自然因素造成的；

（二）来自学校外部的突发性、偶发性侵害造成的；

（三）学生有特异体质、特定疾病或者异常心理状态，学校不知道或者难于知道的；

（四）学生自杀、自伤的；

（五）在对抗性或者具有风险性的体育竞赛活动中发生意外伤害的；

（六）其他意外因素造成的。

第十三条　下列情形下发生的造成学生人身损害后果的事故，学校行为并无不当的，不承担事故责任；事故责任应当按有关法律法规或者其他有关规定认定：

（一）在学生自行上学、放学、返校、离校途中发生的；

（二）在学生自行外出或者擅自离校期间发生的；

（三）在放学后、节假日或者假期等学校工作时间以外，学生自行滞留学校或者自行到校发生的；

（四）其他在学校管理职责范围外发生的。

第十四条　因学校教师或者其他工作人员与其职务无关的个人行为，或者因学生、教师及其他个人故意实施的违法犯罪行为，造成学生人身损害的，由致害人依法承担相应的责任。

第三章　事故处理程序

第十五条　发生学生伤害事故，学校应当及时救助受伤害学生，并应当及时告知未成年学生的监护人；有条件的，应当采取紧急救援等方式救助。

第十六条　发生学生伤害事故，情形严重的，学校应当及时向主管教育行政部门及有关部门报告；属于重大伤亡事故的，教育行政部门应当按照有关规定及时向同级人民政府和上一级教育行政部门报告。

第十七条　学校的主管教育行政部门应学校要求或者认为必要，可以指导、协助学校进行事故的处理工作，尽快恢复学校正常的教育教学秩序。

第十八条　发生学生伤害事故，学校与受伤害学生或者学生家长可以通过协商方式解决；双方自愿，可以书面请求主管教育行政部门进行调解。成年学生或者未成年学生的监护人也可以依法直接提起诉讼。

第十九条　教育行政部门收到调解申请，认为必要的，可以指定专门人员进行调解，并应当在受理申请之日起60日内完成调解。

第二十条　经教育行政部门调解，双方就事故处理达成一致意见的，应当在调解人员的见证下签订调解协议，结束调解；在调解期限内，双方不能达成一致意见，或者调解过程中一方提起诉讼，人民法院已经受理的，应当终止调解。调解结束或者终止，教育行政部门应当书面通知当事人。

第二十一条　对经调解达成的协议，一方当事人不履行或者反悔的，双方可以依法提起诉讼。

第二十二条　事故处理结束，学校应当将事故处理结果书面报告主管的教育行政部门；重大伤亡事故的处理结果，学校主管的教育行政部门应当向同级人民政府和上一级教育行政部门报告。

第四章　事故损害的赔偿

第二十三条　对发生学生伤害事故负有责任的组织或者个人，应当按照法律法规的有关规定，承担相应的损害赔偿责任。

第二十四条　学生伤害事故赔偿的范围与标准，按照有关行政法规、地方性法规或者最高人民法院司法解释中的有关规定确定。

教育行政部门进行调解时，认为学校有责任的，可以依照有关法律法规及国家有关规定，提出相应的调解方案。

第二十五条　对受伤害学生的伤残程度存在争议的，可以委托当地具有相应鉴定资格的医院或者有关机构，依据国家规定的人体伤残标准进行鉴定。

第二十六条　学校对学生伤害事故负有责任的，根据责任大小，适当予以经济赔偿，但不承担解决户口、住房、就业等与救助受伤害学生、赔偿相应经济损失无直接关系的其他事项。

学校无责任的，如果有条件，可以根据实际情况，本着自愿和可能的原则，对受伤害学生给予适当的帮助。

第二十七条　因学校教师或者其他工作人员在履行职务中的故意或者重大过失造成的学生伤害事故，学校予以赔偿后，可以向有关责任人员追偿。

第二十八条　未成年学生对学生伤害事故负有责任的，由其监护人依法承担相应的赔偿责任。

学生的行为侵害学校教师及其他工作人员以及其他组织、个人的合法权益，造成损失的，成年学生或者未成年学生的监护人应当依法予以赔偿。

第二十九条　根据双方达成的协议、经调解形成的协议或者人民法院的生效判决，应当由学校负担的赔偿金，学校应当负责筹措；学校无力完全筹措的，由学校的主管部门或者举办者协助筹措。

第三十条　县级以上人民政府教育行政部门或者学校举办者有条件的，可以通过设立学生伤害赔偿准备金等多种形式，依法筹措伤害赔偿金。

第三十一条　学校有条件的，应当依据保险法的有关规定，参加学校责任保险。

教育行政部门可以根据实际情况，鼓励中小学参加学校责任保险。

提倡学生自愿参加意外伤害保险。在尊重学生意愿的前提下，学校可以为学生参加意外伤害保险创造便利条件，但不得从中收取任何费用。

第五章　事故责任者的处理

第三十二条　发生学生伤害事故，学校负有责任且情节严重的，教育行政部门应当根据有关规定，对学校的直接负责的主管人员和其他直接责任人员，分别给予相应的行政处分；有关责任人的行为触犯刑律的，应当移送司法机关依法追究刑事责任。

第三十三条　学校管理混乱，存在重大安全隐患的，主管的教育行政部门或者其他有关部门应当责令其限期整顿；对情节严重或者拒不改正的，应当依据法律法规的有关规定，给予相应的行政处罚。

第三十四条　教育行政部门未履行相应职责，对学生伤害事故的发生负有责任的，由有关部门对直接负责的主管人员和其他直接责任人员分别给予相应的行政处分；有关责任人的行为触犯刑律的，应当移送司法机关依法追究刑事责任。

第三十五条　违反学校纪律，对造成学生伤害事故负有责任的学生，学校可以给予相应的处分；触犯刑律的，由司法机关依法追究刑事责任。

第三十六条　受伤害学生的监护人、亲属或者其他有关人员，在事故处理过程中无理取闹，扰乱学校正常教育教学秩序，或者侵犯学校、学校教师或者其他工作人员的合法权益的，学校应当报告公安机关依法处理；造成损失的，可以依法要求赔偿。

第六章　附则

第三十七条　本办法所称学校，是指国家或者社会力量举办的全日制的中小学（含特殊教育学校）、各类中等职业学校、高等学校。本办法所称学生是指在上述学校中全日制就读的受教育者。

第三十八条　幼儿园发生的幼儿伤害事故，应当根据幼儿为完全无行为能力人的特点，参照本办法处理。

第三十九条　其他教育机构发生的学生伤害事故，参照本办法处理。

在学校注册的其他受教育者在学校管理范围内发生的伤害事故，参照本办法处理。

第四十条　本办法自 2002 年 9 月 1 日起实施，原国家教委　教育部颁布的与学生人身安全事故处理有关的规定，与本办法不符的，以本办法为准。

在本办法实施之前已处理完毕的学生伤害事故不再重新处理。

教育部国家体育总局共青团中央关于开展全国亿万学生阳光体育运动的通知

教体艺〔2006〕6号

各省、自治区、直辖市教育厅（教委）、体育局、团委，新疆生产建设兵团教育局、体育局、团委：

为全面贯彻党的教育方针，认真落实“健康第一”的指导思想，在全国亿万学生中掀起群众性体育锻炼的热潮，切实提高学生体质健康水平，教育部、国家体育总局、共青团中央共同决定，从2007年开始，结合《学生体质健康标准》的全面实施，在全国各级各类学校中广泛、深入地开展全国亿万学生阳光体育运动（以下简称阳光体育运动）。现将有关事项通知如下：

1. 开展阳光体育运动，要进一步提高对体育的认识。各级教育行政部门、体育行政部门、共青团组织和各级各类学校要把开展阳光体育运动作为全面推进素质教育的重要突破口和主要工作方面，作为加强学校体育工作，提高全体学生体质健康水平的主要举措，认真组织实施。动员起来，组织起来，在全国大、中、小学中掀起阳光体育运动的热潮，形成全员参与的群众性体育锻炼的良好风气。

2. 开展阳光体育运动，要以“达标争优、强健体魄”为目标。用3年时间，使85%以上的学校能全面实施《学生体质健康标准》，使85%以上的学生能做到每天锻炼一小时，达到《学生体质健康标准》及格等级以上，掌握至少2项日常锻炼的体育技能，形成良好的体育锻炼习惯，体质健康水平切实得到提高。

3. 开展阳光体育运动，要以全面实施《学生体质健康标准》为基础。建立和完善《学生体质健康标准》测试结果记录体系，测试成绩要记入小学生成长记录或学生素质报告书，初中以上学生要记入学生档案，并作为毕业、升学的重要依据。建立《学生体质健康标准》通报制度，定期通报各地《学生体质健康标准》的实施情况和测试结果。认真组织全体学生积极开展“达标争优”活动，对达到《学生体质健康标准》优秀等级的学生，颁发“阳光体育奖章”。

4. 开展阳光体育运动，要与体育课教学相结合。坚持依法治教，规范办学行为，严格执行国家有关体育课时的规定，开足上好体育课，不得以任何理由挤占体育课时。深化教学改革，不断提高教学质量，通过体育教学，教育、引导学生积极参加阳光体育运动。

5. 开展阳光体育运动，要与课外体育活动相结合。配合体育课教学，保证学生平均每个学习日有一小时体育锻炼时间。将学生课外体育活动纳入教育计划，形成制度。认真组织实施“全国中小学生课外文体活动工程”，大力推行大课间体育活动形式，积极创建中小学快乐体育园地，加强学生体育社团和体育俱乐部建设。通过广泛开展学生体育集体项目的竞赛、主题鲜明的冬季象征性长跑、具有地方特点和民族特色的学生体育活动等，不断丰富学生课外体育活动的形式和内容。

6. 开展阳光体育运动，要营造良好的舆论氛围。通过多种形式，大力宣传阳光体育运动，广泛传播健康理念，使“健康第一”、“达标争优、强健体魄”、“每天锻炼一小时，健康工作五十年，幸福生活一辈子”等口号家喻户晓，深入人心。建立评比表彰制度，对在阳光体育运动中取得优异成绩的单位和个人给予表彰，以唤起全社会对学生体质健康的广泛关注，吸引家庭和社会力量共同支持阳光体育运动的开展。

7. 开展阳光体育运动，要加强组织领导。教育部、国家体育总局和共青团中央共同成立全国阳光体育运动领导小组，制订实施细则，领导和组织全国阳光体育运动的开展。各级教育、体育行政部门和共青团组织要成立相应的工作机构，各学校要成立以校长牵头的领导小组，按照全国的统一部署，制定具体的措施，组织本地、本学校的阳光体育运动的实施。

教育部　国家体育总局　共青团中央

二〇〇六年十二月二十日

教育部关于进一步加强高等学校体育工作的意见

教体艺[2005]4号（2005年4月25日）

各省、自治区、直辖市教育厅（教委），新疆生产建设兵团教育局，有关部门（单位）教育司（局），部属各高等学校：

近些年来，随着我国社会长期稳定，经济持续增长，教育改革不断深化，素质教育全面推进，高等学校体育工作取得了令人瞩目的成绩。学校体育管理工作更加科学、规范，体育场馆、设施建设速度加快，体育课程改革全面推进，群众性体育活动日益活跃，运动训练水平大幅度提高，体育师资队伍建设得到加强，科研水平不断提高。但是，我们必须清醒地看到，高等学校体育工作仍然是高等教育中最为薄弱的环节之一。一些学校领导体育意识淡薄；生均体育资源随着高校扩招出现负增长；学生中存在着怕苦怕累的思想，缺乏体育锻炼的习惯，特别是学生的某些身体素质指标持续下降，已成为高等教育中的突出问题和社会关注的热点问题。面对新的形势，为进一步加强高等学校体育工作，特提出以下意见：

一、充分认识高等学校体育工作的重要意义。“健康体魄是青少年学生为祖国和人民服务的基本前提，是中华民族旺盛生命力的体现”。高等学校是为国家培养高素质专门人才的阵地，健康体魄是高素质人才的物质载体，学校体育是培养高素质专门人才的重要环节。教育行政部门和高等学校要认真贯彻德、智、体全面发展的教育方针，从中华民族伟大复兴的高度，从实践“三个代表”重要思想的高度，从以人为本，促进人的全面发展的高度，充分认识做好高等学校体育工作的重要意义，牢固树立“健康第一”的指导思想，切实加强学校体育工作。

二、切实加强高等学校体育工作的领导和管理。高等学校主要负责同志作为学生体质健康的第一责任人，要加强对学校体育工作的领导。学校领导班子要把体育工作真正摆上学校的议事日程，每年至少召开一次会议，专题研究体育工作，制订年度体育工作计划，采取切实措施，解决体育工作中存在的实际问题。教育行政部门和高等学校应把学生的体质健康状况作为衡量学校教育质量的评价指标，把体育工作的质量作为衡量学校办学水平的评价指标。

三、大力推进体育课程改革。高等学校要认真落实《全国普通高等学校体育课程教学指导纲要》，进一步加大体育教学改革的力度，探索实现教学目标的科学方法和途径。要积极创造条件，努力实现以学生为本的“自主选择教师、自主选择项目、自主选择上课时间”的三自主教学形式，营造生动、活泼、主动的教学氛围；要进一步完善体育课程评价体系，使学生通过体育课程的学习，至少掌握两项运动技能，养成良好的体育锻炼习惯，有效增强体质、增进健康。

四、广泛开展学生课外体育活动。高等学校要把开展丰富多彩、形式多样的学生课外体育活动作为学校日常教育工作的有机组成部分。要通过科学安排作息制度，保证学生每天有一定时间用于课外体育锻炼。对学生的课外体育活动要有制度、有组织、有要求、有记录。每个学生每周至少要参加2～3次课外体育活动。学校体育部（室）、学生处等有关职能部门要紧密配合，充分发挥党、团组织以及学生会和其他学生社团组织的作用，积极组织开展学生课外体育活动。要把学生课外体育活动作为校园文化建设的重要组成部分，大力营造良好的校园体育文化氛围，使校园充满朝气和活力。要大力宣扬“每天锻炼一小时，健康工作50年，幸福生活一辈子”这一具有时代特征的口号，以此不断增强广大青少年学生的体育意识，激励他们积极参加体育锻炼。

要加大对学校运动会的改革力度。在学校运动会中应更多地设立大学生喜欢的群众性体育项目和民族传统体育项目，把学校运动会真正办成广大学生积极参与的学生体育盛会。

五、全面实施《学生体质健康标准》。《学生体质健康标准》是《国家体育锻炼标准》的有机组成部分，是《国家体育锻炼标准》在学校的具体实施，是对大学生体质健康的基本要求，每个大学生都应该努力达到。《学生体质健康标准》成绩是学生体育成绩的重要组成部分。学校必须认真组织实施《学生体质健康标准》，身体方面没有特殊原因，未达到《学生体质健康标准》的学生，在其体育课成绩中应有反映。高等学校要建立学生体质健康检测咨询中心，定期组织学生进行测试，要充分发挥《学生体质健康标准》的教育功能、指导功能和反馈功能，使其真正成为激发学生自觉锻炼，提高学生体质健康水平的重要手段。

六、努力提高学生的运动技术水平。学校体育既是国家全民健身计划的基础，也是国家奥运争光计划的基础。高等学校是为国家培养高素质体育人才的重要基地。面对新的形势，高等学校要大力开展运动训练，积极探索培养优秀学生运动员的规律，尽快提高运动技术水平。有条件的高等学校，要按照《教育部国家体育总局关于进一步加强普通高等学校高水平运动队建设的意见》（教体艺

［2005］3 号）的精神，采取多种培养模式，培养全面发展的高水平运动员，努力完成世界大学生运动会及其它重大国际体育赛事的参赛任务，为国家奥运争光计划作贡献。

七、高度重视体育师资队伍的建设。各地教育行政部门和高等学校要采取有效措施，提高体育教师的学历层次和专业素质，加强对体育教师敬业精神的培养。加强体育科学研究是提高体育教师学术水平、教学和训练能力的重要措施，学校要重视体育科学研究工作，对体育教师的科研要有明确和具体的要求，并予以必要的时间和经费保证。要尊重体育教师的劳动，关心他们的切身利益。组织、指导学生课外体育活动、课余训练和学生体质健康标准的测试，都是体育教师的重要工作内容，应合理计算工作量。根据体育教师主要在室外工作的特点，要按有关规定落实相应待遇。

八、切实保障体育经费的投入和场馆设施条件。针对高校扩招后，体育资源严重不足的实际情况，要进一步加大对体育工作的投入，确保体育经费与学生人数同步增长。要认真执行《普通高等学校体育场馆设施、器材配备目录》，加速体育场馆设施的建设，科学配置体育资源。同时，要充分提高现有体育资源的使用效益，最大限度地满足学生运动需求。

九、积极开展高等学校体育国际交流与合作。体育是世界各国人民友好交流活动中，最具共同语言、最易相互沟通的交流形式之一。体育的国际交流日益活跃，越来越受到各国的重视，高等学校要重视开展体育国际交流活动。要积极创造条件组团参加重大国际体育赛事，选派优秀体育教师和教练员参加有关国际学术会议，聘请高水平外国专家到高等学校任教、讲学、指导训练。通过各种形式的体育交流与合作，不断提高高等学校体育教学、训练和科研水平，提高我国高等学校的国际知名度和影响力。

请将此文件转发所属高等学校。

二〇〇五年四月二十五日

教育部 国家体育总局关于实施《国家学生体质健康标准》的通知

教体艺[2007]8 号

各省、自治区、直辖市教育厅（教委）、体育局，新疆生产建设兵团教育局、体育局：

《学生体质健康标准》自 2002 年试行以来，各地认真组织推广试行，取得了很好的经验。教育部、国家体育总局在认真总结试行工作的基础上，根据新的形势对《学生体质健康标准》进行了修改和完善。现将《国家学生体质健康标准》（以下简称《标准》）及《国家学生体质健康标准》实施办法印发给你们，请认真贯彻执行。具体要求通知如下：

一、《标准》自发布之日起在全国各级各类学校全面实施，确有困难不能在 2007 年实施《标准》的学校，须请示上级教育行政部门，经省级教育行政部门核准同意后可以延期至 2008 年实行。各省级教育行政部门须将延期实施《标准》的学校名单报教育部（体育卫生与艺术教育司）备案。

二、各省级教育行政部门要根据实际情况，制定《标准》的具体实施计划，并于 2007 年 9 月 1 日前报教育部备案。

三、自 2007 年开始，国家体育总局、教育部每两年组织一次对各地实施《标准》情况的检查，并公布检查结果。

附件：1. 国家学生体质健康标准

2.《国家学生体质健康标准》实施办法

教育部 国家体育总局

二〇〇七年四月四日

附件 1

国家学生体质健康标准

一、说明

（一）为贯彻落实健康第一的指导思想，切实加强学校体育工作，促进学生积极参加体育锻炼，养成良好的锻炼习惯，提高体质健康水平，特制定本标准。

（二）本标准是《国家体育锻炼标准》的有机组成部分，是《国家体育锻炼标准》在学校的具体实施，是国家对学生体质健康方面的基本要求，适用于全日制小学、初中、普通高中、中等职业学校和普通高等学校的在校学生。

（三）本标准从身体形态、身体机能、身体素质和运动能力等方面综合评定学生的体质健康水平，是促进学生体质健康发展、激励学生积极进行身体锻炼的教育手段，是学生体质健康的个体评价标准。

（四）本标准将测试对象划分为以下组别：小学一、二年级为一组，三、四年级为一组，五、六年级为一组，初、高中每年级各为一组，大学为一组。

小学一、二年级组和三、四年级组测试项目分为三类，身高、体重为必测项目，其他二类测试项目各选测一项。小学五、六年级组，初、高中各组，大学组测试项目均为五类，身高、体重、肺活量为必测项目，其他三类测试项目各选测一项。

选测项目每年由地（市）级教育行政部门、高等学校在测试前两个月确定并公布。选测项目原则上每年不得重复。

（五）学校每学年对学生进行一次本标准的测试，本标准的测试方法按《国家学生体质健康标准解读》（人民教育出版社出版）中的有关要求进行。

（六）本标准各评价指标的得分之和为本标准的最后得分，满分为 100 分。根据最后得分评定等级：90 分及以上为优秀，75 分～89 分为良好，60 分～74 分为及格，59 分及以下为不及格。学生体质健康标准成绩每学年评定一次，按评定等级记入《国家学生体质健康标准登记卡》（见附表 1-5）。学生毕业时体质健康标准的成绩和等级，按毕业当年得分和其他学年平均得分各占 50%之和进行评定。因病或残疾免予执行本标准的学生，填写《免予执行〈国家学生体质健康标准〉申请表》（见附表 6）。

（七）本标准由教育部负责解释。

二、《国家学生体质健康标准》评价指标与分值

组别	评价指标（测试项目）	分值	备注
小学一、二年级	身高标准体重	20	必测
	坐位体前屈、投沙包	40	选测一项
	50 米跑（25 米×2 往返跑）、立定跳远、跳绳、踢毽子	40	选测一项
小学三、四年级	身高标准体重	20	必　测
	坐位体前屈、掷实心球、仰卧起坐	40	选测一项
	50 米跑（25 米×2 往返跑）、立定跳远、跳绳	40	选测一项
小学五、六年级	身高标准体重	10	必　测
	肺活量体重指数	20	必　测
	400 米跑（50 米×8 往返跑）、台阶试验	30	选测一项
	坐位体前屈、掷实心球、仰卧起坐、握力体重指数	20	选测一项
	50 米跑（25 米×2 往返跑）、立定跳远、跳绳、篮球运球、足球颠球、排球垫球	20	选测一项

续表

组别	评价指标（测试项目）	分值	备注
初中、高中、大学各年级	身高标准体重	10	必　测
	肺活量体重指数	20	必　测
	1000 米跑（男）、800 米跑（女）、台阶试验	30	选测一项
	坐位体前屈、掷实心球、仰卧起坐（女）、引体向上（男）、握力体重指数	20	选测一项
	50 米跑、立定跳远、跳绳、篮球运球、足球运球、排球垫球	20	选测一项

注：身高标准体重测试项目为身高、体重，肺活量体重指数测试项目为肺活量，握力体重指数测试项目为握力。

三、《国家学生体质健康标准》评分表

《国家学生体质健康标准》评分表（略），详见“健康知识篇”第六章。

附件 2

《国家学生体质健康标准》实施办法

一、《国家学生体质健康标准》（以下简称《标准》）的实施工作在教育部、国家体育总局的领导下，由各级教育行政部门管理，体育行政部门指导，学校组织实施。

二、《标准》的组织实施工作在校长领导下，由学校体育教学部门、教务部门、校医院（医务室）、学工部门、辅导员（班主任）协同配合共同组织实施。《标准》的测试应与学生的健康体检有机结合，避免重复测试。学生的《标准》测试成绩按评定等级记入《国家学生体质健康标准登记卡》，小学列入学生成长记录或学生素质报告书，初中以上学校列入学生档案（含电子档案），作为学生毕业、升学的重要依据。对达到及格以上成绩的学生颁发证章。《标准》的实施工作记入教师的教学工作量。

三、学生《标准》测试成绩达到良好及以上者，方可参加三好学生、奖学金评选；成绩达到优秀者，方可获体育奖学分。《标准》成绩不及格者，在本学年度准予补测一次，补测仍不及格，则学年《标准》成绩为不及格。普通高中、中等职业学校和普通高等学校学生毕业时，《标准》测试的成绩达不到50分者按肄业处理。

四、因病或残疾学生，可向学校提交免予执行《标准》的申请，经医疗单位证明，体育教学部门核准后，可免予执行《标准》，并填写《免予执行〈国家学生体质健康标准〉申请表》，存入学生档案。对确实丧失运动能力、免予执行《标准》的残疾学生，仍可参加三好学生、奖学金、奖学分评选，毕业时《标准》成绩可记为满分，但不评定等级。

五、认真上好体育课、积极参加体育活动、每天锻炼时间达到一小时者，奖励5分，计入学年《标准》总成绩。

六、属下列情况之一者，其《标准》成绩记为不及格，该学年《标准》成绩最高记为59分：

1. 评价指标中400米（50米×8往返跑）、1000米跑（男）、800米跑（女）、台阶试验的得分达不到及格者；

2. 体育课无故缺勤，一学年累计超过应出勤次数1/10者。

七、各地、各学校在实施《标准》时要树立“安全第一”的指导思想，健全各项安全保障制度，落实安全责任制，加强对场地、器材、设备的安全检查。要认真做好学生的体检工作，对生病学生实行缓测或免测。

八、全国各级各类学校每年均直接将本校各年级《标准》测试数据，通过中国学生体质健康网（网址中文域名：中国学生体质健康网），报送至教育部“国家学生体质健康标准数据管理系统”，上报数据的时间为每年9月1日至12月31日，上报测试数据的工具软件，由学校在中国学生体质健康网上免费下载使用。

九、高职、高专类学校参照有关要求执行。

十、教育部每年公布各省、自治区、直辖市实施《标准》的基本情况；每学年对教育部直属高校本科新生《标准》测试结果，按生源所在地进行统计，并以省、自治区、直辖市为单位进行公布。

十一、各地教育、体育行政部门对本地各级各类学校实施《标准》的情况，要认真检查监督。要将《标准》的实施情况纳入各级政府教育督导内容和评估指标体系，并作为对各级各类学校进行评优、表彰的基本依据。对弄虚作假、徇私舞弊者，给予通报批评，情节严重者，给予行政处分。

十二、为保证《标准》测试数据的科学性、准确性，各地、各学校招标、选用的《标准》测试器材必须是经国家认证认可监督管理委员会批准的相关认证机构认证合格的产品。

十三、本办法由教育部负责解释。

教育部 国家体育总局关于进一步加强学校体育工作切实提高学生健康素质的意见

教体艺（2006）5号

各省、自治区、直辖市教育厅（教委）、体育局，新疆生产建设兵团教育局、体育局：

为全面推进素质教育，进一步加强学校体育工作，切实提高广大青少年学生的健康素质，促进青少年学生的全面发展，特提出以下意见。

一、学校教育要树立健康第一的指导思想

贯彻党的教育方针，全面实施素质教育，培养德智体美等方面全面发展的社会主义建设者和接班人，必须始终坚持健康第一的指导思想。学校体育是提高青少年健康素质的关键环节。青少年学生的健康是一个民族健康素质的基础，是每个学生健康成长的基本条件，关系到千家万户的幸福，关系到民族的未来和国家的竞争力。学校体育是促进青少年全面发展的重要内容，对青少年的思想品德、智力发育、审美素养的形成都有不可替代的重要作用，是进行爱国主义、集体主义教育，弘扬民族精神、传承民族文化的重要途径。加强学校体育工作、提高学生健康素质，是学校教育全面落实科学发展观、坚持以人为本、促进青少年学生全面发展的必然要求，是把提高教育质量作为当前教育工作重点的必然要求，必须把学校体育摆在学校教育的突出位置，作为各级各类学校的一项重要任务，各级教育行政部门和学校必须充分认识加强学校体育工作的紧迫性。

近些年来，各地教育行政部门和学校全面贯彻教育方针，学校体育工作取得了显著成绩，广大教育工作者付出了辛勤的劳动。但是，由于全社会的教育观、健康观和生活方式与人民生活水平的提高和全面建设小康社会的要求不相适应，由于受到片面追求升学率的影响，学校体育工作还没有摆到应有的位置，学校体育课程、体育活动难以得到保证，使学生体质健康方面存在一些不容忽视的严重问题，特别是学生的体能与运动素质持续下降，视力不良率居高不下，超重与肥胖比例迅速上升。学生体质健康水平直接影响到青少年一代的健康成长，直接影响到我国人才培养的质量。各级教育、体育行政部门必须采取坚决有力的措施，把加强学校体育工作作为今后一个时期实施素质教育的重要突破口，作为全民健身计划的重点，切实改变这一状况。

二、切实贯彻落实国家对学校体育工作的要求

认真落实国家对体育课程的规定。体育课是学校体育工作的中

心环节，各级各类学校必须切实开足、开齐体育课，不得以任何理由削减、挤占体育课时间。同时，要积极推进体育教学改革，不断提高教学质量。要通过调动学生参与课内外体育活动的积极性，有效增强学生体质，使学生掌握科学锻炼身体的基础知识和基本技能，养成良好的体育锻炼习惯，为终身体育打下坚实基础。

建立并坚持科学规范的学生作息制度。学生的学习、生活、体育、娱乐、课外活动和休息的安排，都要按照健康第一的指导思想和青少年生长发育的规律进行。要依法保障学生睡眠和体育锻炼的权利，确保小学生每天睡眠时间不少于 10 小时，中学生不少于 9 小时，学生体育活动时间不少于 1 小时。学校要制定科学的作息时间表，加以公示后，坚决保证实行。县级以上教育行政部门应根据当地的实际提出安排中小学学期、假期和学校作息时间的指导意见。

广泛开展群体性的学生体育活动。学校要把开展丰富多彩、形式多样的课外体育活动作为日常教育工作和校园文化建设的有机组成部分，并纳入教育教学活动安排，形成制度。教育部、国家体育总局、共青团中央将共同组织开展全国亿万学生阳光体育运动。各级教育、体育行政部门和各级各类学校要积极行动起来，开展人人参与、个个争先的群众体育活动，探索学生有兴趣、学校有特色的群体活动形式，不断增强广大青少年学生的体育健身意识，激励他们自觉参加体育锻炼，掀起校园青春健身活动的热潮，形成生动活泼、生机勃勃、生龙活虎的校园体育文化氛围。体育行政部门要加大依托学校创建青少年体育俱乐部和社区俱乐部工作的力度，组织和吸引广大青少年学生积极参加体育活动。

加强对学生课余体育训练、竞赛活动的指导和支持。开展课余体育训练是普及体育人口和培养、选拔优秀体育后备人才的重要基础。要把面向全体学生的群体活动与提高课余体育训练水平有机结合起来，通过更加广泛的群体、竞赛活动形式夯实课余体育训练的基础，通过课余体育训练、竞赛活动带动、促进学生群体活动，激发学生参加体育锻炼的热情。要坚决纠正少数地方和学校把开展面向全体学生的群体活动与培养、选拔优秀体育人才割裂开来的做法。今后，对体育传统项目学校和高校高水平运动队的评估，必须将学校开展群体活动的情况和形成体育特色的水平作为重要条件。要加强学生运动员的思想品德教育，合理解决学习与训练的矛盾，保证他们的文化课学习。教育部门和体育部门要加强合作，实现优势互补、资源共享。

坚持因地制宜、分类指导的原则。体育课、课外体育活动和课余体育训练都要从学生的特点和本地区、本学校的实际情况、历史传统出发。在保证有效促进学生体质健康水平提高的前提下，低年龄段学生的体育课和体育活动要强调趣味性、集体性和安全性，通过科学的体育教学和锻炼过程，全面发展学生的身体素质，提高心理健康水平，并有机地渗透德育内容。高年龄段学生的体育课程和体育活动，要根据学生自身特点和发展要求，增加课程内容的选择性，强调活动的多样性，增强学生自觉参与体育锻炼的意识。有条件的学校要开设具有时代特点的体育项目，并逐步形成自身的体育特色。农村学校要根据校园环境和地域特点设计体育课程、开展体育活动，并从当地传统体育活动中汲取营养。少数民族地区的学校应积极开展富有当地民族特色的体育活动。

三、完善学校体育的保障机制

各级教育、体育行政部门和学校要认真贯彻《义务教育法》、《体育法》和《学校体育工作条例》，要对照学校体育工作的法律、法规和政策要求，定期对落实的情况进行检查，找出薄弱环节，切实加以纠正。各级教育、体育行政部门和学校要高度重视并不断改善学校体育的基本条件，加强制度建设，提高管理水平，推进科学研究，促进学校体育工作水平的不断提高。

要把加强体育教师队伍建设作为当前教师队伍建设的重点。各级教育行政部门要根据基础教育课程改革中体育课时大幅度增加的实际，重新核定中小学体育教师的编制数额，保证体育教师的合理配备。各地要通过三年的时间，对现有体育教师进行一次轮训，并纳入教师培训工作规划。对中小学兼职体育教师，实行岗前培训、持证上岗制度。同时，要保障体育教师的合法权益，参照教育和劳动部门制定的相关标准，落实体育教师室外工作的劳保待遇。

增加学校体育工作的经费投入。各级教育行政部门要加大对学校体育经费的投入力度，学校公用经费要按一定的比例专项用于学校体育工作。要把农村学校体育的条件保障作为学校体育经费投入的重点，纳入农村义务教育保障新机制。实施“农民体育健身工程”，要与农村中小学体育设施建设有机结合起来，以此改善农村学校体育条件。同时，体育设施向广大村民开放，充分提高体育资源的利用效率。要认真执行《普通高等学校体育场馆设施、器材配备目录》和《中小学校体育场馆设施配备目录》，做好规划，力争在“十一五”期间配齐体育设施与器材。同时，学校要因地制宜开发和利用各种体育资源，努力满足学生开展体育活动的需要。各级教育、体育行政部门和学校要相互配合，积极创造条件，在保证正常教学秩序的情况下，使学校体育场馆在课余和节假日向广大学生和社区居民开放。

切实加强学校体育的安全保障。要加强对师生的安全教育，对体育教师安全方面的培训和对学生的校园安全教育要常抓不懈。完善学校体育设施、体育课程和活动的各项管理制度，保证体育设施的配备质量，明确安全责任，制定安全措施，做好防范工作，确保师生安全。各级各类学校都要建立校园意外伤害事件应急处理机制，建立与公安、卫生、交通等部门的配合协作机制。积极提倡和推广为学生购买意外伤害保险的经验和做法，为学校处理好意外伤害事件提供必要保证。

四、完善学生体质健康和学校体育的评价制度

全面实施《学生体质健康标准》。建立《学生体质健康标准》测

试报告书制度，测试报告书要作为中小学生成长记录或中小学生素质报告书的重要内容。测试报告书要列入高等学校和高中阶段学生档案，并作为学生毕业、升学的重要依据。建立《学生体质健康标准》公告制度，教育部定期公布各省、自治区、直辖市和高等学校实施《学生体质健康标准》的情况和测试结果。建立新生入学体质健康测试制度，高等学校、普通高中和中等职业学校要组织新生进行《学生体质健康标准》的测试，其结果反馈给地方和下一级学校。这一办法首先在教育部直属高校进行试点，而后在全国推广。

改革、完善学生毕业、升学体育考试制度。认真总结各地已有的成功经验，按照实施素质教育的要求，深化体育考试内容和形式的改革。在学生的综合素质评价中，要将学生日常体育成绩、体质健康状况、参与体育活动的表现作为重要评价内容。认真组织实施初中毕业升学体育考试工作，体育考试成绩要按一定比例记入中考成绩总分。积极推进在高中毕业学业考试中增加体育考试的做法，将体育考试成绩作为高校录取新生的重要参考依据。

明确学校校长和教师在学校体育工作中的责任并作为业绩考核的重要内容。学校校长作为学校体育工作和学生体质健康的第一责任人，要加强对学校体育工作的领导，把体育工作真正摆上议事日程，认真解决体育工作中存在的实际问题，切实履行促进学生健康成长的责任。班主任教师负责监督班级落实国家规定的课程要求，防止体育课程、体育活动时间被挤占挪用。体育教师要切实履行职责，上好每一节体育课，积极营造学校体育氛围，及时向学校、班级和家长报告学生体质健康状况。其他任课教师要提高课堂教学质量，坚持做到不挤占体育课和体育活动时间，并在课堂教学中注意纠正学生不健康的坐姿和用眼方法，关心每一个学生的健康成长。

五、采取有力措施加强学校体育的督导检查和服务支持

在教育督导工作中强化对学校体育工作的督导。在综合督导的评估指标体系中，要加大学生体质健康和学校体育工作状况的权重。

定期开展以保证体育课时、落实学生每天一小时体育活动时间和实施《学生体质健康标准》为重点的学校体育工作专项督导，督导结论作为评价各地区、各学校教育工作的重要依据。体育行政部门要加强对学校体育工作的指导、配合和支持，并根据《体育法》的有关规定，定期对学校体育工作进行监督。

要把学校体育工作状况作为评价地方和学校教育质量和办学水平的重要指标。对地方和学校综合性的教育工作评价必须充分体现促进学生德智体美等方面全面发展的要求，在对各级各类学校的不同层次的合格性评估、示范性评选和先进性奖励工作中，要纳入反映学生体质健康状况和学校体育工作水平的关键性指标。对不能保证体育课课时和学生体育活动时间，学生体质健康水平连续下降的地区和学校，不能评为示范学校和先进单位，其负责人年终考核不得评为优秀。

鼓励探索学校体育与高等学校、示范性高中招生指标适度挂钩、强化学校体育工作的约束机制。教育部直属高校新生《学生体质健康标准》测试结果，应作为调整直属高校招生计划区域分配方案的依据。示范性高中部分招生名额向初中学校分配时，应根据初中学校实施素质教育的状况和《学生体质健康标准》的测试结果调整分配指标。

积极促进全社会支持学校体育工作，关心青少年学生的健康成长。要广泛宣传“每天锻炼一小时，健康工作五十年，幸福生活一辈子”这一具有时代特征的口号。通过新闻媒体和举办家长学校，普及科学的人才观、育子观和健康观，并向家长发放通俗易懂的“学生体质健康手册”或“体质健康测试通知卡”，争取广大家长主动支持、配合学校体育工作。

加强教育、体育行政部门和其他公共服务部门的合作，促进更多的公共体育机构和设施向学生和学校优惠开放，通过全社会的共同努力为青少年学生的健康成长创造有利条件。

附录：理论试题参考答案

足球理论试题参考答案

一、填空题

1. 进攻战术、防守战术

2. 现代足球的诞生日

3. 助跑、支撑脚站位、摆动腿的摆动、击球部位、击球后的随摆

4. 蹴鞠　　5. 2002

6. 100～110、64～75　　7. 2.44、7.32

8. 410g～450g　　9. 11、7

10. 1、2、第四官员　　11. 死球

12. 球门球、掷界外球、角球

13. 直接任意球、间接任意球

14. 罚球点球　　15. 重踢球门球

二、判断题

1. √　2. ×　3. ×　4. √　5. √

6. ×　7. √　8. √　9. √　10. ×

11. √　12. ×　13. ×　14. ×　15. √

16. ×　17. ×　18. √　19. ×

三、选择题

1. B	2. C	3. D	4. B	5. C
6. D	7. A	8. B	9. C	10. D
11. B	12. B	13. D	14. B	15. D
16. D	17. B			

四、问答题

1. 裁判员认为，如果队员草率地、鲁莽地或使用过分的力量违反下列七种规则中的任何一种，将判给对方踢直接任意球：踢或企图踢对方队员；绊摔或企图绊摔对方队员；跳向对方队员；冲撞对方队员打或企图打对方队员；推对方队员；抢截对方队员；故意手球。

如果队员违反下列三种规则中的任何一种，也判给对方踢直接任意球：拉扯对方队员；向对方队员吐唾沫；故意手球（不包括守门员在本方罚球区内）。

2. 如果队员违反下列七种规则中的任何一种，将被罚令出场：严重犯规；暴力行为；向对方或其他任何人吐唾沫；用故意手球破坏对方的进球或明显的进球得分的机会（不包括守门员在本方罚球区内）；用可能被判为任意球或罚球点球的犯规，破坏对方向本方球门移动着的明显的进球得分的机会；使用有攻击性的或侮辱性的语言或动作；在同一场比赛中受到第二次警告；被罚令出场的队员、替补队员或替补下场的队员必须立即离开比赛场地附近及技术区域。

3. ①犯有非体育道德行为；②以语言或行动表示异议；③持续违反规则；④延误比赛重新开始；⑤当以角球、任意球或掷界外球重新开始比赛时，不退出规定的距离；⑥未得到裁判员许可进入或重新进入比赛场地；⑦未得到裁判员许可故意离开比赛场地。

五人制足球理论试题参考答案

一、填空题

1. 38～42、18～22　　2. 2、3　　3. 62～64

4. 5、3　　5. 上、下；20

6. 死球　　7. 踢

8. 直接任意球、间接任意球　　9. 罚球点球

10. 暂停、各　　11. 400g～440g

12. 助跑、支撑脚站位、摆动腿的摆动、击球部位、击球后的随摆

13. 进攻战术、防守战术

二、判断题

1. ×	2. ×	3. √	4. √	5. √
6. ×	7. ×	8. √	9. √	10. ×
11. ×	12. ×	13. √	14. √	15. √

三、选择题

1. D	2. D	3. B	4. D	5. D
6. B	7. B	8. B	9. C	10. B
11. B	12. B	13. A	14. A	15. C

四、问答题

1. 踢或企图踢对方队员；绊摔或企图绊摔对方队员；跳向对方队员，冲撞对方队员，即使用肩部也不允许；打或企图打对方队员；推对方队员，拉扯对方队员；向对方队员吐唾沫；铲球（铲球拦击）；故意手球。

2. 七项可警告的犯规：犯有非体育道德行为；用语言或行动表示异议；持续违反规则；延误比赛重新开始；当以角球、踢界外球、任意球或掷球门球恢复比赛时，不退出规定距离；未经裁判员许可而擅自入场或重新入场，或违反其他换人规定；未经裁判员许可而擅自离场。

3. 犯有暴力行为；严重犯规；污言秽语或进行辱骂；经黄牌警告后，因犯规又被给予第二次黄牌警告。

篮球理论试题参考答案

一、填空题

1. 112　　2. 集体、复杂、对抗

3. 5 秒、8 秒、24 秒　　4. 3；3 或 2

5. 南开五虎　　6. 1895

7. 跑、跳、投　　8. 力量、速度、耐力、灵敏

9. 1891、詹姆斯·奈史密斯、1895　　10. 11

11. 跳步急停、跨步急停　　12. 前滑步、后滑步、侧滑步

13. 传球、切入技术　　14. 投篮、运球突破、传球

15. 顺（同侧）步、交叉步　　16. 3 秒、5 秒、8 秒、24 秒

17. 28 米、15 米、3.05 米　　18. 5、4、2

19. 本方前场控制球、本方前场最后一次触球、本方后场第一次触球

20. 防守移动，抢、打、断球，防守有球队员，防守无球队员

21. 传切配合、掩护配合、策应配合、突分配合

22. 直线、弧线、折线

二、判断题

1. √　2. √　3. √　4. √　5. ×

6. √　7. √　8. ×　9. √　10. ×

11. √　12. √　13. ×　14. ×　15. √

16. ×　17. ×　18. ×　19. ×　20. √

21. ×　22. ×　23. ×　24. √　25. ×

26. ×　27. √　28. ×

三、选择题

1. C　2. C　3. A、C　4. C　5. C

6. A　7. B　8. A　9. B　10. C

11. A　12. B　13. C　14. A　15. D

16. D　17. D　18. A　19. B　20. B
21. D　22. C　23. C　24. C　25. A
26. B

四、问答题答题要点

1. 简述篮球运动的特点和价值。

集体性；对抗性；技术战术复杂性；发展力量、速度、耐力、灵敏等身体素质，增强体质，促进健康；参加篮球运动不分男女，老少皆宜；可以丰富业余生活，提高学习和工作效率。

2. 什么情况下运用区域联防？常用的形式有哪些？

对方远距离投篮不准，内线进攻威胁较大时；对方个人突破能力较强，穿插移动配合熟练多变时；本队犯规较多，为了保存本队实力较少犯规时；为了更好抢篮板球和发动快攻时。常用的形式有2—3，3—2，2—1—2；1—3—1等。

3. 如何才能运好球？

掌握良好的运球时机；掌握正确的运球技术；合理运用假动作，包括身体、拨球、改变节奏等。提高各种运球动作的综合运用能力，养成保护球的好习惯。

4. 篮球运动的发展趋势如何？

快：场上对抗速度快；技术战术变化节奏快。高：运动员身材越来越高，对抗强度越来越大，争夺空间越来越高。准：投篮命中率越来越高；掌握技术战术更加准确。灵：技术战术运用灵活多变。

5. 如何运用好移动技术？

合理的准备姿势；腰腹用力，全身协调配合；正确观察判断；突然、快速、灵活多变；善于做假动作。

6. 怎样才能做到投篮准确？

具有正确的投篮手法和全身的协调用力；球出手时要有合适的飞行路线；要选择正确的瞄篮点；要选择良好的投篮时机；具有稳定的心理素质。

7. 篮球进攻基础配合有哪些？画图说明两种基础配合。

答：传切配合，突分配合，策应配合，掩护配合。

画图略。

8. 什么是快攻？发动快攻的时机有哪些？

答：快攻是防守队获球后由守转攻时力争在对手布阵未稳之际，抓住战机以最快的速度、最短的时间，果断而合理地发动攻击的一种速决性战术配合。

发动快攻的时机有：①抢获后场篮板球时；②抢、断、打球时；③对方投中后掷端线界外球时；④跳球时。

9. 什么是合法的防守位置？

答：合法的防守位置是指队员正面面对对手，并且双脚以正当的站立姿势着地。双脚间的距离一般与其身高成正比。合法防守位置垂直伸展到队员的上方（圆柱体）。

排球理论试题参考答案

一、填空题

1. 18、9
2. 1947、1949
3. 1964、东京
4. 1895、美
5. 垫球、扣球
6. 快球、短平快球
7. 边跟进、心跟进
8. 2、4
9. 上手发球
10. 2、2
11. 1949、布拉格
12. 中国女排
13. 逆时针
14. 中二传（或中一二）
15. 3

二、判断题

1. √	2. ×	3. ×	4. ×	5. ×	6. √
7. √	8. ×	9. ×	10. ×	11. ×	

三、选择题

1. B	2. A B C D	3. A D	4. D	5. C D
6. A B C	7. B C D	8. A B	9. A B D	10. B D
11. C	12. B.	13. B	14. C	15. D
16. A	17. A	18. C	19. A	20. C
21. C	22. D	23. D	24. B	25. B
26. A	27. B	28. A	29. B	30. C

四、问答题

1. 答案要点：

击球手型：两手四指相叠、拇指平行。

击球点：腹前。

击球用力动作：（手下）插、夹（臂）、提（肩）、压（腕）、抬（大臂）、移（动）、蹬（地）、跟（重心）。

2. 略。

3. 略。

4. 答案要点：

起跳后，挺胸展腹，上体稍向右转，右臂向后上方屈臂抬起，右手自然张开抬在右耳边，身体成反弓形。挥臂时，以迅速转体、收腹动作发力，依次带动肩、肘、腕各关节成鞭甩动作向前上方弧形挥动，在右肩前上方最高点击球。

击球手型：击球时，五指微张呈勺形，并保持紧张，以全掌包满球，击球后中部，同时主动用力屈腕向前推压，使扣出的球向前下方旋转飞行。

5. 答案要点：

双人拦网的防守阵形有“边跟进”和“心跟进”两种。

对方水平较高，进攻力量较强时，多采用此阵形，即 2 人拦网，4 人防守。常见为“边跟进”和“心跟进”两种。

“边跟进”：即 1 或 5 号位队员灵活跟进防对方 4 号位或 2 号位

队员轻打和吊球，其他 4 人形成半弧形防守。

“心跟进”：即 6 号位队员跟进到拦网人身后防守吊球，其余 3 人组成后排弧形防守。

乒乓球理论试题参考答案

一、填空题

1. 英格兰　　2. 斯韦思林杯、考比伦杯、伊朗杯、赫杜塞克杯

3. 1988　　4. 正胶、反胶

5. 邓亚萍　　6. 力量、落点

7. 拍形角度、击球的部位、发力方向

8. 上升期、高点期、下降期　　9. 海绵、胶皮、底板

10. 11、2

11. 7、男单、男双、女单、女双、混双、男团、女团

12. 英国 1890 table tennis　　13. 容国团

14. 2.74、1.525、0.76　　15. 长球、下旋球

16. 1988、汉城　　17. 黑、红　18. 上升

19. 力量、落点、比赛台面、2.74、1.525、0.76

20. 斯韦思林杯、考比伦杯　　21. 直拍、横拍

22. 单数、七，四　　23. 38 毫米、2.5 克

24. 一　　25. 上旋、下旋、侧旋

26. 单数、七、四

二、选择题

1. A	2. B	3. A	4. C	5. B
6. A	7. A	8. A	9. A	10. B
11. A	12. B	13. A	14. C	15. A
16. C	17. B	18. B	19. D	20. C
21. D	22. A	23. B	24. C	

三、简答题

1. 乒乓球的基本技术有哪些?

答：①基本站位；②准备姿势；③握拍方法；④步法；⑤发球与接发球。

2. 准备姿势的动作要点是什么？

答：两脚开立，约与肩同宽，身体稍向左侧面向球台。两膝自然弯曲稍内收并内旋；前脚掌内侧着地，提踵，重心置于两脚之间。同时两脚不停地小幅度、小范围、小动作地交换着，重心随时起动，便于发挥腿部力量。

3. 何谓合法还击？

答：对方发球或还击后，本方运动员必须击球，使球直接越过或绕过球网装置，或触及球网装置后，再触及对方台区。

4. 你在课余时间是否按照老师提出的要求，积极认真地参加了课外乒乓球锻炼？练习的效果怎样？

答：略。

5. 简述左推右攻打法的特点。

（1）发球抢攻：①反手发右侧上、下旋球，发至对方中路靠右近网处，伺机攻对方左方。②发追身急球，然后侧身进攻对方的中路或两角。这是对付两面攻的有效战术。③发急上旋长球至对方左角，配合近网短球，然后侧身抢攻。④正手高抛发（左）侧上、下旋短球至对方左边（角度越大越好），配合发右方急球抢攻。

（2）推挡侧身攻：①先以加力推迫使对方离台后退，再用减力挡把对手引上台前接球，然后伺机侧身进攻。②用推挡压住对方中路后再侧身进攻对方左边。

（3）推挡变线：用推挡连压对方左角取得主动时，变直线袭击其右角空档。

（4）左推右攻：当推挡略占上风时，或在侧身获得成功后，对方往往会主动变线到正手，此时应以有力的正手攻球进行回击。

6. 影响乒乓球击球质量的因素分析。

（1）速度，首先就是找到最佳的击球位置，这样才会有时间和最好的发力位置；

（2）旋转，就是球以一周 360 度不停地转动；

（3）力量，就是全身的绝对力量，爆发出刹那间的质量，我们都称之为爆发力；

（4）落点，乒乓球主要是打“巧”，在一面台子上大概可以说有 9 个点；

（5）弧线，因为有网子，所以必须要有跨越的线路。

首先要有力量才能有速度，有速度才能提高旋转，乒乓球一定要打“巧”，所以要注意落点，即只有提高速度，才能有时间打出好的落点，让对手来不及接球或高质量回击；因为台中央有物阻碍，所以一定要制造弧线来越过障碍物。

7. 回合出现哪些情况应判重发球？

（1）如果发球员发出的球，在越过或绕过球网装置时，触及球网装置，此后成为合法发球或被接发球员或其同伴阻挡。

（2）如果接发球员或接发球方未准备好时，球已发出，而且接发球员或接发球方没有企图击球。

（3）由于发生了运动员无法控制的干扰，而使运动员未能合法发球、合法还击或遵守规则。

四、问答题

1. 答：①发球时，球应放在不执拍手的手掌上，手掌张开并伸手。球应是静止的，并在发球方球台端线之后和球台面的水平面之上。②发球员须用手把球垂直地向上抛起，不得使球旋转，并使球在离开手掌后上升不少于 16cm。③当球从抛起的最高点降落时方可击球，使球首先触及本方球台区，然后超过或绕过球网装置，再触及对方球台区。④从抛球前静止的最后一刻起到击球时，球和球拍应在台面的水平面上。⑤击球时，球应在发球方球台的端线之后。

⑥发球员发球时，有责任让对方运动员裁判员看清合法的发球方位，不准遮挡发球。⑦发球触网落入对方台区重发球。

2. 答：双方运动员在对抗中最终通过击出球的弧线、速度、旋转、力量、落点这五个物理要素，来将时间和空间的特征为快、转、准、狠、变的技术、战术、运动素质、心理和潜能力表现出来。

五、判断题

1. √　2. ×　3. ×　4. √　5. ×
6. √　7. ×　8. √　9. ×　10. √

六、名词解释

1. 在活球期间身体任何部位触碰球台导致球台移动。

2. 从发球抛起那一刻到这一分结束。

网球理论试题参考答案

一、填空题

1. 法国　　2. 国际网球联合会

3. 91.4cm、107cm　　4. 戴维斯、联合会

5. 23.77 米、8.23 米、10.97 米　　6. 10 厘米

7. 澳大利亚公开赛、法国公开赛、温布尔登公开赛、美国公开赛

8. 草地、土地、硬地　　9. 3 盘 2 胜、5 盘 3 胜、3 盘 2 胜

二、选择题

1. B　2. B　3. A　4. B　5. B
6. C　7. B　8. A　9. B　10. A
11. A　2. B　13. A　14. B　15. A
16. B　17. A　18. A　19. C　20. B

三、简答题

1. 答：澳大利亚网球公开赛，澳大利亚墨尔本公园球场，每年一月份；法国网球公开赛，罗兰加洛斯，每年五月；温布尔登网球

公开赛，英国伦敦，每年六月～七月；美国网球公开赛，美国纽约麦迪逊花园球场，每年八月。

2. 答：进攻型打法；代表人物：桑普拉斯；
防守型打法；代表人物：纳达尔；
综合型打法；代表人物：费德勒。

3. 答：三种：东方式握拍、西方式握拍、大陆式握拍。

羽毛球理论试题参考答案

一、填空题

1. 虎口、分开、中指、无名指、掌心

2. 后场高远、后场平高、网前小、隐蔽性、突变性、落点多样性

3. 正手握拍、突然改变其、垂直下落、底线、削弱其进攻的威力

4. 发球线、中线的、中间、直接进攻反手部位

5. 前臂、手腕、加快挥拍、旋转翻滚

6. 前臂、右下向右前方、直线高球、对角线高球

7. 左脚、注视来球、部领先、鞭打、握紧球拍

8. 控制后场、打四角球、控制网前、前后结合

9. 过网击球、违例现象、已过网、最初

10. 13.40m、5.18m、1.98m、1.53～1.55m

11. 减速、右侧后下、用力方向向前下、随惯性自然收

12. 后仰、收腹、鞭打、正面击球托

13. 充分内旋、屈至后伸、直线方向、左下向右前上方

14. 21、30、三局两胜、首局获胜

15. 瞬间、整个握拍手部、整个球、腰部

16. 单淘汰、或队、相邻、或队、败者、下一轮、或队

二、问答题

1. 反手球动作如何改进？

答：主要在于握拍的方法和发力方法，反手击球时，羽毛球的飞行速度较慢，若把拇指稍移动则可发挥杠杆作用而增加球拍的压力，使球飞得远些。在发力打球时，大臂只是起到一个支撑的作用，主要是用小臂带动手腕和手指，这个时候整个身体向前略为倾斜一点。击球的一刹那，把手指并拢，没有击球前，手是空心的，同时重心在右脚上左脚往上提一点，击球的一刹那，重心随着拍子向前，整个人身体要舒展开，这样才能打好反拍。

2. 搓球如何做？

答：脚的弓步要站好，之后两手自然而然平起，左手保持平衡，右手伸直，搓球时主要靠手指力量，抓拍要放松。

3. 发平球动作如何改进？

答：平球是一种带有攻击性的发球，弧度比高远球为少，但球速比高远球快，落点在对方后场区。发平高球要注意球的弧度，虽要比高远球低，但亦要有足够的弧度把对手压往后场。若弧度不足的话，会被对方在中场截击，占主动权。

4. 如何打好抽球？

答：正手平抽球：两脚平行站立稍宽于肩，右脚稍向右侧迈出一小步，同时上体稍往右侧倾，右臂向右侧上摆，球拍随着上举，肘关节保持一定角度，击球前肘关节前摆，前臂稍往后带外旋，手腕稍外展至后伸，引拍至体后。击球时前臂内旋，手腕伸直闪动，手指抓紧拍柄，球拍由右后往右前方高速平扫来球。

反手平抽球：右脚前交叉在左侧前，重心在左脚上，右手反手握拍在。左侧前。击球前肘部稍上抬，前臂内旋，手腕外展，引拍至左侧。击球时，在髋的右转带动下，前臂外旋，手腕由外展到伸直闪动，挥拍击球托的底部。击球后，球拍随身体的回动收回到右侧前。

5. 反手推球如何进行？

答：站在左向前，以反手握拍举于网前，球拍随着前臂往前上方伸举，前臂稍向左胸前收引，肘关节微屈，手腕外展，这时由反手握拍变成反手推球的握拍法，球拍松握，反拍面迎球。当前臂往前伸的同时稍外旋，手腕由外展到向内，中指、无名指、小指突然紧握拍柄，拇指顶压，往左边线方向挥拍；击球时，推击球托的后部，使球沿边线方向飞行。击球后，还原到击球前的准备姿势。

6. 垫步上网步伐易犯错误有哪些（说出 3 种）？

答：（1）步伐的方向不对。（2）跳动太厉害。（3）脚步落地不合理，脚尖方向没有向运动方向。

7. 你的杀球动作如何改进？

答：单个步法练习、综合步法练习、不固定移动路线的步法练习、回击多球的步法练习等。

8. 你所知道搓球错有几种？

答：应争取较高的击球点，搓击时出手要快。根据球离网的远近，运用手指灵活控制好球的角度和控制好击球的力量。击球点离网较远时，应有足够的向前力，否则容易造成球不过网；击球点离网较近时，球拍后仰得程度要大一些。以切削为主，力量也小。

9. 搓球应如何做？

答：正手搓球、反手搓球等。

10. 吊球动作易犯的错误在哪里？

答：常见错误：

A. 如果由于挥拍路线不对，击球瞬间前臂没有内旋动作，因而形成拍面没有正对球和没有对准出球方向而打不到球。

B. 击球点掌握不准，对球下降的速度判断不准，形成过早挥拍或挥拍太迟而打不到球。

C. 出球的弧线掌握不好。表现在杀球时球压不下来，吊球过网弧线太高，高远球打不到后场而成了半场高球。

D. 放网前球击球后，身体重心继续前冲，回动有困难。

E. 球不过网，或过网弧度大高。

F. 挑球挑得不够高，不够后。

11. 吊球不准确如何改进？

答：吊球现在一般都鼓励采用劈、切的技术，一般贴网的吊球其球速都不快，而球速快的吊球都不能很贴网，前一种吊球在单打中使用较多，后一种吊球在双打中使用较多。要尽可能贴网又要尽可能快，必须通过多球练习，根据落点反复比较，或者加强劈、切的角度，或者加大向击球方向送球的力量，或者减轻或加强击球瞬间的力量。头顶方的吊球也鼓励尽可能使用劈吊技术。

正手吊球击球前动作同正手击高球。击球的一刹那，前臂突然减速，靠手腕的闪动向前下轻轻切击球托的右侧后下部。关键是用力方向向前下，使球越网后即下落。击球后，手臂随惯性自然回收到胸前。反手吊球击球前的动作同反手击高球，不同点是前臂上摆，拇指内侧顶住拍柄，手腕向后“甩腕闪动”轻击球托的后下部位，使球的受力向前下方，球沿直线方向落到对方网前。

12. 挑球应如何做？

答：正手挑后场高球，用正手握拍，以正拍面将网前低手位置的球挑至对方后场端线区域附近，叫网前正手挑后场高球。反手挑后场高球，用反手握拍，以反拍面将网前低手位置的球挑向对方后场端线附近，称为网前反手挑后场高球。

13. 杀吊上网动作如何改进？

答：先在后场以轻杀、点杀、劈杀配合吊球把球下压，落点要选择在场地两边，使对方被动回球。对方还击网前球时，迅速上网以贴网的搓球，或勾对角，或快速平推创造半场扣杀机会；若对方在网前挑高球，可在其向后退的过程中把球直接杀向他的身上。

武术套路理论试卷答案

一、填空题

1. 技击
2. 套路、格斗、意志品质、增强体质
3. 弓步、马步、仆步、虚步、歇步
4. 拳、掌、勾
5. 手法、眼法、身法、步法、精神、气、力、功
6. 刺、撩、点、崩、穿、挂、劈、云
7. 外家拳
8. 套路运动、搏斗运动
9. 长拳、太极拳、南拳、形意拳、八卦拳、通臂拳
10. 勇猛有力、长短间施、横扫一片、气势恢弘
11. 力劲势猛、刀快法诈、节奏分明、刀手配合

二、判断题

1. ×　2. ×　3. √　4. √　5. √
6. ×　7. ×　8. √　9. √　10. √

三、选择题

1. C　2. B　3. B　4. D

四、简答题

1. 大学生习武过程中应注意哪些问题？答：（略）
2. 你认为中国武术如何才能够进入奥运会、推向全世界？
答：（略）
3. 要做好初级长拳第三路中的“腾空飞脚”动作，要领是什么？
答：（略）

散打与防身理论试题参考答案

一、填空题

1. 力量、柔韧、自我保护能力、抗击打能力

2. 进步、退步、侧闪步、滑步

3. 退闪防守、拍击防守、躲闪防守

4. 膝关节、两肋部、头部

5. 提腿、转髋、大腿带小腿，脚、髋、上体

6. 先天条件、长期反复训练

7. 蹬地、转腰、顺肩、伸臂

8. 头部两侧、耳部、两肋部

9. 抓臂拌腿、抓臂背胯、勾踢横打

二、简答题

1. 简述散打常用的预备姿势。

答：常用的预备姿势：以左脚在前为例，右脚在后偏右，以身体左侧对向对方，身体重心略降，以能快速动作为宜。左臂前抬，轻握拳且左拳高约与左肩平，肘关节下垂，大小臂屈夹角约 135°；右手握拳（或自然放松）置于右颊前，以便护头部，右肘关节下垂保护右肋部。头颈正直微收下额，胸背保持自然，身体重心在两脚之间。眼睛注视前方。

2. 简述冲拳的防守反击具体方法。

答：防守反击是指防守方在完成防守动作的同时马上进行反击。常用的方法有退进防反、拍击防反和躲闪防反三种。退进防反是指防守方在退步闪开来拳后马上向前进步，以冲拳反击对方的方法。拍击防反是指防守方用一手拍开对方冲拳的同时，用另一手以冲拳或者其他方法反击。躲闪防反是指防守方在低头俯腰躲开对方冲拳进攻的同时，直接在其臂下用冲拳击打对方腹部；或从对方臂下绕出后马上抬头直起上体，用贯拳击打对方的头部。

3. 简述横打腿的动作方法和动作要领。

答：横打腿的动作方法：进攻者预备姿势站立，支撑脚脚尖外展，重心落在支撑脚上，另一腿屈膝上提，膝内扣，脚面绷紧，随转体摆腿的力量甩小腿将脚横向内打，着力部位在脚背至小腿正面前部。横打腿的动作要领：提腿、转髋、大腿带小腿甩出发力的动作要协调一致，击中目标的瞬间，脚、髋、上体在同一平面内。屈膝收腿，原路线收回。

4. 简述冲拳的进攻技术方法。

答：冲拳的动作方法：练习者预备姿势站立，出拳时拳沿直线向前击出，同时左（右）拳由拳心向右（左）内旋成拳心向下，以握紧的拳面做击力点向前打出；打出时左（右）臂伸直，左（右）肩前顺，头的姿势基本不变，目视击打目标。发力顺序是蹬地、转腰、顺肩、伸臂，力量直达拳面。拳击打目标时力量最大，击打后拳沿出击路线放松收回到预备位置。

5. 简述正蹬腿的动作方法和动作要领。

答：正蹬腿的动作方法：进攻者预备姿势站立，起腿时一腿支撑身体，另一条腿屈膝上提，大腿抬至一定高度再将脚伸直蹬出，脚尖回勾，力点在脚底部。正蹬腿的动作要领：提膝、蹬脚、发力动作要连贯一致，上体正直，力量通过脚底向前上方打击目标。

6. 简述常用抱腿摔法中的任意三种具体方法。

（1）上撩法：防守方抓住对手的腿后，用力向前上方撩起，将对方摔倒。

（2）侧踹法：防守者抱住对方来腿的同时向前上步，上抬对方的来腿，下面用侧踹腿法踹其支撑腿膝及以上部位，使之摔倒。练习时注意侧踹要轻，不可用力过大，以免踹伤。

（3）勾踢法：防守者抱住对方来腿的同时，自己一脚支撑，另一脚勾踢对方支撑脚的踝关节，使之失去重心摔倒。

（4）侧踹法：防守者抱住对手的来腿时，自己一脚支撑，用另一脚的侧踹腿方法踹对手支撑腿的膝关节。

（5）拧踝关节法：防守者抱住对手的来腿时，用自己在下的手抓住对方脚跟部，上面的手抓对方的前脚掌，然后顺势拧转其踝关节。练习时切勿突然用力过大，否则会拧伤踝关节。

三、简述题

1. 简述自己参与散打与防身课的学习收获和切身体会。

答题要点：学生能够简述出通过学习，自己在体能、心理、身体素质、掌握技术、运用技术以及对抗能力等方面的变化和提高，每涉及一项可以得5分。

2. 对散打与防身课的建议和评价。

答题要点：学生能够答出对散打与防身课的建议和评价，根据其认真和积极的程度，给予评分。

女子防身术理论试题参考答案

一、填空题：

1. 面部、胸部　　2. 腹部、两肋、下颌
3. 单放、双放、二龙戏珠　　4. 迎面掌、迎面贴金
5. 腋下、头面部　　6. 裆部
7. 腹部、裆部　　8. 前额、头锋
9. 插眼、戳喉　　10. 抓捏、面部

二、简答题

1. 采用冲拳顶腹法、挥掌砍颈法等（要求说明具体用法）。

冲拳顶腹：当自己的手臂被歹徒抓住时，自己被抓住的手臂突然伸直，直接用拳头冲击歹徒的面部；不论是否打到歹徒的面部，在其注意力集中在躲闪冲拳时，自己迅速提起一腿，用膝关节以最大的力量、最快的速度顶撞歹徒的腹部，将其重创。

挥掌砍颈：当自己的一只手臂被歹徒抓住时，自己迅速用另一手挥掌砍击歹徒的颈动脉部位；要求挥掌砍击的动作要快速准确，

使歹徒中掌即倒。

2. 利用后摆撩裆、后撤顶肘、解脱四绝招等方法。

（1）后摆撩裆：当歹徒从后面抓住自己的双肩时，自己用一只手臂向后快速摆动，用拳头或者手掌打击对手的裆部。

（2）后撤顶肘：当歹徒从后面抓住自己的双肩时，自己先上举双臂做解脱状，将对手的注意力吸引到肩部以上；随即，自己将上举的一臂随向后撤步靠近对方，快速屈臂向后顶出，用肘关节顶击歹徒的肋部。注意，屈臂向下、向后摆动顶肘的动作要迅速，随身体后撤顺势加速用力，以最大的力量顶击歹徒的肋部。

（3）解脱四绝招：当歹徒从后面抱住自己的上体时，你可以利用下面四种绝妙招数中的任何一种，在最短的时间内得以解脱并重创歹徒。

①体后掏裆：当歹徒从背后将你抱住时，你可以迅速用一只手向体后抓去，目标是歹徒的裆部。这时你可以用抓、捏、戳、砸等方法中的任意一种，不论是哪一种方法，都要做到快速用力，重创歹徒。

②后仰顶撞：当歹徒从背后将你抱住时，如果你的头部正好在其面前，这时你可以突然向后仰头，用头骨顶撞歹徒的鼻子或者眼睛。注意，向后仰头顶撞的动作要突然果断，将歹徒的鼻骨砸断或者眼睛撞花是最好的效果。

③跺踩脚尖：当歹徒从背后将你抱住时，你可以用自己的鞋跟以最大的力量向下跺踩歹徒的脚尖。跺踩时以踩碎歹徒的趾骨为目的，因此要突然用全力向下跺踩。

④反掰指节：当歹徒从背后将你抱住时，你可以用手抓住歹徒的一根手指（也可以用两只手分别各抓住一根手指），然后用力向外反掰其手指。反掰手指时要快速用力折伤手指，使其丧失继续行凶的能力。

3. 采用提膝顶裆、进步踢裆、戳击腋窝等方法（要求说明具体用法）。

（1）提膝顶裆：当对手抓住自己的头发时，自己要顺势向前提起膝关节，用力顶撞歹徒的裆部。注意，要保持与对手的距离，不要后躲远离对手，距离较远时用这种方法就不会有好的效果，一般以半步的距离为最合适。

（2）进步踢裆：当对手抓住自己的头发，如果两人之间的距离较远，或者歹徒的身体较高时，你可以向其身前迈进一步，同时顺势用脚踢歹徒的裆部。注意双方之间的距离，一旦瞄准目标就要果断快速地实施攻击。

（3）戳击腋窝：当对手抓住自己的头发时，如果歹徒的身体较高，自己正好在其臂下，这时你可以用并紧的四指戳击歹徒的腋窝。也可以用指节拳（中指突出的握拳方法）冲击对手的腋窝，因为腋窝是人体中最柔弱的部位之一，不能够承受较大力量的打击。

4. 选用侧步顶肘、叉步拉摔等方法（要求说明具体用法）。

（1）侧步顶肘：被歹徒从侧面搂抱肩部时，自己将靠近对手侧的腿向敌后侧跨步，顶在对手双腿后面，同时近敌侧肘关节从前向后顶击其面部、胸口或软肋部（部位视对手高度而定）。

（2）叉步拉摔：被歹徒从侧面搂抱肩部时，自己将靠近对手侧的腿向敌双脚前跨出，顶在对手双腿前面；同时，近敌侧手臂向后搂住敌腰部，远敌侧手抓住敌远侧手臂或者衣袖，双手同时向远敌一侧下方用力拉摔。

5. 利用后到蹬踹、侧身顶肘、转身顶膝等方法（要求说明具体用法）。

（1）后倒蹬摔：被歹徒向后按倒时，自己迅速提起一腿，用力蹬向对手的小腹或者裆部，要求准、狠。

（2）侧身顶肘：被按倒时歹徒在自己的侧方，利用倒地时歹徒还没有来得及做其他动作的瞬间，自己迅速侧身，同时用近敌侧的肘关节猛力顶击其面部、下腹或者裆部（部位视对手位置而定）。

（3）转身顶膝：被按倒时歹徒在自己的侧方，利用倒地时歹徒还没有来得及做其他动作的瞬间，自己迅速转向对手一侧，同时用远敌一侧的膝关节顶向其肋部、下腹或者裆部（部位视对手位置而定）。

三、论述题

1. 从身体素质、技术技能、锻炼心理意志等方面论述均可，但必须是自己真实的收获和体会。字数应不少于 400 字。

2. 对女子防身术课程有哪些方面的认识，尽可能一一列举；对课程现状进行评述，提出对女子防身术课的意见和建议。

跆拳道理论试题参考答案

一、填空题

1. 朝鲜半岛　　2. 以礼始、以礼终　　3. 级别、段位

4. 前踢、后横踢、下劈、后踢、前横踢

5. 2、3、1　　6. 拳的技术、脚的技术

7. 青、红　　8. WTF、ITF

二、判断题

1. √　　2. ×　　3. ×　　4. √　　5. √

6. ×　　7. √　　8. ×　　9. √　　10. √

三、简答题

1. 跆拳道的特点是什么？

答：以腿为主、以手为辅，主要关节武器化；内外兼修，方法独特以功力验水平，培养人优秀的意志品质。

2. 跆拳道的精神是什么？

答：礼仪廉耻、忍耐克己、百折不挠。

3. 跆拳道比赛中允许攻击哪些部位？

答：头部和面部。头部：前耳以前的部位；面部：躯干腰以上锁骨以下护具包围的部位。

4. 比赛中，裁判员在什么情况下给予警告？举例说明（4 种以

上）。

答：背逃、搂抱、消极行为、伪装受伤、故意倒地、故意攻击对方下肢、蹬踏对方下肢。

四、问答题

1. “跆”、“拳”、“道”三个字分别是什么含义？

答：跆：意为像台风一样猛烈地、强劲地跳踢的“脚”。

拳：意为拳头，用来进攻的武器。

道：是指人生的正确道路，在这里寓意使用手脚的方法和原理。

2. 什么是跆拳道的品势？

答：是学习跆拳道基本技术的具体形式，是在设定条件下进行攻防练习的动作技术组合。

3. 跆拳道的作用是什么？

答：（1）竞技跆拳道是跆拳道运动中的重要组成部分。

（2）竞技跆拳道代表的是跆拳道运动的基本特征。

（3）竞技跆拳道创新技术，带动整个跆拳道运动的发展。

4. 列出至少三种连续进攻的组合技法。

（略）

5. 什么是跆拳道运动？

答：跆拳道运动是一项起源于朝鲜半岛的古老而新颖的体育运动，是朝鲜半岛民族在生产和生活基础上发展起来的的一项运用手、脚技术和身体能力进行自身修炼和搏击格斗的传统体育运动项目。

6. 什么是竞技跆拳道？

答：是指在统一的礼仪和规则要求下，具体分析评判从跆拳道总体技术中选出来的一些极其重要的典型技术的优劣，是对技术动作本身和练习者掌握运用技术两方面进行的比较。

7. 把所学的各种技术腿法详细写出。

（略）

太极拳理论试题参考答案

一、填空题

1. 张三丰、陈王廷

2. 杨、吴

3. 道

4. 养生、技击

5. 掤、捋、挤、按、挒、靠、进、顾

6. 极

7. 发力、跳跃、震脚、快慢、螺旋缠绕

8. 力量、平衡、协调、柔韧

9. 精神、肉体

10. 柔缓自然、连绵不断、动静结合

二、单项选择题

1. C　2. B C　3. B C

三、简答题

1. 杨式太极拳的风格特点是什么？

答：杨式太极拳的风格特点是：

（1）外形舒展大方，中正圆满；

（2）气势恢宏大度，浑厚凝重；

（3）衔接和顺自然，简洁连贯；

（4）劲力刚柔内含，深藏不露；

（5）速度柔和缓慢，连绵不断；

（6）练法由松入柔，刚柔相济。

评分标准：每个小点 2 分，答出其中 5 个就可以得满分。

2. 二十四太极拳的基本要领是什么？

答：（1）“虚灵顶劲”　（2）“含胸拔背”

（3）“松腰”　（4）“分虚实”

（5）“沉肩坠肘”　（6）“用意不用力”

（7）“上下相随”　（8）“内外相合”

（9）“相连不断”　（10）“动中有静”

评分标准：每个小点 1 分。

3. 陈式太极拳的风格特点是什么？

答：陈式太极拳的风格特点是：

（1）外形缠丝旋转，顿足跳跃；

（2）劲力刚柔外显，松活弹抖；

（3）气势静如山岳，动似雷霆；

（4）速度快慢相间，势断意连；

（5）练法由柔渐刚，刚柔并重。

评分标准：每个小点 2 分。

4. 推手的基本要领是什么？

答：一要慢：不论是粘是走都得寸寸节节找劲听劲，不轻易放过一分。二要圆：双手最忌走直角，处处须保持弧形状态。三要定：定步推手只许换步不许走动。因推手需要在腰腿上打下坚实的基础，对方来逼只能用坐腿腰的方法去消对方的来势，习之久之腰腿自有功夫。四要近：凡找劲听劲锻炼腰腿功夫，都须逼近才能切实。

评分标准：每个小点 2.5 分。

四、论述题

谈谈你学习太极拳的体会。

本题为主观论述题，评分标准如下：

结合自己一学期的学拳经历，谈出对太极拳的拳理认识和锻炼体会，得 25～30 分；

结合自己一学期的学拳经历，谈出对太极拳的拳理认识，得 20～25 分；

结合自己一学期的学拳经历，谈出对太极拳的锻炼体会，得 20～25 分；

没有结合自己的学拳经历，只是泛泛而谈拳理认识和锻炼作用的，得 15～20 分；

没有结合自己的学拳经历，只是泛泛而谈太极拳的，得分在 15 分以下。

五、连线题

1. 请将拳种与他们的创始人对应连线：

答：董海川——八卦掌　吴鉴泉——吴式太极拳
王芗斋——大成拳　陈王廷——陈式太极拳
李小龙——截拳道

2. 请将武打影星与他们主演的影片对应连线：

答：李连杰——太极张三丰　赵文卓——英雄郑成功
梁小龙——陈真　成龙——醉拳
李小龙——精武门

男生健美理论试题参考答案

一、问答题

1. 什么是健美运动?

答；健美运动是一种通过徒手和各种轻器械，以及其他力量训练器械，用科学方法，以提升体质、增加力量、增长肌肉、改善形体、陶冶情操为目的的体育项目，也是一项展示力与美的体育竞技项目。

2. 什么是竞技健美运动?

答：是在身体健康和全身肌肉发达匀称的基础上，按比赛规则，深化肌肉围度、形状、匀称、造型以及表现力，有着严格的裁判标准和评价标准的体育竞赛。

3. 健美运动的特点是什么？

（1）健美运动是塑造人体健与美的最佳运动。

（2）健美运动能最有效地发展肌肉。

（3）健美运动能最有效地对人体的形体和肌体进行矫正。

二、填空题

1. 基本、孤立

2. 主动肌、主动、相关肌群

3. 主动肌单独承受

4. 基本动作、就、基本、先、基本、多于

5. 前展二头肌、前展背阔肌、侧展胸大肌、后展二头和小腿、后展背阔肌、侧展二头肌、前展腹肌与大腿

6. 5

7. 肌肉、平衡、匀称、线条、造型

8. 科学的训练、合理的补充、充分的恢复

三、写出下列肌肉部位的练习动作名称（每个部位列举 2 个动作）

1. 胸部：① 平板卧推　　② 仰卧飞鸟
2. 肩部：① 坐姿哑铃推举　　② 杠铃颈后推举
3. 臂部：① 站立哑铃弯举　　② 斜托板弯举
4. 腿部：① 负重深蹲　　② 杠铃负重提
5. 腹部：① 仰卧起坐　　② 元宝收腹

四、判断题

1. ×　2. ×　3. ×　4. √　5. √　6. ×　7. √

五、论述题

1. 健美训练的计划制定应包括哪些内容？

答：（1）每周安排训练几次
（2）每次训练应锻炼部位
（3）每个部位做几个动作
（4）每个动作练几组
（5）每组练习次数
（6）每次练习各肌肉组数
（7）每次练习综合组数

艺术体操课理论试题参考答案

一、填空题

1. 徒手、手持轻器械
2. 教学类、健身、保健、表演
3. 以身心保健锻炼类、增强体质和身体素质
4. 体操、舞蹈、音乐、合理运用轻器械、简单易学
5. 总体构思、选择音乐、创编成套表演动作
6. 动作、音乐、时间、空间
7. 早操、课间、晚上睡觉前
8. 绳、球、棒、带、圈
9. 规定动作、自选、自选和规定

二、判断题

1. √　2. ×　3. ×　4. √　5. ×

6. ×　7. ×　8. ×　9. √　10. √

三、问答题

1. 参考本书第三章。
2. 参考《普通高校体育与健康实践教材》。
3. 参考本书第二章。
4. 参考《普通高校体育与健康实践教材》中艺术体操部分。
5. 参考本书第六章。
6. 参考本书第五章。

体育舞蹈理论试题参考答案

一、填空题

1. 英、黑池
2. 中国体育舞蹈联合会、国际体育舞蹈联合会
3. 文艺、体育、文艺、体育、竞技

4. 3、4、1、1、3、3、4、4、4、3、1、扭胯不走

5. 2、4、慢慢快快、慢快快慢、1、半、4、4、慢慢快快慢、5

6. 学士、会士、范士

7. 基本技术、表现力、舞蹈风格、动作编排、临场表现

8. 肢体语言、表情语言、与舞伴之间的情感交流语言

9. 一小节、每小节有两拍的、每小节有三拍的、每小节有四拍的

10. 面对舞程线、面对斜墙壁、面对墙壁、背对斜中央、背对舞程线、背对斜墙壁、背对墙壁、面对斜中央

二、选择题

1. D　　2. B　　3. CDAB　　4. B　　5. A

三、简答题

1. 简述体育舞蹈的特点与分类。(参考《普通高校体育与健康实践教材》中“体育舞蹈”章节内容)

2. 体育舞蹈比赛的项目有哪些?(参考《普通高校体育与健康实践教材》中“体育舞蹈”章节内容)

3. 舞蹈语言是怎样构成的?(参考《普通高校体育与健康实践教材》中“体育舞蹈”章节内容)

4. 体育舞蹈的评判要素及具体内容是什么?(参考《普通高校体育与健康实践教材》中“体育舞蹈”章节内容)

四、简述题

谈谈你对体育舞蹈美的感受。(由学生自由发挥)

健美操理论试题参考答案

一、填空题

1. 身体练习、有氧运动、增进健康、塑造形体、娱乐

2. 竞技性健美操、健身性健美操

3. 1987　　4. 健美操动作　　5. 后配音乐

6. 快、大、力度　　7. 美、比赛项目和规则

8. 先选音乐、后配音乐　　9. 1987

10. 单人、混双、混合三人、混合六人

11. 全面性、针对性、合理性

二、判断题

1. ×　2. ×　3. √　4. √　5. √

6. √　7. ×　8. ×　9. ×　10. ×

三、名词解释

1. 健美操：是在音乐伴奏下，以身体练习为基本手段，以有氧运动为基础，达到增进健康、塑造形体和娱乐目的的一项体育运动。

或：健美操属体育的一个项目，是一种有意识、有组织的社会文化活动。它融体操、舞蹈、音乐于一体，通过徒手和使用健美器械的身体练习，达到健身、健美和健心目的的一种新兴体育项目。

2. 健美操基本动作：健美操基本动作是健美操的基础，健美操的组合与套路都是以它为基本元素进行编排的。通过基本动作练习可以掌握正确的动作规格，掌握健美操套路的特点风格，对健美操项目的发展提高是十分必要和重要的。

3. 波浪：波浪是指身体的某些关节利用力的传递而进行的依次曲伸运动。由于此动作形似水的波浪，故名为波浪动作。它包括身体波浪和手臂波浪两种。

4. 标准俯卧撑：两手撑地同肩宽，腿与背伸直，两脚并拢，臂伸直，锁肘关节。眼向前看，不要看地，下降身体至胸几乎触地，保持背挺直，然后有控制地推起身体恢复起始姿势。

四、简答题

1. 健美操音乐对练习者有哪些效用？

答：健美操音乐能激发练习者的情绪；健美操音乐具有号召力和感染力；健美操音乐能加强对动作的记忆、对动作美的欣赏；健美操音乐能影响动作对身体作用；音乐对创编、设计健美操动作具

有诱导作用。

2. 健美操的特点是什么？

答：高度的艺术性；强烈的节奏性；广泛的适应性；健身的安全性。

3. 健美操的详细分类是什么？

（1）根据练习的主要目的和任务，可分为大众健美操和竞技健美操；

（2）根据练习形式，可分为徒手健美操、持轻器械健美操和利用专门健美器械进行练习的健美操；

（3）根据练习者的性别特征，可分为女子健美操和男子健美操；

（4）根据练习者不同年龄阶段的特征，可分为幼儿健美操、儿童健美操、少年健美操、青年健美操、中年健美操和老年人健美操；

（5）根据人体解剖结构特征，按身体部位常可分为颈部健美操、肩部健美操、臂部健美操、胸部健美操、腰腹健美操、髋部健美操、腿部健美操和足踩健美操；

（6）根据动作的内容特征，可分为形体健美操、姿态健美操、跑跳健美操和垫面健美操等。

4. 为什么健美操运动具有广泛的群众性？

答：健美操主要是徒手动作为主，运动工具是自身，不受年龄、性别、气候、场地、器械等条件限制。锻炼方式简单，既可以个人练习，也可以集体练习，既可以作为表演活动的内容，也可以作为竞赛活动的内容。动作可难可易，运动量可大可小，练习时间亦可长亦短，完全可由个人具体情况决定，灵活机动性强，这就使人们合理安排锻炼，占有极大主动性。尤其，当今时代录音机普及到现代家庭，普及于社会，更深入人心，在人们生活是充满魅力，它以青春的活力吸引着广大群众，在活跃人民的文化精神生活上具有广泛的社会性和群众性。

五、问答题

1. 你如何学习、记忆较复杂的操化动作？（略）

2. 成套健美操的评分标准有哪些？

答：（1）优秀（90 分以上）动作熟练，有力度，动作到位，与音乐配合和谐。

（2）良好（75～89 分）动作基本准确，有一定力度，音乐配合比较准确。

（3）及格（60～74 分）独立完成动作，动作基本准确，音乐配合基本准确。

（4）不及格（60 分以下）不能独立完成动作，动作不够准确，无法与音乐配合。

3. 成套健身操编排的步骤是怎样的？

答：确定目的和任务；明确对象；确定风格，设计动作；选择音乐；组织编排成套动作的顺序和运动负荷；记写成套动作；实验和修改。

4. 在经过了一年的健美操学习之后，你对健美操运动有何感悟？对今后的健美操课有何建议？（略）

交谊舞理论试题参考答案

一、填空题

1. 意大利、法国

2. 舞厅舞、社交舞、舞会舞、交际舞

3. 文化修养、礼仪风范的

4. 摩登舞、拉丁舞

5. 伦巴、恰恰恰、吉特巴、桑巴

6. 闭位舞姿、关位舞姿

7. 反身动作、升降动作、摆动动作、倾斜动作

8. 宫廷舞、礼仪习俗

9. 运动之美、和谐之美、默契之美

10. 上下摆动、乱扭乱晃

11. 华尔兹、探戈、快步舞、狐步舞、维也纳华尔兹

12. 有三拍、第一拍、“强，弱，弱”

13. 步并作两步、重心的移动

14. 社交舞、民间舞、竞技性舞蹈

二、简答题

1. 用32字表述交谊舞的好处

答：健身健体、愉悦身心、增进友谊、陶冶情操、展示自我、增强自信、提高素质、丰富生活。

2. 具体说明交谊舞的分类（主要阐述舞厅里常用的舞）。

答：分两大类：摩登舞包括：华尔兹（慢三）、维也纳华尔兹（快三）、布鲁斯（慢四）、探戈、快步舞。拉丁舞包括：伦巴、恰恰恰、吉特巴、桑巴。

3. 舞厅中常用的舞种是哪些？

答：摩登舞：华尔兹（慢三）、维也纳华尔兹（快三）、布鲁斯（慢四）、探戈、快步舞。拉丁舞：伦巴、恰恰恰、吉特巴、桑巴。

4. 什么是交谊舞？

答：交谊舞是一种融艺术、健身、娱乐、表演、竞技为一体，具有社会交际、密切关系、丰富生活、强身健体、陶冶情操、有利于工作和学习的全民性健身舞蹈。

三、问答题

1. 交谊舞的优势之处是什么？

答：健身娱乐和谐共进、欣赏参与艺术享受；适合各种年龄、各层次人群广泛参与；是走入社会进行交往的一个很好手段；有兴趣可以参加竞赛。

2. 为什么先教华尔兹舞（慢三）？

答：华尔兹是世界上产生最早、生命力最强的，并成为舞中“皇

后”；它与施特劳斯、肖邦、柴可夫斯基等音乐大师创作的大量圆舞曲是分不开的；华尔兹音乐优美、旋律鲜明，在这种音乐伴奏下翩翩起舞使人心旷神怡活泼动人；其优越性是简单易学，舞种多又不枯燥，受到业余舞蹈爱好者的普遍欢迎。

3. 跳好交谊舞的十大要诀是什么？

答：高雅的风度来自挺拔的体态；风格的展现显示出美的追求；默契配合的前提是自我平衡；领舞的最高技巧是运用整个身体；提高音乐修养是使舞步产生迷人魅力的必由之路；“跃动感”是摆脱“走舞”形态的根本途径；侧身技巧是通向完美流动的桥梁；理想的升降必须消灭阶梯型过渡；倾斜是一种多功能的技巧手段；转移技术是“不露痕迹”。

4. 学习交谊舞的意义（从交谊舞可以健身、健美、健心功效谈，自我发挥题）。

游泳理论试题参考答案

一、填空题

1. 自身肢体、水、漂浮、潜游
2. 涉、浮、没
3. 竞技游泳、实用游泳、大众游泳
4. 游泳、跳水、水球、花样游泳
5. 仰泳、蛙泳、蝶泳、自由泳
6. 腿、臂、臂与呼吸配合、臂腿配合、完整配合
7. 体表摩擦阻力、外形姿态阻力、波浪阻力
8. 救生圈、竹竿、绳子、木板
9. 40、32、46
10. 游泳池比赛、公开水域比赛
11. 蝶泳、仰泳、蛙泳、自由泳
12. 总裁判、编排记录、技术检查、转身检查长、转身检查员、

发令、计时、终点、检录、报告

13. 虎口反抓解脱法、托肘解脱法、推扭解脱法、扳指解脱法、外撑解脱法

二、判断题

1. √ 2. √ 3. × 4. × 5. × 6. ×

三、选择题

1. C 2. C 3. D 4. A 5. C 6. B 7. D

8. A 9. A 10. C 11. B 12. B 13. A 14. D

四、简答题

1. 简述游泳安全卫生常识。

答：（1）选择安全的游泳场所；（2）了解自身健康状况，选择游泳时机，在饱食后、饥饿时、剧烈运动或重体力劳动后都不宜游泳；（3）掌握好游泳时间和运动负荷，注意个人和公共卫生。

2. 游泳运动的分类是什么？

答：游泳运动分为竞技游泳、实用游泳、大众游泳。（1）竞技游泳：游泳池比赛（自由泳、仰泳、蛙泳、蝶泳、个人混合泳、接力），公开水域比赛（横渡江河、游渡海峡、长距离比赛）；（2）实用游泳：实用游泳技术（潜泳、反蛙泳、侧泳、踩水），水上救护，着装泅渡；（3）大众游泳：冬泳、水中游戏、康复游泳、娱乐游泳、健身游泳。

3. 简述游泳运动的实用价值。

答：（1）生理上的价值可增强内脏器官功能：增强呼吸系统功能、增强心血管系统功能、增强神经系统功能、增强消化系统功能；（2）具有健美与美容价值；（3）具有生活上的实用价值，是调节情绪的好手段。

4. 简述水中救护的基本方法。

答：水中救护的基本方法：（1）入水和游近溺水者；（2）水中解脱：虎口解脱法、扳指解脱法、推扭解脱法、托肘解脱法；（3）

水中拖带：仰式拖带法、侧式拖带法；（4）出水和护送；（5）人工呼吸；（6）心脏按压。

五、问答题

1. 蛙泳臂腿和呼吸的完整配合节奏是什么？

答：蛙泳臂腿和呼吸的完整配合节奏：

（1）腿部动作： 屈膝慢收靠臀边，两膝距离宽似肩，边收边分慢收腿，两脚翻转向两边，向后用力蹬夹水，两腿并拢浮一会。

（2）臂部动作：两手向外侧压水，抬肘屈臂向后划，划至肩下快收手，收手夹肘到胸下。

（3）呼吸动作：两臂胸前抱水时，快速抬头把气吸，两臂前伸滑行时，鼻嘴慢慢来呼气。

（4）呼吸与腿、臂动作的配合：两臂分开一划水，抬头吸气紧相随，两腿弧形蹬夹水，水中呼气用嘴鼻，划水结合慢收腿，两臂前伸再蹬水。此法名叫早呼吸，减少阻力最完美。

（5）完整配合动作：两臂划水不动腿，收手同时又收腿。伸手一半蹬夹水，伸臂蹬腿滑一会。

2. 自由泳臂与呼吸如何配合？自由泳臂腿、呼吸是如何完整配合的？

答：自由泳基本技术动作：

（1）自由泳简介：泳姿如在水中爬，两臂交替把水划，身体保持水平位，两腿上下似鞭打。

（2）腿部动作：大腿发力带小腿，两腿交替鞭打水，打水要浅频率快，脚腕放松稍内转。

（3）臂部动作：提肘头前手入水，手臂迅速抱住水，屈臂划水动力大，转肩提肘快出水，两臂配合用力划，前抱后推力渐加。

（4）呼吸动作：划至肩下慢吐气，推水提肘转头吸。

（5）呼吸与腿、臂动作的配合：两手划水各一下，二四六腿任选打，打二打四或打六，或左或右吸一次。

（6）身体位置：身体俯卧流线型，胸部稍挺肩高伸，水齐前额后脑露，髋腹要平两眼睁。

（7）划臂类型：划臂类型有三法，前交中交后交叉，中后交叉长游用，后交效果为最佳。

瑜伽理论试题参考答案

一、填空题

1. 五千多、强身、古印度体育

2. 智瑜伽、业瑜伽、信仰瑜伽、哈他瑜伽、王瑜伽

3. 八万

4. 姿势、调息、冥想

5. 分享、交流、互助

6. 身体外形、身心合一、内外兼修

7. 肌肉系统、精神系统、内分泌系统、消化系统

8. 惰性食物、变性食物、悦性食物

9. 空腹、三四

10. 腹式呼吸法、胸式呼吸法、完全式呼吸法

二、简答题

1. 瑜伽的基本含义是什么？你如何理解？

答："瑜伽"（yoga）是古代印度梵文的音译，有结合、联系之意。瑜伽起源于印度，距今已有五千多年的历史。它是东方最古老的健身术之一，也是古代印度体育文化的代表和象征。瑜伽一词的原意是把牛马套在车辕上，引申为要用意志力量抑制住知觉器官的功能，制止住丛生的杂念。而另一种说法则认为，瑜伽这个词是古代印度婆罗门教的一个重要用语，是指婆罗门教的祭司们祭祀时在座席上使自己的心意集中之意。

瑜伽不同于体操和舞蹈，也不同于一般的有氧练习；只有当呼吸、意识和姿势结合成一体时，才是真正意义上的瑜伽练习。

评分标准：瑜伽的基本含义 10 分；理解 5 分。

2. 瑜伽运动特点是什么？作用是什么？

答：瑜伽的特点：呼吸均匀深长，与瑜伽姿势配合紧密，将放松休息术、姿势、呼吸、冥想有机结合在一起，相辅相成，共同发挥作用。动作节奏舒缓，运动强度可自行控制，发挥练习者的意识能动性，变被动为主动，变外部为内局部，变他养为自养，变物质为精神。心身同练，对全身各系统均产生效应，调动和培养人体生理潜力，认识、掌握、发挥心理—生理—形态的自调机制。

瑜伽的作用：通过瑜伽体式练习，一方面可以锻炼全身的每一个部位，使肌肉、关节以及脊柱和整个骨骼系统更为有力和协调，另一方面锻炼内脏、腺体和神经系统，使全身各系统保持充满活力的状态。

经常性练习瑜伽，可以祛病强身、修养道德、陶冶性情、健身治病、养生益智、延年益寿，还可以增强心理稳定性、清除紧张及烦闷心情、制造安静祥和心态、调和培养人体生理潜力、提高从事活动的效率，对于肥胖、失眠、头痛、脊椎疾病等病征也有很好的预防和治疗作用。瑜伽练习对一个人的肌肉系统、精神系统、内分泌系统、消化系统都非常有益。瑜伽练习可以使你作完器械后的肌肉放松下来，帮助舒展肌肉线条。

三、论述题（40 分）

请你谈谈对瑜伽运动的认识，以及学习瑜伽专项体育课后的体会和建议。

本题为主观论述题，参考评分标准如下：

结合自己一学期的学习经历，谈出对瑜伽的理论认识和锻炼体会，得 25～30 分；

结合自己一学期的学习经历，谈出对瑜伽的理论认识，得 20～25 分；

结合自己一学期的学习经历，谈出对瑜伽的锻炼体会，得 20～

25分；

没有结合自己的学习经历，只是泛泛而谈瑜伽认识和锻炼作用的，得15～20分；

没有结合自己的学习经历，只是泛泛而谈瑜伽的，得分在15分以下。

中国象棋理论试题参考答案

一、判断题：

1. × 2. √ 3. × 4. √

二、简述题：

答：（1）迅速出动子力； （2）抢夺重要位置；

（3）子力布置协调； （4）棋子线路保持畅通。

三、选择题（略）

四、解答题（略）

五、评论题：

1. 炮二平五 马8进7

2. 马二进三 车9平8

红方上马，黑方出车。招式灵活，可平炮成三步虎，也可伸炮巡河过河。

3. 车一平二 马2进3

红方出车，黑方再上另一个马，双马保中卒。黑方这样不进马前卒，先把双马跳起来的走法叫做“屈头屏风马”，是屏风马的一种阵势。至此双方开局正常。

4. 车二进四 卒7进1

红方进巡河车对黑方没有构成压力，黑方很从容地把7路卒挺起来，准备对方走57炮，以后可以形成进7卒的屏风马对57炮的阵势。

5. 炮八平七 炮2进2

红平炮 7 路，黑升巡河炮，以后有上马打车的手段。

6. 兵九进一

红进边兵是作用不大的“废棋”，这步棋虽然可以开通马路，但是却使左边的马晚出了一步，连带左车也要晚出一步。这样红方的出子速度就慢了。这就像打仗时两军抢占前沿阵地一样，己方的部队晚到一步，会形成己方前线以少打多的不利局面。这就是常说的“失先”着法。红方正常的走法应是跳边马。

6. 象 3 进 5

黑方补一步中象，继续正常布阵。

7. 士六进五

红方上士，又是放慢出子速度的坏棋，道理同上。红方大概还不明白“开局阶段应尽快出动大子”的开局原理，连出错招，本来是先走的棋，理应出子速度领先，却已经落后了两步棋，因为红走了拱边兵上士等两步“废棋”，占用了宝贵的时间。红方应走跳边马，赶快出动左边的大子。

7. 马 7 进 8

8. 车二平四　士 4 进 5

9. 兵三进一

红方兑 3 路兵可以说是本局的败招。观察一下阵势，红方的 3 路底相没有保护，处于“无根”状态，如果黑炮可以打相就是闷宫杀，所以黑方如能用炮瞄住红方的 3 路，对红方就是很大的威胁。反过来红方要保护自己的 3 路不受威胁，就要设法不让对方的炮平到 7 路。可惜红方不明白这一点，自己往枪口上撞。这一步兑兵让黑炮顺势平到 7 路，黑方左边双炮马车四个大子进攻，红方只有车马，以少打多（这就是前面没有出大子，拱边兵上士的恶果），红方危险了。

9. 卒 7 进 1

10. 车四平三　炮 2 平 7

11. 相三进一

黑方平炮伏有再平另一个炮打死车的威胁，红方被迫飞边相。

11. 车 1 平 4

12. 马八进九

红方现在才出马，晚了。

12. 车 4 进 8

黑方这一步进车点相眼非常凌厉。分析局势，红方如果没有 3 路马，黑 8 路炮能够沉底将军，黑左车再进下二路，就会形成“二鬼拍门”的绝杀之势。实战黑方就是按照这样的思路入局的。

13. 车九平八　炮 7 进 3

14. 炮七平三　马 8 进 9

这一步跳马很关键，必须算清楚。黑方是胜势，但是如果走错了还是赢不了。黑方如走马 8 进 6 抓中炮，红可平 3 路炮到 2 路打车同时 3 路车看住卧槽，黑就赢不了了。

15. 车三退一

黑马双捉红车炮，红大概看到如果平车挡炮，黑马可以吃炮（如果红炮平 2 路打车，黑 8 路炮平边黑车反吃红炮得子）。红不愿丢子，车退一步。但这样输得更快，让黑方形成了绝杀。

15. 炮 8 进 7

沉底炮将军。这一步切不可用马吃炮，因为红车吃回马后黑炮将军，红车可以垫将，黑如双车抢士红可用车砍炮，黑就赢不了了。

16. 炮三退二　车 8 进 8

17. 士五进六　车 8 平 6

双车抢士，绝杀黑胜。

国际象棋理论试题参考答案

一、填空题

1. 开放、半开放、封闭、战术、局面

2. 意大利开局、双马防御、伊文思弃兵、俄罗斯防御、西西里

防御

3. 开局、中局、残局、物质、时间、空间

4. 尽快出子、占领中心、先轻后重、先王翼再后翼、出子协调

5. 战术、开放，局面、半开放

二、判断题

1. × 2. × 3. × 4. × 5. ×

6. √ 7. √ 8. √ 9. √ 10. √

11. √ 12. √ 13. √ 14. √ 15. √

16. × 17. × 18. × 19. × 20. ×

三、问答题

1.

图 1：意大利开局	1.c3 Nf6 2.d4 ed 3.cd Bb4
图 2：卡罗康防御	1.d4 d5 2.e5 Bf5 3.Bd3 Bd3
图 3：西西里防御	1.Nf3 Nc6 2.d4 cd 3.Nd4 Nf6
图 4：法兰西防御	1.d4 d5 2.Nc3 Nf6 3.Bg5 Be7

2.

图 1：1.Nf3 Nc6 2.Bc4 Bc5 3.c3 Nf6
图 2：1.d4 cd 2.Nd4 Nf6 3.Nc3 e5
图 3：1.d4 ed 2.e5 d5 3.Bb5 Ne4
图 4：1.e5 c5 2.c3 Qb6 3.Nf3 Nc6

大学一年级体育理论试题参考答案

一、名词解释

1. 亚健康：指身体机能虽然没有明确的病态反应，但缺乏活力，对外界的适应能力呈不同程度减退的一种不健康的生理状况，处于健康与疾病之间边缘状态的一种身体状况。

2. 肺活量：指在不限定时间的情况下，一次最大吸气后再尽最

大力量所呼出的气体量，它反映了人体呼吸系统的工作能力，是评价人体呼吸系统机能状况的一个重要指标。

3. 心肺耐力：指一个人持续身体活动的能力。

4. 肌肉耐力：指一块肌肉或肌肉群在一段时间内重复进行肌肉收缩的能力。

5. 柔韧性：指身体各关节的活动幅度以及跨关节的肌肉、肌腱、韧带、皮肤和其他组织的弹性和伸展能力。

6. 最大心率：指人体做极限运动时的心搏频率。一般用以下公式计算：最大心率＝220－年龄。

7. 营养素：指能在消化吸收、供给热能、构成机能组织和调节生理机能，为身体进行正常物质代谢所必需的物质。

8. 运动损伤：指在体育锻炼过程中，不管是直接的还是间接的身体损伤。

二、填空题

1. 躯体健康、心理健康、社会适应性良好、道德健康

2. 健康、动作技能

3. 力量、速度、耐力、灵敏、柔韧

4. 40、35

5. 120～150 次/min

6. 体育锻炼、控制饮食

7. 有氧代谢运动之王

8. 20、25、15

三、判断题

1. × 2. × 3. √ 4. × 5. √

6. × 7. × 8. × 9. √ 10. √

四、简答题

1. 运动中腿部肌肉痉挛（俗称抽筋）的预防与处理的方法。

答：预防与处理：为了防止肌肉痉挛现象的发生

（1）要在运动前充分做好准备活动。（2分）

（2）在冬天寒冷的季节锻炼还应注意保暖，锻炼不要过于疲劳。（1分）

（3）游泳时要注意体温的变化。（1分）

（4）夏季锻炼要及时补充水、无机盐和维生素。（1分）

（5）当大量出汗，肌肉有紧张感时，应及时停止锻炼。（1分）

处理方法：发生肌肉痉挛

（1）则应采取反向牵拉的方法，或重按痉挛的肌肉使其放松或伸长。（2分）

（2）如小腿后部肌肉或脚底抽筋时，只要脚趾背屈，脚跟用力前蹬，并在痉挛部位施以局部按摩，肌肉痉挛现象一般可以消除。（2分）

2. 美国心理学家评价心理健康十条标准是什么？

（1）有足够的安全感和有充分的适应能力。（1分）

（2）能充分地了解自己，并能对自己的能力做出恰当的评价。（1分）

（3）生活目标、理想切合实际。（1分）

（4）不脱离周围现实环境。（1分）

（5）能保持人格的完整与和谐。（1分）

（6）善于从经验中学习。（1分）

（7）能保持良好的人际关系。（1分）

（8）能适度地发泄和控制情绪。（1分）

（9）在符合集体要求的前提下，能有限度地发挥个性。（1分）

（10）在不违背社会规范的前提下，能恰当地满足个体需求。（1分）

主要参考文献

1. 任景岩主编，《大学生健身》，江苏人民出版社，2000.

2. 杨锡让等，《运动与身体成分》，北京体育大学出版社，1998.

3. 卢元镇等，《全民健身与生活方式》，北京体育大学出版社，2001.

4. 杜希贤著，《营养与膳食》，山东科学技术出版社，1998.

5. 刘纪清等，《实用运动处方》，黑龙江科学技术出版社，1993.

6. 布莱恩·J. 萨克著，刘忻等译，《运动康复完全手册》，湖南文艺出版社，2002.

7. 孙宝柱主编，《大学生体质健康理论与实践》，天津教育出版社，2005.

8. 高谊、张永荣主编，《普通高校体育与健康课程教材》，南开大学出版社，2007.

9. 教育部体育卫生与艺术司编，《学校体育工作重要法规文件选编》，人民教育出版社，2008.